UN PAÍS SIN
EXCELENCIAS
O PRIVILEGIOS

CLAUDIA WALLIN

UN PAÍS SIN EXCELENCIAS O PRIVILEGIOS

*Traducción: Stella Maris Baygorria
y Marcelo Barbão*

**En Suecia, los políticos ganan
poco, viajan en autobús y bicicleta,
preparan la comida, lavan y planchan
la ropa y se los trata de "tú"**

W EDITORA

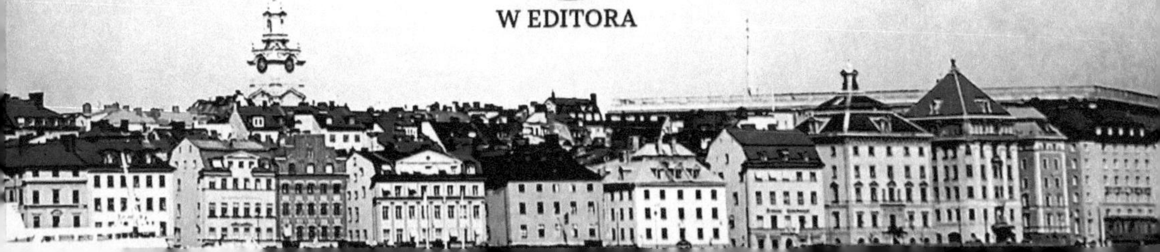

A mi padre, Jú,
eternamente presente en
nuestros corazones.

SUMÁRIO

AGRADECIMIENTOS

A Mats Knutson, por las conversaciones valiosas. Al prof. Paulo Roberto Varejão y Joe Frans, Claes Jernaeus y Sofia Polhammer, por el apoyo de tantas horas. A Anna Aspegren y Maria Skuldt, del Riksdag (el Parlamento sueco), por la bondad en la búsqueda de respuestas a las preguntas interminables. A Maria Eugenia Quiroga Ekman, por la ayuda preciosa. A todos los entrevistados, por el apoyo para hacer posible este libro.

A Max, Alex y Felix, nuestros vikingos, por el afecto a lo largo del camino.

Y sobre todo a mi marido,
Ulf Wallin,
por todas las razones del mundo.

VUESTRAS EXCELENCIAS, ILUSTRÍSIMOS SEÑORES Y SEÑORAS,

TRAIGO NOTICIAS URGENTES de un reino lejano. Es menester alertarlos, Vuestras Excelencias, de que en esta tierra rara sus habitantes crearon un país en el que los muy dignos y respetables representantes del pueblo son tratados, imagínense, Excelencias, como el propio pueblo. ¡Locura! Dirán que las historias que les cuento aquí son meras alucinaciones de cuentos de hadas, pues hay en ese rico reino, que llaman Suecia, rey, reina y princesas. ¡Pero no se equivoquen! Los habitantes de esta tierra le arrancaron todos los poderes al rey en nombre de una democracia que proclama la igualdad para todos, y lo que les cuento son cosas que he visto con estos ojos que esta misma tierra un día ha de comer.

En estas lejanas comarcas, los muy distinguidos parlamentarios, ministros y alcaldes viajan en tren o autobús para su trabajo, en su esfuerzo por endulzar los males del pueblo. ¡En autobús, Eminencias! Y hay muchos castillos en los cuatro rincones de este reino próspero, pero a los egregios representantes del pueblo se les ofrece abrigo en mediocres departamentos de un solo dormitorio, indignos para los defensores de los derechos de los ciudadanos y la democracia.

Tales humillaciones impuestas a los nobles guardianes del erario son, tal vez, los efectos del aire de esas extrañas tierras sobre la mente del pueblo que en ellas sobrevive. En los extremos de esta tierra fría, el sol brilla casi continuamente durante muchos meses del año, y en invierno sólo existe la noche. Tan horroroso es el frío en esta parte del mundo, aquí en los confines del Círculo Polar Ártico, que el mismo mar se convierte en hielo en invierno. Esto también lo he visto con mis propios ojos que la tierra ha de comer.

Dirán los incautos que hay más alces y renos que criaturas humanas en estas heladas provincias, pero no es cierto. Los hombres y las mujeres de esta tierra, antes habitada por valientes guerreros *vikingos* que luchaban por el dinero público con uñas, dientes, espadas y hachas, ya son casi 10 millones. Y este reino está rodeado por otros ricos reinos, ubicados en una península llamada Escandinavia, donde también hay príncipes y reyes, y los representantes del pueblo viven como sobrevive un súbdito cualquiera. Y esto también lo he visto con los ojos que esta tierra ha de comer: en uno de los pueblos vecinos, conocido como el reino de los noruegos, los nobles representantes del pueblo llegan a almorzar los emparedados que se llevan de casa, y que sacan del bolsillo de la chaqueta cuando sienten hambre.

Juntos, los habitantes de esta península aislada del norte de Europa suman más de 26 millones, para avergonzar y humillar la existencia de los puros representantes que ellos eligen.

Es necesario tener precaución, Vuestras Excelencias. Todavía se sabe poco de este reino que llaman Suecia, porque hay muchos que confunden su nombre con el de Suiza, la tierra de los buenos chocolates y bancos fiables, como ustedes saben. Pero las noticias sobre el igualitario reino de los suecos se difunden.

Estocolmo, 6 de enero de 2013.

INTRODUCCIÓN

DE REPENTE, LA PUERTA SE ABRE. Se vienen escenas asombrosas, y es mejor advertirlo inmediatamente: son escenas no aptas para personas con baipás en el corazón, con síndrome de Napoleón ni para megalómanos en general.

Por la puerta aparece un funcionario, con una taza de café y canturreando en un tono maquiavélico. Entra en un salón del edificio Rosenbad, la sede del Gobierno de Suecia, donde se desarrolla una importante reunión internacional.

—Alguien se olvidó de poner la taza en el lavavajillas— acusa, ante el asombro de la delegación extranjera que entrecruza miradas, aturdida, alrededor de la mesa de reuniones.

—¡Oh! Dice "Fredrik" en la taza— dice el funcionario, fingiendo sorpresa. —¿Tal vez es su taza, Fredrik?

El Fredrik en cuestión, que mira desconcertado al

acusador, es Fredrik Reinfeldt, el primer ministro de Suecia.

—El lavavajillas estaba lleno— trata de defenderse el primer ministro, mortificado por el flagrante pecado imposible de negar.

—Sólo había que vaciar la máquina, Fredrik— contesta el funcionario, que añade con aire sarcástico: —Su madre no trabaja aquí, señor primer ministro.

Fredrik Reinfeldt se levanta de la silla y habla con los invitados. —Perdónenme, pero me tengo que ocupar de esto— dice, antes de salir de la sala con la taza en la mano.

La escena descrita anteriormente debe haber aturdido a algunos de los millones de espectadores que la vieron en mayo de 2013. Fue exhibida por emisoras de treinta y nueve países durante la apertura de Eurovision, el popular festival de música europea, que ese año se llevó a cabo en Suecia. Así se cumplía, por lo tanto, al modo sueco, la tradición de abrir el festival con una presentación de las costumbres y valores del país anfitrión: en el acto simbólico de la taza del primer ministro, los suecos hablaban de su nación igualitaria, que —al igual que los otros países escandinavos— excomulga y abomina la existencia de una profunda brecha entre gobernantes y gobernados.

Algunos pensarán, pues, que el episodio no fue más que una fantástica quimera, un chiste de salón destinado a entretener al público del festival. Pero los suecos van a disentir con gusto.

La escena de la taza era conocida: una vez, en una

conversación informal, la vocera del líder sueco, Roberta Alenius, me dijo que el primer ministro Fredrik Reinfeldt nunca abandonaba la oficina al final del día sin antes dejar su taza de café en el lavavajillas.

Para ese entonces, yo ya había notado que Suecia era un país diferente. No sólo por los ataques de osos que pasaban por la televisión, ni por los bloques de hielo que caen de lo alto de los edificios en el invierno. Tampoco por la cantidad incalculable de hombres que van por la calle empujando cochecitos de bebé, en pleno ejercicio de su licencia paternidad. Ni por los alces que caminaban borrachos por la ruta tras haber comido manzanas fermentadas.

Lo que más me llamó la atención de este país singular, en el cual vivo hace diez años, fue la ausencia de esquizofrenia en la relación entre el pueblo y el poder. En otras palabras, un pueblo que trata a sus gobernantes y representantes como ciudadanos comunes. Un país sin Excelencias. Una sociedad en la que el mandato político no le otorga un título de nobleza instantánea al ciudadano electo ni le da derecho a privilegios ni adulaciones, que sí suelen ser dispensados en otras geografías a exóticas Cortes de plebeyos mantenidas por los plebeyos que están más abajo. Un lugar donde las esposas no van de compras en autos oficiales del Parlamento, pagados con el dinero de los impuestos de los mismos conductores que llevan sus bolsas. Precisamente porque a los diputados suecos no se les conceden autos oficiales ni conductores, ni secretarias privadas, ni viajes en avión, ni alojamiento en hoteles de lujo o fondos abundantes. Ni lujos ni privilegios.

La historia de este libro comienza en una *noche fría* en Suecia, y hay que decir que noche fría es una redundancia en este helado país del norte de Europa. Eran las nueve de la noche, y comenzaba el Aktuellt, el principal noticiero de la TV pública *SVT*. Recién salida de las clases del curso de sueco de la Universidad de Estocolmo, probaba una vez más mi comprensión de la lengua de los antiguos *vikingos*.

—¿Oíste eso? —le pregunté en un momento a Ulf, mi marido. En la pantalla, un diálogo entre el primer ministro Fredrik Reinfeldt y el periodista Mats Knutson, uno de los más respetados en el país. —El periodista llamó Fredrik al primer ministro—- le dije.

—¿Y?— contestó mi marido, por supuesto, un sueco. No le dijo ni "señor Reinfeldt", ni "primer ministro": simplemente Fredrik, un ciudadano. Con todo respeto.

Desde esa noche fría, en conversaciones con Mats Knutson, políticos suecos, politólogos, periodistas y gente de la calle, comencé a ver la lógica relación horizontal entre los ciudadanos suecos y los políticos que los representan. No solo por la aversión de los suecos al uso de pronombres formales de tratamiento en el diálogo con las autoridades, sino por la simbología del hecho: el sentido de igualdad muy marcado que aquí prevalece entre los ciudadanos, ya sean gobernantes o gobernados.

Esta es una sociedad que abolió los pronombres formales en la década de 1960, y donde todos se tratan de "tú". Pues así manda la moral sueca, nadie está por encima de nadie. No lo están los políticos, quienes deben vivir en condiciones similares a las del pueblo que los elige. Y tampoco los jueces, quienes, sin abonos ni privilegios especiales, no utilizan el dinero de los contribuyentes ni la ayuda de salarios obscenos para pagar el almuerzo. El igualitarismo sueco se refleja en la misma transparencia del poder político, bajo la supervisión de la ley de transparencia más antigua del mundo. Una ley que hace de la corrupción política un fenómeno relativamente raro en el país.

El resultado de estas primeras conversaciones y entrevistas fue una serie de informes exhibida en septiembre de 2010 en el *Jornal da Band,* de la TV Bandeirantes de Brasil, bajo el título "Suecia: el país de los políticos sin privilegios". Muy reproducidos por Internet, los informes provocaron reacciones también en países como Portugal, España, Colombia, México, Venezuela e India, desde donde llegaron y todavía llegan mensajes de gente que busca más información sobre la realidad sueca. Es a estas personas que este libro, basado en la investigación para los informes de TV y entrevistas realizadas a lo largo de 2013, trata de responder.

Pero ¿qué país es este?

El Reino de Suecia *(Konungariket Sverige* en sueco), formado alrededor del 1200, es uno de los reinos más antiguos del mundo. El Palacio Real domina el espléndido paisaje de la capital, Estocolmo, repartida en catorce islas bañadas por el Mar Báltico y el lago Mälaren. Pero el rey ya ha perdido todos los poderes en esta nación extrema y progresiva, que se ha convertido en una referencia en la promoción de ideales de igualdad, justicia y solidaridad social.

Lejos están los tiempos en los que los legendarios *vikingos* vivían en este territorio, arrojándose a mares violentos para saquear, quemar y aterrorizar tierras ajenas. Eran rubios bárbaros, en el peor sentido de la palabra. Pero también eran grandes comerciantes y exploradores. Y tenían una costumbre poco común para la época: tomaban decisiones en conjunto, mediante el consenso. Se reunían en asambleas llamadas *ting*, que existían en todos los rincones de lo que hoy es Suecia y otros países escandinavos. Eran como parlamentos embrionarios, inventados por un pueblo libre que decía no tener líderes: todos eran iguales.

En la Suecia de la Edad Media, tenía lugar otra escena poco común: los campesinos del país contaban con representación entre la nobleza, el clero y la burguesía en el Parlamento, un fenómeno único en la Europa de entonces. La profunda tradición democrática y el sentimiento total de igualdad entre individuos, que le dieron forma a la sociedad sueca a través de los siglos, se transformaría poco a poco en un modelo de justicia social.

Al principio, sin embargo, había hambre. Hasta mediados del siglo XIX, Suecia fue uno de los países más pobres de Europa, con una economía agraria y atrasada. Pero la cara del país cambiaría profundamente: entre los factores decisivos que produjeron el cambio hubo importantes inversiones en educación, infraestructura y tecnología. En el siglo XX, aquella Suecia subdesarrollada y tomada por la pobreza se transformó en una de las naciones industriales más ricas y sofisticadas del mundo.

Así se establecieron las bases para la construcción de un amplio y generoso Estado de bienestar social financiado por uno de los impuestos más altos del mundo y destinado a proteger a los ciudadanos desde la cuna hasta la tumba. Un pueblo organizado y armonioso se juntó para corregir las desigualdades en los ingresos y el nivel de vida, y crear una sociedad nueva y más humana.

En 1936, el periodista estadounidense Marquis Childs, autor del famoso libro *Suecia: el camino del medio* llegó a insinuar que los suecos habían encontrado una virtuosa vía intermedia entre los extremos del capitalismo y del socialismo. El apogeo del modelo sueco, bajo la dirección de la socialdemocracia, duraría hasta la década de 1970.

"La creencia profunda sueca, que trasciende las fronteras ideológicas, es que los males de una sociedad libre se pueden curar, y que la injusticia es intolerable", escribió Childs. Los nuevos tiempos trajeron nuevos retos a la pionera fórmula sueca, basada en una vigorosa economía de mercado combinada con un enorme Estado de bienestar.

En este punto, como las grietas que se abren en el suelo y en las aguas congeladas de este país al final de cada invierno, hay que decir que esta no es, por supuesto, una sociedad sin defectos. Es un país con sus problemas y contradicciones, errores y aciertos, con fuertes defensores y feroces críticos de la dirección tomada por el reino. Las deficiencias en la política de integración de los inmigrantes generan una masa de excluidos, la desigualdad económica crece, y el famoso Estado providencia se vuelve menos generoso. Suecia tampoco será el único modelo de sistema político carente de beneficios babilónicos, como bien lo demuestran sus vecinos nórdicos.

Pero es esencial saber que hay aquí, en estas tierras que tocan el Círculo Polar Ártico, un lugar en el que el ejercicio fundamental de la política se lleva a cabo principalmente con integridad, ausencia de privilegios anacrónicos y respeto por el dinero de los impuestos de los ciudadanos. Un país en el que los diputados reciben un 50% más de lo que gana, en promedio, un maestro de escuela primaria. Un país donde las políticas sólidas de buena gestión controlan continuamente el uso eficiente de los fondos públicos y alimentan la confianza en las instituciones públicas; y en el que una sociedad que exige respeto fiscaliza y castiga los desvíos de comportamiento de los poderosos. Una sociedad transparente en la que la corrupción se convirtió en excepción y no en regla. Donde el comportamiento se transformó.

Los suecos quieren más — más transparencia, y menos políticos desconectados de la realidad de la calle. Y el sentido de autocrítica del poder persiste, como se puede ver en un discurso que, en 2002, el entonces primer ministro Göran Persson pronunció frente a un público compuesto por estudiantes:

"No lidero el gobierno más brillante del mundo. El gabinete de ministros no es ningún modelo de élite intelectual, y nosotros no somos particularmente bellos".[1]

---

1 *Inifrån — makten, myglet, politiken*, Thomas Bodström, Norstedts, 2011.

Holm: "Soy yo quien les paga a los políticos".

CAPÍTULO I

SIN LUJO NI PRIVILEGIOS

—HAY QUE ACEPTAR los sacrificios que se acercan —murmura para sí mismo un sueco en el momento revelador en que su verdadera vocación por la carrera política se manifiesta como un deseo imparable. —Serán retos abominables —avisa un forastero: el cinturón apretado como los de la masa amorfa del pueblo, la ausencia de divertidos acompañantes inútiles, de departamentos funcionales que se asemejan a habitaciones de hoteles de dos estrellas, la falta que harán los batallones de asesores y parásitos. Cuando ese calvario parezca insoportable, será prudente invocar a Mimir, el dios adorado por los *vikingos* por su infinita sabiduría y por la cabeza que, incluso después de cortada por los enemigos, sigue pensando.

Suecia no les ofrece lujos a sus políticos. En esta sociedad esencialmente igualitaria, la clase política no tiene el estatus de una élite adulada, ni los privilegios de una nobleza encastillada en el poder. Sin derecho a la inmunidad, los políticos suecos pueden ser procesados y condenados como cualquier ciudadano. No hay autos oficiales o choferes privados, los diputados viajan amontonados en autobuses y trenes, como la mayoría de los ciudadanos a los que representan.

Como no hay sueldos vitalicios, no reciben la merecida jubilación después de algunos pocos años de trabajo por el bien del pueblo. Sin secretaria privada en la puerta, baño privado ni cocina para el café, las oficinas parlamentarias son espartanas y pequeñas, al igual que la de cualquier empleado de la función pública. Sin presupuesto para alquilar oficinas en sus distritos electorales, los diputados suecos utilizan sus propias casas, la sede del partido local o la biblioteca pública para trabajar cuando están en sus regiones de origen.

—Está bien, pero todo puede mejorar —refunfuña el taxista que me lleva desde el aeropuerto de Arlanda hasta el centro de Estocolmo, la capital sueca. Se queja indignado, como muchos otros, del salario neto de un diputado del Parlamento sueco—. Un horror; ganan el doble de lo que gana en promedio un maestro de primaria. Un privilegio indefendible que, a criterio del taxista, debería estar en proceso acelerado de extinción.

No es necesario consultar a la cabeza de Mímir para deducir que se trata de un pueblo que sabe quién es el jefe.

—Soy yo el que les paga el salario a los políticos —

resumió el ciudadano sueco Joakim Holm en una entrevista grabada en una calle de Estocolmo para el informe de *Jornal da Band*—. No veo ninguna razón para darles una vida de lujo.

—Los políticos son electos para que trabajen para mí y para todos los demás ciudadanos que pagan impuestos. Aquí nadie piensa que los políticos sean una clase superior con derecho a privilegios —dijo otro entrevistado, Mikael Forslund.

El deseo de participar en la actividad política a nivel municipal podría ser interpretado, fuera de Suecia, como un caso de salud mental: los concejales suecos ni siquiera cobran un salario; tampoco tienen derecho a una oficina: trabajan desde su casa. ¿Estarán mal de la cabeza?

Lo que el modelo sueco muestra es que las camisas de fuerza quedarían mejor a las audiencias adormecidas de otras latitudes que observan, cuan bovinos, al fascinante espectáculo de los cotidianos abusos de poder. La experiencia de Suecia subvierte el concepto incoherente de que a los políticos se les debe brindar un tratamiento reverencial, como si fueran una casta superior, formada por caballeros y damas más distinguidos que el promedio y, por lo tanto, con derechos casi divinos a beneficios jamás disponibles para ciudadanos que viven lejos del Olimpo político.

Todavía recuerdo la extraña sensación de estar presenciando un fenómeno extraterrestre cuando encontré, por primera vez, al ex primer ministro y actual ministro de Relaciones Exteriores, Carl Bildt, empujando su carrito de compras en el supermercado que frecuento en Estocolmo. Y al alcalde de Estocolmo, Sten Nordin, en la fila del autobús. Y al presidente del Parlamento, Per Westerberg, en un vagón del metro.

Como no hay desequilibrios sociales monstruosos, este es, sin duda, un país más seguro y menos violento, donde probablemente los únicos vehículos blindados que circulan por las calles son aquellos que conducen las fuerzas de seguridad. Pero más que eso, se trata de una sociedad que elige políticos más cercanos a la realidad y a los dolores de la gente común. Políticos que, en general, no ponen la vanidad o sus propios intereses por delante, en una sociedad que muestra que el ejercicio de la función política puede ser digno.

—En Suecia, los políticos viven una vida sencilla, en condiciones similares a que viven los ciudadanos. Es una tradición —dice el periodista Mats Knutson, conductor y comentarista político de la TV pública *SVT*.

En la década de 1970, el entonces primer ministro Olof Palme vivía en su propia casa en el suburbio de Vällinby y solía ir a la sede del gobierno conduciendo un viejo Fiat rojo.

—Era un Fiat 600, fabricado en la antigua Alemania del Este —cuenta Mårten Palme, hijo de Olof Palme y profesor de Economía en la Universidad de Estocolmo—. Mi padre valoraba la igualdad y la simplicidad, y vivíamos una vida normal. Nuestra casa de verano en la isla de Faro era bastante primitiva, y no tenía ni agua ni electricidad —me cuenta.

El predecesor de Palme, Tage Erlander, tomaba el tranvía para ir a la sede del gobierno o lo alcanzaba su esposa, ya que trabajaba cerca.

Los suecos recién decidieron crear una residencia oficial para el primer ministro después de 1986, luego de que Olof Palme fuera asesinado a tiros al salir de un cine cuando caminaba hacia su casa sin escolta, un crimen brutal y nunca resuelto. Su sucesor, el también socialdemócrata Ingvar Carlsson, se mudó, al parecer contra su voluntad, a la nueva residencia oficial. Se dice que a Carlsson, que renunciaría al poder algún tiempo más tarde, le parecía inapropiado que un primer ministro sueco viviera en un lugar llamado palacio—cuando la casa fue construida, en 1884, la rica familia Sager la bautizó como Palacio Sagerska—.

Muchos turistas desatentos caminan, sin darse cuenta, a un metro de la puerta de entrada de la casa del primer ministro sueco. Sin portones externos, la residencia oficial del Sagerska está situada en Strömgatan, la calle peatonal que bordea el Mar Báltico y el lago Mälaren cerca del Parlamento. Con una superficie de 305 metros cuadrados, las habitaciones privadas del *premier* ocupan la planta superior de la residencia de 1.195 metros cuadrados, vigilada en el exterior por dos cámaras de seguridad encubiertas y la presencia ocasional de un Volvo de las fuerzas de seguridad suecas.

Sagerska es una hermosa mansión. Pero no hay mucamas en el departamento del primer ministro sueco, Fredrik Reinfeldt.

—La limpieza de las habitaciones privadas del primer ministro se lleva a cabo una vez a la semana. Por estos servicios, el primer ministro debe pagar impuestos en su declaración sobre ganancias —dice Anna Dahlén, responsable de prensa del gobierno sueco.

Sin causar reacciones de asombro sobrenatural en la población, Fredrik Reinfeldt habla con naturalidad y cuenta que lava, plancha y cocina como la mayoría de los ciudadanos del país. "¿Y por qué no lo haría si todos lo hacemos?", ya escuché a varios suecos diciendo esto.

Es posible que a muchos les suene a demagogia populista saber que en Suecia el primer ministro da consejos de limpieza en los diarios, y aconseja a sus compatriotas arrodillarse para restregar la suciedad. Pero la verdad es que aquí el cuidado de las tareas del hogar es algo tan natural como beber *snaps*, el destilado que se consume en cantidades inmoderadas en el país.

En Suecia, como en muchos países del mundo, no existe la institución de la mucama. Entre los suecos más radicales, el celo por la igualdad y el miedo a la reaparición de una subclase social llega a provocar reacciones exaltadas. En un debate de la campaña electoral de 2006, volaron flechas contra la entonces líder del Partido del Centro (*Centerpartiet*), Maud Olofsson, cuando defendió la creación de descuentos impositivos para permitir que los suecos contrataran personas para limpiar sus casas y así aliviar su doble jornada.

—¿Y quién limpia el baño de la mucama? —preguntó, irritado, el mediador del debate en TV4, Göran Rosenberg.

—¿Y quién pinta la casa del pintor? —contestó Maud—. La mucama también puede contratar ayuda cuando lo necesite —argumentó.

La propuesta inesperada de Maud también fue atacada por el entonces primer ministro, el socialdemócrata Göran Persson. "Cada persona debe hacerse cargo de sus propias tareas domésticas, es lo que digo", dijo.

Persson dijo más. Contó, con un orgullo notorio, que era capaz de planchar su camisa de vestir en un minuto. A continuación, fue invitado rápidamente a probar la hazaña en vivo en el estudio de un programa de TV, donde armaron una tabla de planchar. El logro, cronometrado por el conductor del programa, se puede ver en YouTube bajo el título "Ett Herrans Liv – Göran Persson Säsong 1 Avsnitt 3 del 4/5". (http://www.youtube.com/ watch?v=xSAgICG2QDg)

Las aventuras con la plancha le dieron mucho rating al primer ministro. Pero ese año, después de diez años en el poder, Persson perdió las elecciones. Maud se convirtió en vice primera ministra, y muchos suecos tienen ahora la ayuda ocasional de mucamas, en su mayoría inmigrantes polacas. Sin embargo, prácticamente todos siguen lavando, cocinando y planchando, como Göran Persson.

Los ministros también viven sin lujo. Elegido por el diario británico *Financial Times* como el mejor ministro de Finanzas de Europa en 2011, el sueco Anders Borg, según confirma su vocero, vive en Estocolmo durante la semana en un departamento funcional estilo estudio que tiene unos 25 metros cuadrados. "Los políticos suecos son modestos", comentó el vocero de Borg, Peter Larsson.

El departamento estilo monoambiente del ministro de Finanzas, de acuerdo con el vocero, se encuentra en un edificio que sirve de alojamiento para estudiantes de la Escuela Superior de Guerra sueca (*Försvarshögskolan*). En el edificio todavía viven algunos funcionarios del Ministerio de Asuntos Exteriores de Suecia. Los fines de semana, Borg vive con su familia en su casa en la región de Katrineholm, al sur de Estocolmo.

Ni ministros ni alcaldes ni el presidente del Parlamento tienen derecho a una residencia oficial. Solo políticos de los distritos electorales que están fuera de la capital reciben subsidio para vivir en departamentos o, incluso, en monoambientes funcionales, que tienen un promedio de 18 metros cuadrados.

Parece poco para criaturas tan importantes, pero es mucho mejor de lo que era antes: hasta fines de los años ochenta, ni siquiera existían departamentos funcionales en Suecia. Todos los parlamentarios dormían en sofás cama en sus propias oficinas. Hoy en día, todos tienen un departamento garantizado. Y esta garantía es, para muchos suecos que compiten por una propiedad en el centro de la ciudad, un privilegio inexplicable.

—¿Por qué los diputados no tienen que hacer cola en las inmobiliarias para conseguir un departamento como todos nosotros? —pregunta una empleada de la guardería que funciona dentro del Parlamento. Sí, hay una guardería en el Parlamento para cuidar a los hijos de los diputados.

El departamento funcional puede ser un derecho garantizado. Pero no la cama. En la mayoría de los inmuebles parlamentarios, donde una habitación sirve como sala de estar y dormitorio, solo hay un sofá cama.

¿Cuál es el origen de la existencia frugal de los políticos suecos? Me encuentro con la periodista Lena Mellin en la sede del diario *Aftonbladet,* en el cual publica una de las columnas políticas más leídas del país.

—Pero ellos tienen privilegios —reacciona Lena.

—¿Cuáles? —quiero saber.

—Los políticos no tienen que pagar sus facturas de teléfono. Tienen derecho a vivir gratis en departamentos en el centro de Estocolmo. Reciben una computadora para llevarse a casa y no pagan por la asistencia técnica. Ganan más que el ciudadano medio. Y los parlamentarios que vienen de otros distritos también viajan gratis a sus hogares los fines de semana —lista la periodista—. Si cualquier ciudadano consigue un trabajo en otra ciudad, ningún empleador pagará sus viajes los fines de semana.

Le pregunto a Lena si estos beneficios se consideran

bastante modestos en Suecia, en comparación con los privilegios que reciben los políticos en otros países.

—Es posible. Los políticos suecos no tienen lujos porque somos una sociedad que eligió la igualdad entre los ciudadanos como un valor fundamental. Pero tienen privilegios —insiste.

—Pero no se trata de privilegios como autos oficiales con choferes privados para los parlamentarios, ¿no es así? —pregunto.

—¿Autos con choferes para diputados? ¡Dios mío, no! —se asombra Lena—. Beneficios de este tipo crean problemas que son innecesarios. Como la corrupción. Para conseguir un empleo así en la política, muchos no dudarían en cometer actos sucios —piensa Lena.

Pregunto cuál sería la reacción de los suecos si los políticos del país decidieran, en una fantasía impensada e incontrolable, aumentar sus propios salarios, tener derecho a una pensión vitalicia, ocupar amplias oficinas con dispensa y café servido por secretarias, emplear a decenas de asistentes privados y familiares, viajar en aviones privados y tener autos oficiales con choferes. Todo con el dinero de los ciudadanos.

—La sociedad sueca jamás podría tolerar la concesión de privilegios a sus políticos —me dijo.

—Esta es una de las pocas cosas que podrían causar una revolución aquí en Suecia—exagera Lena.

"LIMPIAR LA CASA ES UN ARTE"

"Gran enemigo del polvo, el primer ministro Fredrik Reinfeldt, limpia su casa con gusto —y de forma sistemática—. Pero no lo hace de traje. Cuando limpia de verdad, usa pantalones especiales con múltiples bolsillos". Diario Aftonbladet, 21/12/2008

Primer ministro Reinfeldt: limpiando la casa y dando consejos de limpieza en el diario.

UNA CONVERSACIÓN CON EL PRIMER MINISTRO

"Quiero ser un individuo entre otros individuos, no ser tratado como una persona extraordinaria" – Fredrik Reinfeldt

Fredrik Reinfeldt entra al vestíbulo del Parlamento sueco con los pasos decididos de un gladiador camino a la arena con leones hambrientos. Se enfrentará a la sabatina mensual del *Frågestund* ("Hora de las Preguntas"), durante la cual el primer ministro se expone a cuarenta minutos de fuego enemigo para contestar las preguntas de los parlamentarios sobre el futuro de Suecia bajo su dirección.

Aumenta el flujo discreto de diputados y periodistas hacia el plenario. Todos estamos, en teoría, aislados. El Parlamento sueco ocupa toda la minúscula isla de Helgeandsholmen, rodeada de un lado por las aguas del mar Báltico, y del otro por el lago Mälaren. En el horizonte que se abre a través de los paneles de vidrio curvilíneo del vestíbulo, brilla la cúpula dorada de Stadshuset, la sede de la Alcaldía. En la orilla contraria, frente al Rosenbad, la sede del Gobierno, unos pescadores lanzan sus anzuelos con la esperanza de pescar arenque y salmón.

—Tienes diez minutos —me advierte en el vestíbulo la asesora del primer ministro, Roberta Alenius, dando la señal para la entrevista con Reinfeldt.

Líder del Partido Moderado (*Moderata Samlingspartiet*), Fredrik Reinfeldt, se convirtió en primer ministro de Suecia a los cuarenta y un años, en 2006, cuando una coalición de cuatro partidos de centroderecha expulsó del poder a la coalición liderada por los socialdemócratas.

Parado en la antesala del plenario del Parlamento, con el rostro austero, Reinfeldt habló sobre este reino donde los políticos tienen el poder antes ejercido por la monarquía, pero sin una vida de príncipes.

La vida de los políticos suecos, sin lujos o privilegios, ¿obedece a algún tipo de código de conducta moral?

Fredrik Reinfeldt: Yo diría que sí. Suecia es un país donde

no encontramos el alto grado de desigualdad social que vemos en otros lugares, y este es un aspecto que valoramos mucho en nuestra sociedad. Por eso, buscamos líderes políticos acerca de los cuales podamos decir que son "uno de nosotros", no que están "por encima de nosotros". Este es un punto fundamental del pensamiento social sueco, que a mí me gusta mucho. Quiero ser un individuo entre otros individuos, no ser tratado como una persona extraordinaria. El sentido de igualdad entre las personas se refleja en el alma sueca, en el sentido de identidad nacional, y en lo que queremos que Suecia sea como nación. Sería criticado duramente, al igual que cualquier otro político, si se percibiera que vivo una vida de lujo, completamente distinta de la vida de los ciudadanos comunes.

¿Cuál es el origen de este sistema de valores de Suecia?

Fredrik Reinfeldt: La democracia tiene raíces profundas en Suecia. Los políticos entienden que no están aquí para enriquecerse o enriquecer a sus familias, ni para crear condiciones de vida favorables para algunos. Estoy aquí para llevar a cabo reformas y hacer de Suecia un país mejor, de manera que la gente diga "él me escucha, soluciona mis problemas". De lo contrario, los electores darán su voto a otra persona. No lo veo como un problema. También creo que es bueno poder seguir cuidando de las cosas cotidianas que solía hacer antes de ocupar el cargo de primer ministro. La diferencia es que hoy tengo, por supuesto, un aparato de seguridad a mi alrededor. Pero sigo cuidando de la rutina de actividades personales diarias, como cualquier ciudadano.

¿Es verdad que plancha sus propias

camisas por la mañana, como la mayoría de los suecos?

Fredrik Reinfeldt: Sí. No todas las mañanas porque por lo general plancho de una vez una cantidad de camisas suficiente para toda la semana. Pero lavo y plancho mi propia ropa.

¿También cocina todas las noches?

Fredrik Reinfeldt: Sí, cocino para mí y también para mis tres hijos, cuando están en mi casa (Fredrik Reinfeldt se divorció de su esposa, Filippa Reinfeldt, también política). No hay nada raro en ello, es lo que hacen todos los suecos cuando vuelven del trabajo.

Usted tiene reputación de ser maniático por limpieza. ¿Todavía limpia su propia casa?

Fredrik Reinfeldt: Tengo dos hijos que son alérgicos al polvo. La necesidad de limpiar bien la casa se convirtió en una cuestión de salud para mis hijos. Tengo un servicio básico de limpieza de vez en cuando en la residencia oficial, pero yo mismo cuido de gran parte de la limpieza de la casa a diario. Aunque no gasto tantas horas en esta tarea como antes de ser primer ministro, cuando pasaba gran parte del domingo haciendo una gran limpieza.

¿Por qué considera importante cuidar usted mismo de la limpieza?

Fredrik Reinfeldt: Me gusta hacerlo, y además es algo que todos hacemos en Suecia, no solo yo. Limpiar la casa me da la sensación de tener control sobre mi propia vida y cuidar a los niños, algo que me hace sentir bien. Es un momento de relax, que trato de que sea agradable. Mientras limpio, uso auriculares para escuchar música o seguir los partidos de mi equipo de fútbol, el Djurgården. La sensación de caminar por la casa al final de una limpieza, mientras los niños duermen tranquilamente, es fantástica.

¿Cuál es su mejor consejo de limpieza?

Fredrik Reinfeldt: La parte trasera de las viejas camisas de vestir es excelente para pulir espejos y ventanas.

¿Cuál es su tarea favorita?

Fredrik Reinfeldt: Lavar la ropa. Antes, prefería limpiar la casa. Hoy día me gusta más lavar la ropa. Me da la sensación de estar preparado.

Muchas personas también pueden encontrarlo en la fila del supermercado.

Fredrik Reinfeldt: Hago mis propias compras, como cualquier persona. Aunque acompañado por custodia.

¿Cómo hacer todo esto y a la vez liderar un país?

Fredrik Reinfeldt: Las tareas domésticas no toman tanto tiempo. Creo que es importante estar integrado a la vida familiar, a pesar de tener este tipo de trabajo en la política. Es una cuestión de organización. Dedico una pequeña parte de mi día a las tareas del hogar, y luego regreso a la lectura de documentos o hago las llamadas telefónicas que necesito. Es perfectamente posible combinar el trabajo profesional con las tareas domésticas.

¿Cuál es su opinión sobre el sistema de países como Brasil y otros en los cuales los políticos tienen privilegios de una clase separada?

Fredrik Reinfeldt: En primer lugar, es muy importante decir que respeto el hecho de que Brasil es una democracia y que, por lo tanto, les corresponde a las personas elegidas por el pueblo responder este tipo de pregunta. Pero para decir lo obvio, si yo fuera el ministro de Economía de Brasil y tuviera que hacer un recorte de gastos, sabría exactamente por dónde empezar. Porque cuando un político necesita reducir gastos, es muy importante mostrar que él mismo da el ejemplo. En nuestro país, la gente está siempre atenta a los costos de la burocracia y la clase política. Es necesario que haya equilibrio. Si un político quiere mantener la confianza de los electores, debe estar cerca de la gente.

Consejos de limpieza del Primer Ministro

Fredrik Reinfeldt empezó a limpiar su casa cuando todavía era adolescente. La madre dividía el hogar en zonas de limpieza y una de ellas estaba bajo la responsabilidad de Fredrik.

Los primeros consejos fueron recogidos en un informe publicado en el diario *Aftonbladet* con el título "Conozca a un maestro de la limpieza: el primer ministro Fredrik Reinfeldt".

Disminuir el número de adornos:

"La regla básica es no tener demasiado. Los adornos acumulan polvo y son difíciles de limpiar".

Use la ropa adecuada:

Reinfeldt utiliza un par de pantalones militares con muchos bolsillos donde pone la escoba y otros utensilios de limpieza. "Limpiar la casa es un arte. Es necesario concentrarse para hacerlo bien".

Arrodillarse para refregar:

"Pueden decir que es una tontería, pero yo refriego el suelo de rodillas, especialmente en la cocina. Así se puede sacar realmente toda la suciedad. No basta con solo pasar la escoba.

La cocina es de suma importancia:

Fredrik Reinfeldt le dedica quince minutos extra a limpiar la cocina todas las noches. Limpiar la estufa y el fregadero, pasar un buen paño sobre la mesada y poner el lavavajillas: "Para que se pueda empezar bien la mañana siguiente", dice él.

Utilice la boquilla chica de la aspiradora:

"La verdadera satisfacción de limpiar la casa está en los rincones escondidos. Descubrir polvo debajo de los asientos del sofá o en un rincón de la habitación da una gran motivación. La mejor manera de escuchar aquel ruido agradable del polvo subiendo por la manguera de la aspiradora es usar la boquilla chica de la aspiradora".

Planifique la limpieza:

—Detrás de una limpieza exitosa hay una buena planificación —aconseja el primer ministro—. Lo ideal es comenzar siempre en uno de los extremos de la casa. La alternativa consiste en abordar en primer lugar la cocina y el baño, que requieren una limpieza más pesada.

Toda vez que limpia su casa, Reinfeldt también elige una habitación en particular para una limpieza más a fondo.

CLAUDIA WALLIN

LOS DEPARTAMENTOS FUNCIONALES

Como todos sabíamos, el fin del mundo estaba cerca. Había terribles rumores sobre la nefasta profecía del año 2000, y el gran cataclismo que destruiría a todo y a todos con furia bestial. Pero, seguros de que no era la primera vez que el mundo estaba a punto de terminar, los pragmáticos suecos seguían con sus planes para la primavera de ese año: instalar en los recién creados departamentos funcionales los últimos parlamentarios que aún vivían y dormían en sus propias oficinas. El cambio había empezado en 1989.

En el día más temido, los lobos no se comieron el Sol ni la Luna, el cielo no se derritió, y casi todos los diputados de distritos externos a la capital pasaron a tener un departamento funcional. Estos son, en el sentido práctico del término, exactamente lo que su nombre indica.

Si un sueco de virtudes negociables es tomado por el repentino deseo de trabajar para el pueblo, el departamento funcional no será uno de los estímulos para atraerlo, como una serpiente encantada, hacia la carrera política.

Los parlamentarios suecos viven en departamentos funcionales que tienen un promedio de 45,6 metros cuadrados. Los más chicos tienen 16,6 metros cuadrados. Del total de 197 propiedades administradas por el Parlamento sueco, solo ocho tienen entre 70 y 90 metros cuadrados, y solo ochenta y cinco tienen una superficie superior a 45,6 metros cuadrados.

Los diputados suecos también viven en monoambientes funcionales. Sí, hay monoambientes funcionales en Suecia. Llamados "habitaciones para pernoctar" (*övernattningsrum*), tienen un promedio de 18 metros cuadrados y normalmente están ocupados — pero no exclusivamente— por diputados en el inicio de carrera. Son, en total, cincuenta y siete monoambientes funcionales.

Común a todas las propiedades destinadas a los parlamentarios en Suecia, ya sea departamentos o los inventivos monoambientes, es la ausencia de lo que el sentido común llama servicios básicos: dentro de los inmuebles no hay lavarropas, ni lavaplatos, ni televisión por cable pagada con dinero público, ni cama doble.

Ningún ocupante de un departamento funcional en Suecia recibe del gobierno una lavadora. Las lavanderías son comunitarias, y los diputados deben agendar un horario para lavar la ropa. En la mayoría de los departamentos, no hay ni siquiera un dormitorio. Una única habitación sirve como sala de estar y dormitorio.

Una mañana del corto y poco fiable verano sueco, voy a conocer el departamento funcional del entonces diputado socialdemócrata Luciano Astudillo, nacido en Chile y en aquel entonces, con seis años de vida parlamentaria, representante de Malmö (sur de Suecia).

Bajo por el Katarinahissen, una especie de ascensor que conecta la calle con la colina en la isla de Södermalm, el centro de Estocolmo. El lugar provoca emociones ambiguas. Desde lo alto de la pasarela que conduce al ascensor, se abre una de las más fascinantes vistas de Estocolmo, el punto donde las aguas del lago Mälaren se encuentran con el mar Báltico. Pero la alta valla de acero que estorba la visión es el resultado, por lo que me dicen, de la atracción que la pasarela también generaba sobre potenciales suicidas. Menos problemas tenemos en el *Gondolen,* el peculiar restaurante en forma de góndola que cuelga bajo la pasarela, con una visión de 360 grados del imperdible escenario.

Después de unos minutos de espera, el diputado Luciano Astudillo pasa por los molinetes de salida de la estación de metro de Slussen, junto al Katarinahissen. Caminamos juntos por la Götgatan, una "arteria" que concentra bares y cafeterías modernos de Södermalm, hasta llegar a la calle del departamento funcional de Luciano.

Sigo el rito sueco de quitarme los zapatos antes de entrar en cualquier hogar, y miro a mi alrededor. Una pequeña sala de estar, un pequeño baño, una pequeña cocina con microondas y ningún lavaplatos. Son 33 metros cuadrados. —¿Dónde está el dormitorio? —pregunto.

—El dormitorio está aquí en la sala de estar. A la hora de acostarme, abro el sofá cama —dice Luciano, que llegó a Suecia en 1975, a los tres años, dos años después del golpe militar que derrocó al presidente Salvador Allende en Chile.

Mientras muestra el departamento, Luciano cuenta que su hija menor, en las visitas ocasionales a Estocolmo, duerme con él en el sofá cama.

—Fui varias veces a Chile y sé que la situación allá en relación con los parlamentarios es totalmente diferente —dice.

Bajamos al sótano del edificio, donde está la lavandería colectiva. Solo hay dos lavadoras. En la pared junto a la puerta está el fichero donde los diputados reservan día y hora para utilizar las máquinas. Las tablas de planchar están plegadas en uno de los rincones de la lavandería.

—Tengo mi propia tabla —dice Luciano—.Prefiero planchar mi ropa en el departamento.

También es Luciano quien cocina y se encarga de la limpieza de la casa en esta etapa de su vida parlamentaria. Limpieza gratuita en los departamentos funcionales, de acuerdo con el Parlamento sueco, solo una vez al año, durante el receso parlamentario de verano. Luciano lo sabe.

Poco después comienza el período de receso y limpieza, cuando visito, en compañía de la jefa del sector de inmuebles parlamentarios, los monoambientes funcionales. En la entrada del Parlamento sueco, me recibe con una expresión de quien no entiende el motivo de tanto interés por algo tan banal.

A mi lado, con toda su altura y el acento temible de la región de Skåne (al sur de Suecia), el camarógrafo Casimir Reuterskiöld me sigue para grabar el material que será enviado al equipo del *Jornal da Band,* en San Pablo.

Tomamos la dirección del Palacio Real y seguimos los tres, caminando, por Stallbron, el puente que conecta la isla del Parlamento a Gamla Stan, el Casco Antiguo de Estocolmo. En la pequeña plaza de Mynttorget, entramos en el anexo parlamentario que se llama Ledamotshuset (Casa de los Diputados), donde están las oficinas parlamentarias. Pasamos por los procedimientos de seguridad y tomamos el ascensor hasta el sexto piso del edificio. Ahí hay trece de los cincuenta y dos monoambientes de diputados del edificio. Los otros cinco están en el complejo parlamentario conocido como Cephalus, en Riddarhustorget, cerca de allí.

Al lado de cada puerta en el laberinto de pasillos, una placa identifica el diputado residente —Eva Olofsson, Tone Tingsgård, Christina Oskarsson, Allan Widman son algunos de los inquilinos del momento—. A medida que avanzamos, las siglas de los partidos se alternan en las placas. En esos pasillos democráticos, diputados progresistas y conservadores, o fuertes enemigos en el plenario se convierten en vecinos de puerta.

Marie gira la llave en una de las puertas, con la necesaria autorización del diputado ausente en receso. Es una habitación pequeña de 18 metros cuadrados.

— Es espacio suficiente para que un parlamentario viva en la capital durante la semana —cuenta Marie, mientras abre el sofá que se convierte en cama por la noche.

Tal vez con un poco de exageración, el tamaño del monoambiente me recuerda las celdas que visité en la moderna cárcel de Sala, en las afueras de Estocolmo, donde los presos —como en la mayoría de las cárceles suecas— también tienen baño privado.

—Podemos poner camas extra con rueditas en caso de necesidad, como la visita de un pariente —explica Marie.

Además del sofá cama, una mesa, un pequeño armario, una mini cocina con una estufa de una hornalla, una heladera y un baño son suficientes para llenar el espacio del monoambiente parlamentario.

Acá, hasta la cocina es comunitaria. Marie nos lleva al gran espacio de la cocina común que, además de las modernas estaciones de tratamiento de residuos, muestra un inesperado lavaplatos, elemento inexistente en los departamentos funcionales.

—Sin embargo, los diputados deben lavar las ollas y mantener la limpieza —dice Marie.

La advertencia en la puerta de uno de los armarios de la cocina es una llamada al aseo parlamentario: *Städa Upp!* (¡Deje todo limpio!).

Cerca de ahí veo una cocina adaptada para parlamentarios con discapacidades, que también cuentan con habitaciones y baños especialmente equipados.

Salimos del edificio de la Ledamotshuset y seguimos con Marie Stolpner hacia Munkbron, la dirección de uno de los siete edificios de departamentos funcionales del Parlamento. En las orillas del lago Mälaren, Munkbron es una calle todavía dentro de los límites del Casco Antiguo, en la isla de Stadsholmen. Desde allí se puede ver la isla de Riddarholmen y las torres de Riddarholmskyrkan, la iglesia donde están enterrados los antiguos monarcas de Suecia. A la izquierda, se ve otra isla, la Södermalm.

La fachada del edificio en tono amarillo en Munkbron es simple como la del edificio de Luciano Astudillo, en Södermalm. Como en casi todos los edificios de Estocolmo, no hay porteros o encargados, ni portero eléctrico en la entrada. Solo el habitual panel electrónico en el que se digita el código que abre la puerta principal.

En la planta baja, el departamento funcional tiene poco más de 16 metros cuadrados. En un espacio pequeño hay una cocina de una hornalla, un horno microondas y un minibar. Una cama individual, un escritorio y un pequeño armario completan el departamento, que según Marie está ocupado por una diputada veterana de varios mandatos.

En el segundo piso, el departamento iluminado de 40 metros cuadrados representa un salto de dos estrellas en comparación con el vecino de la planta baja. Pero, con excepción de la cocina, donde más de una persona puede revolver una olla en el fuego, y cerca de dos metros más en el tamaño de la sala de estar, que también es la única habitación en el departamento, el estándar básicamente funcional de los inmuebles parlamentarios suecos también se repite aquí.

La visita termina en el sótano del edificio, en el cual vemos otra lavandería comunitaria y el infalible fichero en la pared para la reserva de horarios, esperando a los diputados.

Hay diputados que lavan la ropa sucia en el Parlamento, sin metáforas: también hay una lavandería común allí. Este es el caso de la diputada Rossana Dinamarca, del Partido de la Izquierda *(Vänsterpartiet,* excomunista):

—Como suelo volver demasiado tarde a mi departamento funcional, lavo la ropa durante el día en la lavandería del Parlamento. Es muy sencillo, solo hay que poner la ropa en la lavadora y volver una hora más tarde para recogerla —dice Rossana.

Y en la guardería del Parlamento, los diputados pueden dejar a sus hijos de entre uno y trece años.

—Pero los diputados deben pagarles el almuerzo a los niños, que cuesta 20 coronas (unos tres dólares) —dice Monika Karlsson, empleada de la guardería—. En los días de sesión a la noche, la guardería está abierta hasta la medianoche o más.

Los departamentos y monoambientes funcionales están disponibles únicamente para diputados como Rossana Dinamarca, que tienen base electoral a por lo menos cincuenta kilómetros de la capital. Los diputados de Estocolmo no tienen derecho a un departamento funcional ni a subsidio para la vivienda. Y el presidente del Parlamento sueco no tiene derecho a residencia oficial.

—El Presidente del Riksdag no tiene ningún privilegio especial con relación a la vivienda. Sus derechos son los mismos que los de otros parlamentarios —cuenta María Skuldt, de la oficina de prensa del Parlamento.

Corresponde a cada partido decidir cómo instalar a sus parlamentarios: quiénes van a los departamentos, quiénes se quedan en los monoambientes. El Parlamento cubre los costos de mantenimiento de los inmuebles. Pero no todas las cuentas.

—Los parlamentarios ganan una asignación mensual de 100 coronas (unos 15 dólares) para los gastos con electricidad, y nada más. Pueden pedir, si quieren, el servicio de limpieza en el departamento, pero para ello tienen que pagar alrededor de 300 coronas (unos 46 dólares) por la limpieza —dice la jefa del sector de Servicios Parlamentarios (*Ledamotsservice*), Anna Aspegren.

Además, el Tesoro paga los departamentos funcionales exclusivamente para los parlamentarios. Sus cónyuges, familiares, novios y similares no pueden vivir ni dormir una noche en la propiedad del Estado sin pagar. Cuando la familia de un parlamentario pasa una temporada en el inmueble funcional, el diputado tiene un plazo de un mes para reembolsar al Tesoro los días que el pariente se quedó.

Y en esta sociedad, en la que más del 75% de las mujeres trabajan, si la esposa de un diputado del interior decide vivir en el departamento funcional de la capital con su marido, ella tendrá que pagar la mitad del valor del alquiler.

—Por supuesto que no le pagamos a nadie para que viva gratis, excepto a los parlamentarios de distritos electorales fuera de la capital —dice Anna Aspegren.

Los diputados tienen dos opciones de residencia en la capital sueca: la primera es vivir en uno de los departamentos o monoambientes funcionales. La segunda es alquilar un departamento por su cuenta, y reclamar al Parlamento el reembolso correspondiente al valor del alquiler. En este caso, el valor máximo que el Parlamento reembolsa a los diputados es de 8.000 coronas mensuales (equivalente a unos 1.200 dólares), un valor relativamente bajo para la escasa oferta inmobiliaria del centro de la capital.

—Pero los parlamentarios que viven con su cónyuge en un departamento alquilado solo pueden solicitar la devolución de la mitad de la renta, y tienen que pagar de su bolsillo el mantenimiento del inmueble —explica Anna Aspegren.

Es lo que hace la líder del Partido del Centro (*Centerpartiet*), Annie Lööf, que comparte el departamento funcional con su marido.

—El marido de Annie tiene que pagar su parte del alquiler, como cualquier otro ciudadano —cuenta Aspegren.

En 2011, el líder del Partido Socialdemócrata, Håkan Juholt, intentó burlar las reglas. Y se enfrentó a las consecuencias.

EL ESCÁNDALO DEL DEPARTAMENTO

"AGENCIA NACIONAL ANTICORRUPCIÓN INVESTIGA A JUHOLT"

Juholt: pagar la mitad del alquiler con dinero público le costó la carrera.

Håkan Juholt parecía ser la encarnación del Mesías que la socialdemocracia sueca esperaba. Hábil orador, aire victorioso, Juholt se hizo cargo de la dirigencia del partido en marzo de 2011 con la misión de volver a entusiasmar el electorado y llevar a los socialdemócratas de vuelta al poder, después de dos vergonzosas derrotas electorales consecutivas.

Pero en el medio del camino había un departamento funcional con una novia adentro. La revelación de que la compañera del líder vivía en el departamento funcional, sin pagar la debida parte del alquiler, interrumpió el crecimiento de Håkan en las encuestas de opinión. Era octubre, y el caso haría con que Håkan siguiera la cadencia de las hojas de los árboles en el otoño sueco, en su caída lenta e inevitable hacia el suelo.

La denuncia se publicó en el diario *Aftonbladet*. Desde 2007, Håkan Juholt había "recibido dinero de los contribuyentes para pagar todo el alquiler de un departamento funcional" que compartía con su pareja, Åsa Lindgren. Fue un escándalo instantáneo. En total, Håkan había recibido 320.532 coronas (unos 49.000 dólares) por cuatro años y medio. Por las estrictas reglas del Parlamento sueco, Åsa debería haber pagado la mitad de este valor —cerca de160.000 coronas (unos 25.000 dólares)—.

El caso terminó en la policía. "Agencia Nacional Anticorrupción investiga a Juholt", informaron todos los medios de comunicación. Terminada la investigación preliminar, la Agencia Anticorrupción remitió el caso al Departamento Criminal de la Policía Nacional de Suecia (*Riksenheten för Polismål*) de acuerdo con las reglas que involucran presuntos delitos cometidos por parlamentarios en Suecia.

Sin miedo al infierno, Juholt juró inocencia y dijo que no conocía las reglas que obligan a los cónyuges y miembros de la familia a pagar por el uso de departamentos funcionales. Pero trató de devolver, sin quejas ni demoras, las 160 mil coronas recibidas de forma indebida. Håkan actuó rápido. Pero ya era demasiado tarde.

—Me equivoqué al no haberme informado sobre las reglas de uso de los departamentos funcionales. Pido perdón por eso. Me gustaría hacer hincapié en que no pedí más dinero deliberadamente —dijo Juholt. Pero, según el sector de la Administración del Parlamento, un asistente del líder socialdemócrata había sido notificado de la cuestión meses antes.

Håkan Juholt viene de la ciudad de Oskarshamn, 300 kilómetros al sur de Estocolmo. Elegido diputado en 1994, ocupaba él solo un departamento funcional en el centro de la capital. En 2007, Håkan se mudó al departamento de su novia Åsa en el suburbio de Västertorp. A partir de entonces, registró el inmueble como su nuevo departamento funcional en la capital, y pasó a solicitar la devolución del valor que pagaba por el alquiler de 7.225 coronas suecas.

El alquiler del departamento en el suburbio era más barato que el departamento funcional que Håkan ocupaba antes, solo, en el centro de la capital. El alquiler en el suburbio también estaba por debajo de las ocho mil coronas suecas, que es el límite máximo establecido por el Parlamento para el pago de los subsidios de vivienda a los parlamentarios.

Con este y otros argumentos, Håkan recorrió incesantemente el país durante dos meses para pedir disculpas a los electores, en la llamada "gira del perdón" (*förlåtelseturnén*).

Pero el pecado de Håkan Juholt era inexcusable: la compañera del líder vivía en el departamento funcional a expensas del dinero de los contribuyentes sin pagar su parte del alquiler como era su obligación, no del tesoro. En este punto, la prensa también reveló que su novia lo habría acompañado en un viaje oficial a Bielorrusia —y en este caso, de acuerdo con las reglas parlamentarias suecas, él tendría derecho al reembolso de solo la mitad de los gastos del hotel.

El siguiente diálogo con Juholt fue publicado en el diario *Dagens Nyheter*, en la edición de 8 de octubre de 2011:

Reportero: **¿Cómo pudiste creer que los contribuyentes deberían pagar el valor total del alquiler, si compartes el departamento funcional con tu pareja?**

Håkan Juholt: Eso nunca pasó por mi mente. Lo que no sabía es que, cuando un parlamentario comparte el departamento funcional con alguien, debe reclamar solo la mitad de la renta. Debería conocer esta regla. No me informé, pero debería haberlo hecho.

Reportero: **¿No te parece lógico tener que dividir el valor del alquiler de departamentos funcionales con tu compañera, ya que ella también vive allí?**

Håkan Juholt: Seguro.

Reportero: **¿Alguna vez pensaste sobre esta lógica?**

Håkan Juholt: No, no llegué a hacerlo. El departamento funcional donde vivía solo antes, en el centro de Estocolmo, era más caro. Así que no llegué a reflexionar sobre este tema.

Reportero: **¿Cómo crees que este episodio va a afectar la confianza que te tienen los electores?**

Håkan Juholt: Esto perjudica la imagen de los políticos en su conjunto.

El escándalo produjo editoriales furiosos. El diario liberal *Gefle Dagblad* señaló que, como líder del Partido Socialdemócrata, Håkan Juholt tenía un ingreso mensual de 144.000 coronas (unos 22.000 dólares).

—Con un salario así, ni Joakim von Anka (el millonario avaro Tío Rico/Tío Gilito de las historietas) cometería fraude para ganar un par de billetes de mil —señaló el editorial.

Muchos creyeron en la afirmación de Juholt de que no tenía conocimiento de las reglas de ocupación del departamento funcional. Sin embargo, se preguntaban si los electores perdonarían al líder, y si Juholt, después de todo, podría ser un candidato adecuado para ocupar el puesto de primer ministro de Suecia.

En enero de 2012, ya desgastado por las intensas presiones para abandonar la dirigencia del partido, Håkan Juholt anunció la renuncia. Estuvo diez meses en el cargo.

—Los suecos detestan ver a alguien que ocupa una posición de poder llenarse los bolsillos —dijo la politóloga Jenny Madestam a la agencia de noticias sueca TT.

—El escándalo de Håkan llevó a que el Parlamento introdujera nuevas reglas: hoy, todo diputado está obligado a declarar, en forma oficial, si vive solo o con quién comparte el departamento funcional. Antes, bastaba la ley de la confianza en el cumplimiento de las normas.

LA ÉPOCA EM QUE LOS DEPARTAMENTOS FUNCIONALES NO EXISTÍAN

UNA CONVERSACIÓN CON LA DIPUTADA EVA FLYBORG

"Dormir en un sofá cama en la oficina no era ningún problema".

En los tiempos de Eva, ni la visión más demencial del paraíso podría describir la realidad de la vida de un parlamentario sueco. Los platos y la ropa se lavaban a mano en el fregadero de la oficina, no había cama, ni departamentos funcionales. Durante los primeros cuatro años de su mandato, de 1994 a 1998, Eva Flyborg, diputada del Partido Popular Liberal (Folkpartiet), dormía en un sofá cama en la oficina misma del Parlamento.

Llego al Parlamento para hablar con Eva una mañana fría de invierno sueco, aquellas en las que tiemblan hasta los perros en la calle bajo su ropa especial para pasear en el frío. En el hall de entrada, me saluda un empleado que me acompaña hasta la oficina de la diputada en el ala del Parlamento reservada al Partido Liberal. Le pregunto si es el asesor de Eva Flyborg.

—Trabajo a tiempo parcial ayudando a Eva y otros ocho diputados en diferentes tareas. En Suecia no hay asistentes privados para parlamentarios —señala Lars Johansson, el asesor colectivo.

Vocera del Folkpartiet para cuestiones relacionadas con energía, industria y comercio, Eva Flyborg es economista y ex empleada de la automotriz sueca Volvo. Nació en 1963 en Otterhällan, en la región de Gotemburgo (en la costa oeste de

Suecia), y también es conocida como la fundadora de la Asociación de Fanáticos de los Beatles del Parlamento sueco.

En su oficina de doce metros cuadrados, donde no hay recepción en la puerta, cocina con café o baño privado, la diputada contó cómo era la vida dentro de la oficina en los años noventa.

Eva Flyborg: La oficina era pequeña, tenía unos diez metros cuadrados. Había un baño muy pequeño, una cafetera, una tostadora, y eso era todo. Teníamos que lavar los platos y la ropa en el lavabo del baño. En el subsuelo había una lavandería colectiva, que podía ser utilizada si no estaba ocupada por alguno de los más de 300 miembros.

¿No era una lavandería grande?

Eva Flyborg: No, no. Era una lavandería chica. Dos lavadoras.

© DIVULGACIÓN

La diputada Eva Flyborg: dos lavadoras para 349 diputados.

¿Dos lavadoras para 349 diputados?

Eva Flyborg: Sí, dos. Muchos diputados preferían lavar la ropa en el lavabo del baño de la oficina o bien llevar la ropa a casa, en sus estados de origen, y traerlas de vuelta limpia.

¿Y colgaba la ropa lavada en su oficina?

Eva Flyborg: Sí. ¿Dónde

más la podría colgar? Solo tenía mi oficina. Así que colgaba la ropa en las sillas, en el equipo, la lámpara. Por la mañana, cuando estaba seca, solamente tenía que recogerla.

¿Se consideraba algo normal trabajar y dormir en la oficina dentro del edificio del Parlamento, o había una sensación de insatisfacción entre los diputados?

Eva Flyborg: No, era algo normal, sin problemas.

¿Ningún diputado se quejaba de estas condiciones?

Eva Flyborg: Uno vive una vida diferente cuando es diputado. No es un trabajo normal. Uno lo sabe desde el principio. Fui una Girl Scout cuando era chica, así que para mí no fue ningún problema dormir en un sofá cama, en la oficina. Y los suecos somos gente muy práctica. Uno hace lo mejor que puede. Si hay que lavar ropa y tiene que ser en el lavabo del baño, no hay problema.

¿Por qué entonces el Parlamento decidió crear departamentos funcionales para los parlamentarios, al final de la década de 1990?

Eva Flyborg: La decisión de crear departamentos funcionales para diputados fue tomada solo para obedecer a las normas legales de seguridad contra incendios, así como las normas ambientales. Pues llegamos a la conclusión de que era demasiado arriesgado tener diputados viviendo, comiendo y encendiendo velas en sus oficinas, en medio de todos estos documentos y libros. Por lo tanto, tuvieron que retirarnos de los edificios del Parlamento. De lo contrario, todavía estaríamos viviendo en nuestras oficinas.

¿Usted lo estaría?

Eva Flyborg: Sí, lo estaría. No es un gran problema. Vea, mi casa no está aquí en la capital. Mi casa está en Gotemburgo. Yo vivo allí, allí están mi familia, mi auto, mis amigos. Solo trabajo en Estocolmo parte de la semana. Hasta hace unos años, me quedaba de lunes a viernes en la capital debido a mi agenda parlamentaria, y a veces también durante el fin de semana. A veces era necesario permanecer en Estocolmo durante un mes. En la actualidad, paso cuatro días a la semana en la capital.

¿Cómo compara el sistema sueco con el de los países donde los políticos tienen privilegios como amplias oficinas y departamentos funcionales, choferes, secretarias y asesores privados?

Eva Flyborg: En primer lugar, yo no juzgo a ningún país. Toda sociedad hace sus propias elecciones. Pero debo decir que ciertos privilegios concedidos a políticos en algunos países me parecen excesivamente exorbitantes. Tal vez sea un reflejo de la visión de la sociedad en estos países de que la representación política es una función importante que, por lo tanto, debe tener cierto estatus social. En Suecia no le damos ningún estatus a la función política. Quizás esa sea la diferencia. Y si alguien llamara Excelencia a un diputado de aquí, sería visto como algo ridículo. Todos somos iguales. Nadie está por encima de nadie. Con una excepción: la familia real. Pero la familia real ya no tiene poder.

¿Cómo es su departamento funcional actual?

Eva Flyborg: Hoy en día vivo en uno de los departamentos funcionales más grandes del Riksdag, con cuarenta y ocho metros cuadrados. Eso es porque soy diputada hace muchos años, y también porque mi hijo vivía conmigo aquí.

Entonces fue por un conjunto de factores.

¿Es un departamento de dos dormitorios?

Eva Flyborg: No, solo un dormitorio. Pequeño. Compartía el dormitorio con mi hijo que ahora estudia en Gotemburgo.

¿Usted tenía que pagar para que su hijo pudiera vivir en el departamento funcional?

Eva Flyborg: No, porque en ese momento él tenía menos de doce años. Si tiene más de doce años, el hijo de un parlamentario debe pagar para tener el derecho a vivir o pasar la noche en el departamento funcional, lo cual es normal. En cualquier hotel, los niños mayores de esa edad tienen que pagar para dormir.

¿El departamento cuenta con algún servicio, como lavadora o lavaplatos?

Eva Flyborg: No, no hay nada de eso. Tenemos una lavandería en el sótano del edificio. Son dos lavadoras para dos edificios, que tienen unos ochenta departamentos en total.

¿Los diputados lavan ropa y planchan sus propias camisas?

Eva Flyborg: ¿Quién más lo haría? ¿Por qué alguien debe hacerlo por uno, si uno sabe hacerlo? También es más práctico. Plancho mi camisa en dos minutos. Si tuviera que dejarla en una lavandería, tendría que gastar tiempo y dinero. No tengo tiempo para eso. Es más fácil hacerlo yo misma. Preparo la cena en veinte minutos, y plancho mi camisa en dos minutos. Es un esquema muy eficiente.

Como diputada y miembro de la comisión parlamentaria de Industria y

Comercio, usted no tiene asistente personal en su oficina.

Eva Flyborg: No. Los otros ocho diputados y yo compartimos un asistente, que trabaja a tiempo parcial.

¿No hay una secretaria para ayudarla, por ejemplo, para que compre un billete de avión participe de un encuentro o conferencia?

Eva Flyborg: No. Y es más rápido y más eficiente que yo misma lo haga, en lugar de hablar con una secretaria que va a llamar a la agencia de viajes, volver a hablar conmigo sobre las distintas opciones de vuelo, y luego volver a llamar a la agencia de viajes para encontrar la alternativa que me sirva más, de acuerdo con las necesidades y limitaciones de mi agenda personal. Por lo tanto, no sería muy eficaz dar esa tarea a una secretaria, ¿verdad?

No, a menos que la diputada tuviera una secretaria privada para organizar sus citas y coordinar su agenda personal.

Eva Flyborg: Bueno, eso no existe aquí en Suecia. Ningún diputado tiene secretario privado.

¿Sería un privilegio desorbitado tener secretario privado?

Eva Flyborg: En mi opinión, sí. Pues no es justo para el resto de la sociedad. Sería demasiado. Y un diputado no lo necesita. Los privilegios tienden a convertir un diputado, y los políticos en general, en personas superiores a los ciudadanos que los eligieron. De este modo, se arma una distancia entre el pueblo y sus representantes, que a su vez genera un sentimiento de desconfianza y descreimiento de la población en relación con los políticos.

LAS OFICINAS ESPARTANAS

Las oficinas parlamentarias de los diputados suecos tienen un promedio de 15 metros cuadrados, y la decoración es frugal. "Los sofás son disputados, no tenemos para todos", dice Ömer Oguz, vocero del Partido Socialdemócrata en aquel momento. Él apunta a un delgado sofá de tres cuerpos de color rojo, del tipo que se encuentra en tiendas de muebles populares, al estilo de la sueca IKEA.

Estamos en el anexo parlamentario de la Riksdagens Hus, la base de los diputados socialdemócratas. El edificio es una antigua construcción circular situada en Riddarhustorget, a pocos pasos del Parlamento. El hall central abierto al público está dominado por la monumental escultura de una mujer desnuda, que el artista Ivar Johnson bautizó *Morgon* (Mañana). Alrededor del hall, pequeños pasajes salen a la calle Myntagatan y a callejones de la Ciudad Antigua.

En Riksdagens Hus, oficinas de 15 m² para los parlamentarios.

Desde la entrada del complejo parlamentario se puede ver la imponente torre de la Catedral de Estocolmo (*Storkyrkan*), donde la princesa Victoria, heredera del trono de Suecia, se casó con su ex *personal trainer*, en 2010. Pero en su interior el tono es austero.

A lo largo de los inmensos pasillos que camino, cada puerta se abre directamente a una de las pequeñas oficinas parlamentarias. Ninguna de las oficinas de los diputados tiene un vestíbulo con mostrador para una secretaria, ni cocina con cafetera o baño privado. Solo una mesa simple de madera clara con un ordenador, armarios con gabinetes en el mismo estilo y un aparato de TV. Algunas oficinas tienen, además, una pequeña mesa redonda.

En cada piso, una cafetera automática situada en el pasillo sirve a unos veinticinco parlamentarios. Los diputados se sirven ahí mismo el café en vasos de papel. Algunos aprovechan la oportunidad para sacar de sus bolsillos unas cajas redondas de *snus*, el tradicional tabaco humedecido de los países escandinavos. El *snus* desprende un olor desagradable, y es prueba de que hay gente para todos los gustos: embalado en papeles que se asemejan a bolsitas de té en miniatura, se coloca el tabaco entre la encía y la mejilla. Es más seguro que los cigarrillos, pero también es perjudicial. Quienes están en contra dicen que es la antesala de la adicción.

Cerca de las cafeteras hay mesas con diarios y otras publicaciones. Son de uso colectivo para los parlamentarios: las suscripciones a periódicos y revistas corren a cargo del Partido, y los diputados no tienen presupuesto personal para suscribirse a publicaciones.

—Podemos llevar un diario para leerlo en la oficina,

y devolverlo después a la mesa —dice el diputado Michael Hagberg.

—No veo ninguna necesidad de pagar cientos de suscripciones individuales para que cada diputado tenga sus propios diarios y revistas. También podemos leer diarios y otras publicaciones en la biblioteca del edificio, y hay bibliotecas en cada complejo parlamentario —añade.

En los pasillos hay también estaciones de reciclaje de basura y armarios con artículos de papelería para los parlamentarios.

Las oficinas más pequeñas del Parlamento tienen 10 metros cuadrados. Las más grandes tienen un promedio de 25 metros cuadrados, y algunas incluso llegan a 45. Están reservadas a los líderes de los partidos y presidentes de las comisiones parlamentarias. En la oficina del líder social demócrata, de unos 30 metros cuadrados, no hay vestigios de lujo: su privilegio es la garantía de un sofá.

SIN SECRETARIAS O ASESORES PRIVADOS

Secretarias y asesores privados, reales o imaginarios, no forman parte del mundo de los diputados suecos.

—Ningún diputado tiene secretaria privada, ni contrata asesores —dice Mats Lindh, asesor del sector de Servicios Parlamentarios.

En el sistema sueco, cada partido político representado en el Parlamento recibe fondos restrictos para contratar a un grupo de ayudantes y asesores, que son el denominado secretariado del partido. Y este grupo de funcionarios trabaja, colectivamente, para todos los miembros de una sigla.

Los recursos de contratación cubren, estimativamente, el sueldo de un asesor por diputado, de un valor de 50.300 coronas (alrededor de 7.600 dólares). Cada partido es libre para distribuir el valor del dinero como lo desee, para montar un equipo de asistentes que mejor se adapte a las necesidades de los diputados. Pero la regla general es que ningún diputado tenga asesores privados: todos comparten juntos un *pool* de asesores y asistentes que, entre otras actividades, preparan documentos políticos y se ocupan de las relaciones con la prensa.

En los pasillos de la base parlamentaria del Partido Socialdemócrata, el vocero entrega la lista del secretariado: noventa y cinco empleados trabajan juntos para apoyar las actividades de los 130 diputados. Son un total de cincuenta y dos asesores políticos, treinta y tres empleados de apoyo para cuestiones políticas y de prensa, y diez asistentes administrativos —que no suelen estar a disposición de los diputados para tareas personales—.

—Cada diputado se encarga de su agenda de trabajo y compra, por ejemplo, sus propios billetes de tren o avión —dice Ömer Oguz.

Ya el líder del Partido Socialdemócrata tiene un total de diez empleados en su oficina en el Parlamento. Y, sí, una secretaria en la puerta.

Para el politólogo sueco Rune Premförs, mantener una fuerza de tarea de asesores privados para un único parlamentario es una aberración. En su oficina en la Universidad de Estocolmo, cuenta que una vez visitó a un amigo que trabajaba para un senador estadounidense en Washington. Sorprendido, descubrió que todos los empleados que se encontraban en la oficina trabajaban únicamente para aquel senador.

—¿Por qué todos esos recursos deben estar disponibles para un único político, si se pueden dividir? Los representantes políticos también deben ser representantes del pueblo en términos de no asignarse condiciones privilegiadas —opina.

—El argumento de que los países grandes tienen grandes problemas es válido —dice el politólogo— y para resolverlos necesitan más recursos humanos. Pero esto no significa necesariamente aumentar los privilegios personales en términos de asesores privados. Lo que un parlamentario necesita son servicios de información y consultoría de calidad para apoyar sus actividades y para tomar decisiones. En Suecia, uno de los sectores del Parlamento que más se expandió en los últimos veinte años fue el RUT (Servicio de Investigación del Parlamento), que ofrece todo tipo de investigación, estadísticas y consultoría especializada a los parlamentarios de todas las siglas —explica Premförs.

Hasta la década de 1970, los diputados no tenían ni asistente ni oficinas individuales en el Parlamento, recuerda el politólogo Daniel Tarschys.

—Con el tiempo se introdujeron recursos como la ayuda de asistentes y asesores. Pero esos recursos nunca fueron destinados directamente a un diputado en particular, sino al partido, que debe decidir cómo usarlos para servicios colectivos o individuales —dice Tarschys.

—Este sistema refleja la fuerte posición de los partidos en el Parlamento, y el fuerte grado de cohesión partidaria en Suecia – señala el politólogo.

En el Gobierno, cada ministro tiene una secretaria y un equipo de dos a nueve asistentes, según el departamento de administración gubernamental (*Förvaltningsavdelningen Regerinskansliet*).

Paula Carvalho Olovsson, Asesora Parlamentaria

"No trabajo como asesora privada de ningún diputado".

Hija de un exdiputado portugués y de una concejala sueca, la politóloga Paula Carvalho Olovsson trabaja desde 2005 como asesora parlamentaria del Partido Socialdemócrata. En la base parlamentaria del partido en Riksdagens Hus, ella cuenta como es ayudar a todos los diputados de un único partido.

¿Cómo es su trabajo como asesora política en Suecia?

Paula Carvalho: No trabajo como asesora de ningún diputado en particular, sino del grupo parlamentario socialdemócrata en su conjunto.

Son más de cien diputados en el partido. ¿Cualquiera puede pedir su ayuda?

Paula Carvalho: No piden ayuda a la vez, porque tenemos un esquema bien organizado. Nosotros, los asesores políticos, estamos divididos en grupos especializados en ciertos temas. Por ejemplo, algunos de mis colegas trabajan exclusivamente en el área de asuntos sociales o economía, y otros se especializan en temas relacionados con la salud o la criminalidad. También hay colegas que trabajan en los comités, escribiendo mociones en un lenguaje más rebuscado. Mi trabajo es principalmente reescribir las mociones parlamentarias en un lenguaje más accesible, para que los diputados puedan utilizar cuando dan entrevistas, hacen discursos o se reúnen con los electores. Es decir, hay asesores con conocimientos específicos en distintas áreas de actuación de los parlamentarios.

¿El sistema funciona bien o sería mejor que los diputados suecos tuvieran más asesores?

Paula Carvalho: Para nosotros funciona muy bien. Y creo que también trabajamos con mayor eficacia. Si hay demasiada gente trabajando en un área determinada, muchas veces se hacen muchas cosas innecesarias.

¿Quiere decir que tener muchos asesores no es bueno?

Paula Carvalho: Creo que no. Y los diputados suecos también pueden contar con el Servicio de Investigación del Parlamento (RUT), que tiene consultores no partidarios especializados en distintas áreas para realizar estudios, proyecciones y consultorías técnicas.

¿Los diputados suecos se encargan de su propia agenda y se ocupan de sus viajes y pasajes?

Paula Carvalho: Sí, claro.

Para nosotros, por supuesto que ellos deben hacerlo.

¿Cómo se puede comparar el sistema sueco con el de países como Portugal o Brasil, donde los diputados tienen equipos de asesores privados?

Paula Carvalho: Para nosotros, son mundos distintos. Y no me parece necesario tener tantos asesores en una única oficina. Aquí, eso nunca pasaría. En primer lugar, porque los suecos nunca lo aceptarían ni permitirían. Hay muchas personas en Suecia que piensan, incluso, que los políticos suecos ya tienen demasiados derechos, y que ganan demasiado bien. Aquí a la gente no le gusta que los políticos tengan cosas que la gente normal no tiene. Los políticos suecos tienen que ser iguales a los ciudadanos comunes. Y acá en Suecia no tenemos corrupción como en Italia.

EL SUELDO DE UN DIPUTADO: EL DOBLE DE LO QUE GANA UN MAESTRO DE LA PRIMARIA

Para vivir en un país que tiene uno de los más altos costos de vida del mundo, y en el que se paga uno de los impuestos más altos del planeta, un diputado del Parlamento sueco recibe el equivalente a unos 6.700 dólares al mes (en 2013). Después del pago de impuestos, el diputado recibe un salario que corresponde, en términos netos, a el doble de lo que gana en promedio un maestro de primaria en Suecia después de aplicados los debidos descuentos.

El importe bruto del salario de un diputado sueco es comparable al de un médico del sistema de salud público, que recibe un promedio de 54.900 coronas al mes (unos 6.300 dólares). De acuerdo con las cifras de la Agencia Central de Estadística de Suecia (*Statistiska Centralbyrån*), el salario promedio de un ciudadano sueco es de 35.800 coronas (unos 4.100 dólares). Un maestro de primaria gana un promedio de 26.500 (unos 3.000 dólares). Una enfermera, 32.200 (unos 3.700 dólares). Un policía recibe un promedio de 30.500 (3.500 dólares), y un juez, a partir de 45.100 coronas (unos 5.200 dólares).

Un diputado gana más de el doble de lo que recibe un maestro de primaria —pero en el sistema escalonado de impuestos en vigor en Suecia, paga impuestos más altos sobre su salario—. En coronas, el sueldo de un diputado es de 58.300 al mes. Después del descuento de impuestos, el sueldo neto del diputado queda en 35.200 coronas aproximadamente (unos 4.000 dólares).

Un maestro de primaria, que tiene una menor carga tributaria, recibe un salario promedio neto de unas 18.300 coronas (aproximadamente 2.100 dólares). O sea, cerca de la mitad de lo que gana un parlamentario.

Con sus 35.000 coronas en el bolsillo, un diputado sueco puede considerarse razonablemente próspero, y debe sentirse plenamente satisfecho. Pues ciertos beneficios adicionales, como los que había y hay en países como Brasil, no aumentarán los ceros en su cuenta bancaria.

Si un diputado tiene su base electoral fuera de la capital, podrá solicitar el llamado *traktament*, una ayuda para los días de semana que trabaja en Estocolmo. El valor diario se paga estrictamente a los parlamentarios que no tienen residencia permanente en la capital y es de 110 coronas (unos 16,8 dólares).

Un rápido repaso por las listas de precios de Estocolmo nos da una visión de lo que se compra en la capital con 110 coronas en la billetera: un café con tres o cuatro *bullar* (el tradicional pan dulce sueco que acompaña el café), o una *pizza* con gaseosa, o dos paquetes de cigarrillos, o un plato tradicional de *köttbullar*, las albóndigas suecas servidas con mermelada de arándanos rojos y puré de papas. En los pequeños restaurantes populares que sirven almuerzos en la ciudad, un plato ejecutivo cuesta unas 90 coronas en promedio (unos 14 dólares).

Sin embargo, una parte considerable de los ciudadanos que pagan los sueldos de los diputados por medio de sus impuestos piensa que aun así ganan demasiado.

—¿Por qué un diputado tiene que ganar mucho más

que un maestro? —pregunta Monika Karlsson, empleada de la guardería que funciona dentro del Parlamento.

O como dice el taxista del aeropuerto de Arlanda: "Está bien, pero puede mejorar".

En un rapto de inspiración, los diputados del Partido de la Izquierda *(Vänsterpartiet,* excomunista) hicieron el mismo razonamiento que Monika: llegaron a la conclusión de que el sueldo de los parlamentarios en Suecia superaba los límites del sentido común y de lo soportable. Decidieron tomar medidas.

En el congreso del Partido en enero de 2012, decidieron que todos los diputados del Vänsterpartiet debían destinar una parte de sus salarios al Partido, con el objetivo de financiar las actividades partidarias. Desde entonces, cuando llega el salario de 58.300 coronas, sus diputados solo se quedan con 27.500 (unos 3.200 dólares).

—Para el Vänsterpartiet, es importante el principio de que nadie debe enriquecerse en el ejercicio de la función política. Un político no debe ganar salarios mucho más altos que un trabajador común —expresa la dirigencia del Partido de la ciudad de Norrköping (este de Suecia) en la página de opinión del diario *Norrköpings Tidningar.*

—Estamos en política para lograr un cambio en la sociedad, y no para enriquecernos y hacer carrera (...). Esperamos que otros partidos políticos tengan el valor de seguir nuestro ejemplo —completan Niclas Lundström, Linda Snecker y Per Gawelund en el texto publicado en el diario *Norrköpings Tidningar* el 14/1/2012.

Si el recorte salarial les provocara cálculos renales a algunos parlamentarios del Vänsterpartiet, solo habría que recordarles que, hasta 1957, los diputados del Parlamento sueco ni siquiera recibían un salario. La decisión de introducir el pago de salarios a los parlamentarios fue tomada, de acuerdo con los archivos del Parlamento, después de llegar a la conclusión de que a ningún ciudadano debería "impedírsele convertirse en diputado por razones económicas". Pero el valor del salario no debía "ser tan alto como para volverse económicamente atractivo".

—Hasta hace poco, los diputados suecos solamente recibían el apoyo de los miembros de su partido, no del Estado. Se introdujo entonces un salario oficial, pero únicamente para los meses del año en los que el Parlamento celebraba sesiones —dice Daniel Tarschys, exdiputado y actual profesor de Ciencias Políticas en la Universidad de Estocolmo.

—Era un sueldo bajo —recuerda Tarschys—.Cuando fui elegido para el Parlamento en 1976, no se pagaba el receso parlamentario de dos meses porque se presumía que en ese período los diputados podían volver a trabajar tiempo completo en sus empleos normales. Como el salario parlamentario era muy bajo, los funcionarios públicos y también de empresas privadas, que ejercían en paralelo la función de diputados en el Parlamento, llegaban a recibir un pequeño adicional de los empleadores —cuenta Tarschys.

Recién después de 1984, según los documentos del Parlamento, los diputados comenzaron a recibir un salario mensual para desempeñar la función política en jornada completa.

—En ese momento, la remuneración de un diputado era igual al salario promedio de un empleado público. Esta cifra aumentó gradualmente y hoy en día es equivalente al sueldo de un empleado público de alto nivel, pero no del máximo nivel en la jerarquía —señala el politólogo.

Los diputados suecos ganan más que la media de los ciudadanos, pero menos de lo que recibe la mayoría de los parlamentarios de los países de la Unión Europea. Los ministros reciben 118.000 coronas mensuales (unos 13.600 dólares). El presidente del Parlamento gana por su función el mismo sueldo que el primer ministro, 148 mil coronas al mes (unos 17.000 dólares) —equivalente a un 70% de lo que gana el primer ministro de Gran Bretaña y aproximadamente la mitad del salario del presidente de Estados Unidos—.

Algunos dicen que los bajos salarios no atraen a las mentes más brillantes a la política. Para muchos, un salario bajo también conlleva el riesgo de que la función política se convierta en un *playground* para los más ricos. El diplomático sueco Hans Blix defiende el camino del medio: un sueldo "razonablemente bueno" para los representantes políticos.

—Es necesario el equilibrio: no pagar ni demasiado ni poco. Si se pagan salarios altos y, además, se garantiza la inmunidad parlamentaria, la carrera política comienza a atraer al tipo equivocado de persona. Si se paga poco, puede disuadir a la gente capaz de entrar en la política. Lo más importante es que los políticos entiendan que son servidores públicos, y que es el dinero público lo que los está alimentando —dice Blix.

Pero otros no están completamente de acuerdo con la tesis de que los salarios más altos atraen a seres vertebrados a la política y, por lo tanto, políticos más capaces: —Digo que nunca vi, en ninguna parte del mundo, un sistema que pueda atraer mentes brillantes para la política —dice el politólogo Rune Premförs de la Universidad de Estocolmo.

SALARIOS: QUANDO LOS PARLAMENTARIOS NO PUEDEM AUMENTARLOS

El singular privilegio de poder aumentar el propio salario es, para los parlamentarios suecos, así como para la masa general de los empleados, un sueño generalmente limitado al mundo etéreo de la fantasía.

En Suecia, los salarios de los diputados son regulados por un comité independiente, llamado *Riksdagens Arvodesnämd*. Este comité está conformado por tres personas: un presidente, que por regla general es un juez retirado, y dos representantes públicos, normalmente exempleados públicos o periodistas.

Entre los representantes públicos recientes están la exvocera del ex primer ministro socialdemócrata Olof Palme, y el exeditor del diario *Svenska Dagbladet* (de tendencia conservadora), así como ex empleados públicos de diferentes regiones del país.

—No hay parlamentarios entre nosotros. Somos un comité independiente, con independencia garantizada por la Constitución. La Mesa Directiva del Parlamento no puede dar ningún tipo de orientación —me dice el actual presidente del comité, Johan Hirschfeldt.

Hirschfeldt, expresidente de la Corte de Apelación de Estocolmo, cuenta que el comité se reúne una vez al año, en septiembre, después del receso parlamentario del verano europeo.

—Eso no quiere decir que los diputados reciban un aumento de sueldo todos los años —señala.

Para evaluar si los diputados tendrán o no un aumento, Hirschfeldt dice que el comité analiza las condiciones económicas de la sociedad en su conjunto, incluyendo la inflación y la variación de los salarios en los sectores público y privado:

—La próxima vez que nos reunamos, vamos a evaluar las circunstancias generales y decidir tal vez por un aumento del 1% o el 1,5% a los parlamentarios. O tal vez no les vamos a dar ningún aumento.

El comité es asignado por la Mesa Directiva del Parlamento. La reportera y comentarista política Lena Hennel, del diario *Svenska Dagbladet*, indica que la independencia de los miembros del *Riksdagens Arvodesnämd* es real:

—El comité, presidido por un juez, es de hecho independiente. En el contexto sueco, donde los jueces tienen una fuerte posición de independencia, el *Riksdagens Arvodesnämd* es una muy buena estructura para tratar la cuestión de la remuneración parlamentaria —dice Lena, coautora de una biografía publicada en 2013 del líder del Partido Socialdemócrata, Stefan Löfven—. Nunca tuvimos escándalos en esta área —añade.

La decisión del comité es definitiva: no se la puede contestar, y no debe ser sometida a votación en el Parlamento.

—Los parlamentarios no tienen poder de decisión en el proceso. No sé si están satisfechos o no con el salario, porque ningún parlamentario llamó nunca para pedir más o quejarse —dice el presidente del comité, Hirschfeldt.

Los aumentos de salario para los ministros y el Primer Ministro también son decididos por un comité independiente, el *Statsrådsarvodesnämden*. Los nombres de los tres miembros del comité —que también incluye a un juez retirado— son propuestos por la Comisión de Constitución del Parlamento y sometidos a votación en el Parlamento.

SIN PENSIONES VITALICIAS

Cualquier ciudadano de inteligencia mediana en Suecia entiende por qué los parlamentarios suecos no tienen el derecho exótico a recibir una pensión vitalicia después de dos o tres mandatos. Los diputados suecos no tienen derecho a pensión, solo a lo que se conoce como "garantía de renta" (*inkomstgaranti*) por tiempo limitado. Según la ley sueca: "El propósito del beneficio (pensión) es proporcionar seguridad financiera al diputado en el momento de la transición después del final de su mandato en el Parlamento. El beneficio no tiene como propósito garantizar el sustento permanente del exparlamentario".

El exdiputado socialdemócrata Joe Frans, que cumplió cuatro años de mandato entre 2002 y 2006, habría tenido derecho a un año de pensión parlamentaria cuando dejó el Parlamento.

—Pero empecé a trabajar en otro empleo poco después de salir del Parlamento —dice Joe—. Por lo tanto, tuve que informar acerca de mi nuevo trabajo a las autoridades responsables, y el pago de mi pensión como exdiputado fue suspendido.

En la época de Joe Frans, un diputado que cumpliera la función por menos de seis años tenía derecho a recibir la pensión parlamentaria por no más de un año. Para los parlamentarios con más de seis años de servicio, la pensión se pagaba por hasta dos años (para diputados con menos de cuarenta años), cinco años (para los que tenían menos de cincuenta años), o hasta que el diputado cumpliera sesenta cinco años (para los que tenían cincuenta años o más).

Era bueno, pero podría ser mejor. En 2011, la TV pública sueca decidió investigar las pensiones parlamentarias y reveló que se pagaban millones de coronas a expolíticos que todavía eran lo suficientemente jóvenes para conseguir un nuevo empleo.

Dos años más tarde, decididos a terminar con la generosidad cristiana que el sistema todavía tenía, los suecos decidieron fijar reglas más estrictas.

Bajo las nuevas normas, el principio general es que todos los diputados elegidos a partir de 2014 tendrán que trabajar por lo menos ocho años en el Parlamento (dos mandatos) para tener derecho a una pensión del 85% del salario (49.555 coronas, equivalente a unos 5.700 dólares), por un período máximo de dos años. Y, para recibir la pensión por más de un año, un exdiputado debe demostrar que está buscando activamente una nueva manera de ganarse el pan de cada día.

—Es importante entender que el sistema tiene mecanismos fuertes. Ellos (los diputados) tienen que probar que están buscando un nuevo empleo, que no están ociosos. De lo contrario, se corta el beneficio —dice Johan Hirschfeldt, presidente del comité que regula los salarios y pensiones parlamentarias (*Riksdagens Arvodesnämd*).

Si el parlamentario comienza a ejercer otro mandato o cargo político, también se le suspende el beneficio.

No fueron pocos, sin embargo, los que atacaron las

nuevas reglas de la pensión parlamentaria. Para una porción considerable de los suecos, el sistema sigue siendo perverso:

"Es una burla", escribió la periodista Lena Mellin en su columna política en el diario *Aftonbladet* el 3 de febrero de 2013. "Siguen las diferencias repugnantes entre las condiciones de los parlamentarios y los ciudadanos comunes. Si usted y yo perdemos nuestro empleo, tendremos derecho a un beneficio social de hasta 14.960 coronas al mes (unos 1.700 dólares). Pero un diputado desocupado puede ganar casi 50.000 coronas mensuales (5.700 dólares). Además, puede recibir el beneficio por dos años cuando, para el ciudadano común sin hijos menores de edad, la ley prevé solo un año", atacó Lena.

Para aumentar el enojo de Lena, hay posibles excepciones a la regla para los diputados que hayan cumplido cincuenta y siete años al dejar el Parlamento. En ese caso, se puede pagar una pensión más baja (45% del valor del salario) por un período de hasta ocho años —es decir, hasta que alcancen la edad mínima para recibir la jubilación del sistema de la seguridad social sueca por tiempo de contribución—.

—Sin duda un diputado de cincuenta y siete años debe buscar otro trabajo cuando deja el Parlamento, y para eso puede tener acceso incluso a cursos de actualización. Si no lo encuentra, puede hacer cada año una solicitud de extensión del beneficio que, si es aceptada, reduce la pensión de inmediato al 45% del salario que recibía como parlamentario —dice Hirschfeldt.

En la TV pública sueca *SVT,* el noticiero reprodujo el comentario de la Oficina Pública de Empleos (*Arbetsförmedlingen*): "En lugar de recibir la pensión, los políticos deberían ir a una de nuestras agencias para tratar de conseguir un empleo, al igual que el resto de los ciudadanos".

Para los diputados elegidos después de 2014 y que trabajen menos de ocho años en el Parlamento, el beneficio se otorgará solo por un periodo que oscila entre tres meses y un año.

Las pensiones para viudas o viudos de parlamentarios también tienen sus días contados.

—En nuestro país, el sistema de concesión de jubilación se basa en la premisa de que ambos cónyuges trabajan, por lo tanto, cada uno tiene derecho únicamente a la jubilación propia por tiempo de servicio. O sea, las mujeres no tienen derecho a la pensión de su marido cuando él muere. Sin embargo, todavía hay algunos beneficios en el sistema. Si un diputado muere, su cónyuge todavía tiene derecho a recibir una pensión parlamentaria por dos años, siempre que el diputado haya trabajado por lo menos ocho años en el Parlamento —dice el presidente del comité para salarios y pensiones parlamentarias.

Por las reglas que se aplican desde 2014, la pensión del presidente del Parlamento sigue los mismos criterios de los demás parlamentarios, sin adicionales ni beneficios extras.

En el Gobierno, los ministros tienen derecho a una pensión completa por un período máximo de un año.

Sin embargo, si un ministro tiene cincuenta años o más cuando deja el cargo, y trabajó en la función durante al menos seis años, tiene más derechos: después del primer año cobrando el beneficio integral, puede recibir una pensión más reducida hasta llegar a los sesenta y cinco años. Después de esa edad, el ministro solo tiene derecho a la jubilación pública por tiempo de servicio —de un valor de 14.687 coronas al mes, o unos 1.700 dólares—.

Los ministros con cincuenta años o mayores, y que trabajaron al menos seis años en el cargo, tienen derecho a recibir un 45% del valor del salario (de 118 mil coronas mensuales, o 13.600 dólares) hasta completar sesenta y cinco años. Para los que cumplieron la función por doce años, el porcentaje es mayor: alrededor del 60% del salario.

—Sin embargo, se espera que haya un cambio en estas reglas, ya que la posibilidad de que un ministro o el primer ministro consigan la pensión hasta los sesenta y cinco años es un asunto de gran debate en Suecia —dice Elisabet Reimers, representante del *Statsrådsarvodesnämden*, el órgano responsable por la remuneración de los políticos en el gobierno.

—También hay que decir que, en la actualidad, la pensión se cancela automáticamente si el exministro vuelve a ocupar otro cargo político. Y si el exministro comienza a trabajar en otro empleo, el valor de la pensión se reduce en función del valor de su nuevo salario, o incluso puede ser cancelada —añade Reimers.

Las mismas reglas se aplican para el cargo de primer ministro. Si el actual primer ministro, Fredrik Reinfeldt, pierde las elecciones de 2014 —cuando cumple cuarenta y nueve años— solo tendrá derecho a recibir la pensión por un año.

Pero si el primer ministro gana las elecciones y cumple cincuenta años al dejar el cargo, tendrá derecho a recibir una pensión de alrededor del 46% del valor de su sueldo (148 mil coronas, o 17.000 dólares) hasta alcanzar los sesenta y cinco años.

—Si Reinfeldt cumple doce años como primer ministro, tendrá derecho a una pensión de alrededor del 54% de valor de su salario —dice Rose-Marie Hallen, del *Statens tjänstepensionsverk*.

Es un privilegio que irrita a los suecos e incita el debate nacional. Sobre todo, después que el primer ministro salió a decir públicamente que los suecos deben estar preparados para cambiar su "actitud mental" y pensar en jubilarse más tarde —alrededor de los setenta y cinco años—. Bajo el título "Fredrik Reinfeldt puede dejar de trabajar a los 50", el diario *Aftonbladet* le pidió coherencia al *premier* el 2/2/2012:

> Reportero: **Usted puede jubilarse a los cincuenta años. ¿No le parece que es hora de revisar el sistema de pensiones de los miembros del gobierno?**
>
> Primer ministro Fredrik Reinfelfdt: *Sí, quizás sea este el momento. Pero debo decir que no pienso jubilarme tan pronto, y no conozco a ningún político que lo considere. Espero poder trabajar el máximo de tiempo posible.*

Pero si cambia de opinión, Reinfeldt dejará el poder sin beneficios pagados hasta la hora de su muerte, y con valores muy altos, con el dinero de los contribuyentes: según un vocero del Gobierno, las reglas de concesión de pensiones a ex primeros ministros no incluyen beneficios tales como autos con chofer, secretarias, asistentes o guardias de seguridad.

SIN CHOFERES

Ningún diputado sueco tiene derecho a auto con chofer. Los que viven en los suburbios de la capital cumplen con la rutina típica de los llamados trabajadores normales, equilibrándose en los vagones del tren o del metro camino a la oficina. Los diputados con más fuerza de voluntad van en bicicleta siempre que el frío lo permita. Pero la mayoría de los que viven en departamentos funcionales cerca del Parlamento llegan caminando, sujetos a los inevitables resbalones sobre el piso congelado de los largos inviernos de Estocolmo.

Caer en la tentación de la comodidad de conducir el propio auto para el trabajo se calma, generalmente, con tres buenos argumentos: el culto sueco a la conservación del medio ambiente, el alto precio de los estacionamientos y él, el *trängselskatt,* el impuesto sobre el embotellamiento que se cobra a todos los que insisten en usar el auto para ir hasta el centro de Estocolmo.

—El presidente del Parlamento también viene en metro al trabajo —dice Maria Skuldt, de la Secretaría de Prensa del Parlamento.

Así como el presidente del Parlamento, todos los parlamentarios tienen derecho a recibir una tarjeta anual para viajar gratis en el transporte público. Por razones que muchos electores suecos desconocen, en los viajes más largos los diputados tienen, además, la opción de viajar en los silenciosos vagones de primera clase.

Los autos oficiales son pocos y para uso limitado. El Parlamento tiene solo tres vehículos, modelo Volvo S80. Esa flota de tres está disponible solo para el presidente y sus tres vicepresidentes, para eventos oficiales.

—No es un servicio de taxi —me dice René Poedtke, del sector administrativo del Parlamento—. Los autos no están disponibles para llevarlos a su casa o al trabajo. Eso es también una cuestión de preservar el medio ambiente. Hay que usar menos el auto.

En Suecia, el único político que tiene derecho a un auto de manera permanente es el primer ministro. El auto pertenece a la flota de la policía secreta sueca, la Säpo (*Säkerhetspolisen*). Los ministros pueden pedir vehículos "cuando tienen fuertes razones para necesitarlo", según un asesor del gobierno: "Por ejemplo, cuando van a hacer un discurso a un barrio distante".

En la sede de la Säpo, el vocero de los servicios de seguridad dice que se puede llegar a ofrecer autos a los ministros, dependiendo de análisis del grado de riesgos para su seguridad.

"EL VOLKSWAGEN ESCARABAJO DEL PRIMER MINISTRO"

"Paro en un semáforo (aquí cuando el semáforo está en rojo nadie cruza, aunque esté todo desierto). Ahora no está desierto, pero casi. Hay un autobús rojo, un Volvo azul celeste y un Volkswagen escarabajo blanco justo a mi lado.

Miro al solitario conductor de este último y casi me caigo de la bicicleta por la sorpresa. Ese rostro no me es extraño: que me parta un rayo si no es el primer ministro Olof Palme. Allí está él: rubio, cara maliciosa, nariz ganchuda y mirada viva, esperando que cambie el semáforo. La luz se pone en verde, engancha la primera marcha y sale rápido hacia la sede del gobierno, solo en su Volkswagen sin chofer ni guardaespaldas, como cualquier ciudadano común que va al trabajo por la mañana.

Esta historia de Palme me impresiona, estoy tan acostumbrado a ver a los jefes de Estado en largas limusinas negras, precedidos por motos y con dos o tres carros de escolta llenos de tipos mal encarados, listos, con la mano en la culata del arma, habitual matrimonio entre el poder y la paranoia.

Pero en Suecia el primer ministro va en Volkswagen al trabajo y el rey pasea en bicicleta por la calle.

Trecho del libro «Roleta Chilena», de Alfredo Sirkis, 1981

—Pero no son los ministros quienes lo deciden. Todos los autos pertenecen a los servicios de seguridad y, por lo tanto, es la Säpo quien evalúa qué ministro puede tener derecho al transporte, y en qué ocasiones —dice el vocero.

Es común ver a los políticos en el metro, o caminando por la calle sin custodia. Pero desde el asesinato del primer ministro Olof Palme en 1986, y de la tragedia que victimó a la excanciller Anna Lindh —muerta a puñaladas por un enfermo mental en una tienda de la capital sueca en 2003—algunos ministros ahora cuentan con la protección de agentes de la Säpo.

SIN FIESTAS AÉREAS

Por lo general, los desmadres en el aire no forman parte del noticiero político en Suecia: los diputados suecos nunca tuvieron acceso a cupos de billetes de avión.

Para evitar turbulencias causadas por agencias de viajes en quiebra o con direcciones ocultas, los parlamentarios compran sus billetes de avión en la agencia de viajes ubicada dentro del Parlamento. Se le paga a la agencia directamente por medio del sector de Servicios Parlamentarios (*Ledamotsservice*), que controla los gastos de los diputados.

La agencia de viajes que presta servicio a los parlamentarios tiene un contrato de dos años con el Parlamento, renovable por un período máximo de otros dos años. Después se abre la competencia oficial para elegir a una nueva agencia de viajes del Parlamento. Para viajes internacionales, el cielo no es el límite.

—Ningún parlamentario es libre para volar cuantas veces quiera —dice Anna Aspegren, la jefa del sector de Servicios Parlamentarios.

Un diputado sueco puede gastar 50.000 coronas (unos 7.600 dólares) en viajes al exterior por cada gestión, es decir, cada cuatro años—. Para volar —dice Anna— el parlamentario debe presentar un itinerario detallado del viaje de trabajo, y hay que presentarlo sin excepción, como es habitual en muchos países, a la Presidencia del Parlamento para su aprobación.

En el exterior, un diputado recibe una asignación limitada por una rígida tabla: los viáticos varían en general entre 220 coronas (alrededor de 33 dólares) y 700 coronas (cerca de 107 dólares), dependiendo del país visitado. En Brasil, el valor total de la dieta de un diputado sueco es de 407 coronas (unos 62 dólares). En Argentina, lo máximo que un diputado sueco puede gastar por día son 52 dólares; en Bolivia y Paraguay, 33 dólares; en los EE. UU., 70 dólares americanos (463 coronas); en Alemania, 75 dólares (497 coronas); en Italia, 71 dólares (471 coronas); en España, 66 dólares (437 coronas); en Portugal, 51 dólares (340 coronas); en Sudáfrica, 39 dólares (262 coronas); en China, 74 dólares (491 coronas).

Hay que pagar impuestos por una parte del valor de los viáticos. Y si un diputado recibe comidas gratis durante una conferencia en el exterior, por ejemplo, el valor correspondiente se deducirá de la dieta.

Sin fiestas en pasajes y con una agencia de viajes en el Parlamento.

—Si tiene el almuerzo gratis, no se paga el viático diario completo —dice Anna Aspegren.

Según las reglas del Parlamento: "Si el diputado recibe comida gratis durante el viaje de trabajo, el valor de la comida debe ser deducido del valor del viático diario, de acuerdo con los siguientes criterios: desayuno −20% de la diaria, almuerzo −35%, cena −35%".

Otra regla dice que el Parlamento solo le paga el 75% de la tarifa diaria del hotel al diputado cuando comparte una habitación con una persona que no tiene derecho a que sus gastos sean pagados por el Parlamento.

—Y no son hoteles de lujo —señala Anna.

Cuando están en el Gobierno, los ministros suelen tomar vuelos regulares.

—Los ministros vuelan normalmente en aviones comerciales y, de acuerdo con las regulaciones gubernamentales, los viajes deben ser del precio más bajo posible. Salvo que existan razones especiales para reservar otro tipo de vuelo —dice Josef Salih, del Departamento de Información del Gobierno (*Information Rosenbad*).

Solo hay tres pequeños aviones Gulfstream disponibles para los viajes oficiales del primer ministro, del ministro de Asuntos Exteriores y de la familia real. En ciertas ocasiones, si hay disponibilidad, otros ministros pueden también usar estos aviones, que son administrados por la Fuerza Aérea sueca.

—Las Fuerzas Armadas cobran de los ministerios por el uso de los aviones —dice Salih.

La flota se compone de dos aviones Gulfstream modelo G4, con capacidad para doce pasajeros, y uno Gulfstream G550, con dieciséis asientos.

—Si es necesario, la Escuadra Ejecutiva también puede solicitar el apoyo de otro avión, un SAAB 240 para treinta y un pasajeros —dice el vocero de la Escuadra Ejecutiva de la Fuerza Aérea sueca, el teniente Johan Abrahamsson.

Los diputados solo vuelan en aviones regulares. Los jets de la Fuerza Aérea no están al servicio de los legisladores, gobernadores o alcaldes.

MANUAL DE VIAJE DEL DIPUTADO

Todos los parlamentarios reciben, al ser elegidos, un folleto de treinta y cinco páginas titulado "Reglas de Viaje" (*Reseregler*). Algunas recomendaciones para los diputados:

• Se debe elegir el medio de transporte más económico posible para llegar al destino: tren, auto o avión.

• Los automóviles para viajes deben ser alquilados en la agencia de viajes del Parlamento, usando las empresas de alquiler que tienen contratos con el Parlamento para obtener precios más favorables. Como regla general, se debe alquilar un auto de tamaño medio. En caso de necesidad especial, como en el transporte de varias personas, se puede alquilar un automóvil más grande. Considerando los aspectos de costos y protección del medio ambiente, los diputados no están autorizados a alquilar coches de lujo o especiales.

• Si el diputado viaja con vehículo propio, debe elegir la ruta más corta posible, excepto que existan razones especiales para tomar un camino más largo.

• El Parlamento paga 2,65 coronas (unos 0,40 dólares) por kilómetro al diputado que viaja en su propio auto, pero del total, el diputado debe pagar impuestos sobre 0,80 centavos de corona. Si el diputado viaja en moto, el reembolso es de 0,40 por kilómetro.

• Los diputados deben utilizar taxis cuando no haya alternativa de transporte público disponible, o si existen razones especiales para ello.

La Verde Mikaela usó el taxi en lugar del tren y terminó en los titulares de los diarios.

Quien intente eludir las reglas, sufrirá la furia volcánica de los medios de comunicación y del electorado. El titular del diario sueco *Expressen* resaltó la audacia de una diputada: "Mikaela Valtersson (Partido Verde, *Miljöpartiet*) tomó un taxi en lugar de tomar el tren".

Al cruzar la frontera de la imprudencia, la diputada Mikaela Valtersson, Miljöpartiet, llegó a los titulares de diversos diarios en mayo del 2011. Mikaela cometió la locura de gastar dinero de los contribuyentes en un taxi en lugar de tomar el tren.

De acuerdo con el diario *Expressen,* la investigación de los gastos de la diputada mostró que ella tomó taxis cuarenta y tres veces en un período de seis meses, "a un costo de 17.000 coronas (unos 2.600 dólares) del dinero de los contribuyentes, a pesar de vivir cerca de una estación de tren". El diario indica que muchos viajes en taxi se hicieron a altas horas de la noche, del Parlamento o la estación central del tren de Estocolmo hasta la casa de la diputada. Otros viajes fueron por la mañana. La diputada afirmó que fue un período inusualmente intenso de trabajo durante el cual trabajó día y noche en el tema del presupuesto. "Tuve que trabajar muchas veces hasta altas horas de la noche, en horarios en que había poco o ningún servicio de tren. Fue un período tan agotador que me sentí obligada a tomar taxis para poder dar cuenta del trabajo", dijo Mikaela, una de las representantes del partido que más defiende el transporte público. "Nunca tomaría un taxi en vez del tren en circunstancias normales", se defendió Mikaela, que finalmente perdió la elección interna por el liderazgo del Partido Verde sueco (que no tiene un presidente, sino dos voceros, siempre un hombre y una mujer).

SIN OFICINAS EN BASES ELECTORALES

Los diputados suecos no reciben fondos de indemnización para el alquiler y mantenimiento de oficinas políticas en sus distritos electorales —ni para comida, alquiler de muebles y equipos, materiales de oficina, suscripción de televisión por cable o de publicaciones en sus regiones de origen—.

Cuando están en sus regiones, los parlamentarios usan la sede local de su partido, o la biblioteca pública, para trabajar y hacer reuniones.

—O utilizan su propia casa —dice Anna Aspegren, la jefa del departamento que controla los gastos de los diputados.

En algunos casos, un diputado puede solicitar la

deducción en los impuestos personales por los gastos relacionados directamente con el ejercicio del mandato parlamentario, lo que no significa que vaya a cobrarlo:

—No hace mucho, una diputada compró una cámara digital y pidió la deducción de impuestos, argumentando había tenido que comprarla para poder publicar en internet fotografías relacionadas con su trabajo como parlamentaria. Pero el *Skatteverket* (la autoridad fiscal sueca) se lo negó —cuenta ÖmerOguz, de la oficina de prensa del Partido Socialdemócrata.

Pregunto a Anna Aspegren si los parlamentarios tienen algún tipo de beneficio extra cuando están en sus regiones:

—De ninguna manera.

¿Cómo hacen esos intrépidos parlamentarios suecos para llevar a cabo sus funciones en los distritos electorales? Llamo al Parlamento en busca de Rossana Dinamarca, una combativa diputada del Partido de Izquierda (*Vänsterpartiet*). Rossana es una presencia constante en los debates promovidos regularmente por la TV sueca, con la participación de políticos y ciudadanos, sobre diversos temas de la vida en el país.

La operadora informa que la diputada está fuera de su oficina, y sigue el protocolo habitual: sin pedir mi identidad, se ofrece a conectarme directamente con el celular de Rossana. Ella misma contesta el celular.

Nacida en 1974 en Chile, Rossana tenía ocho meses de edad cuando llegó a Suecia, donde sus padres se refugiaron después del golpe militar de 1973 contra el gobierno del presidente Salvador Allende. Desde el año 2002 es diputada electa por la región de Västra Götaland en el suroeste del país.

Sin gabinete, Rossana divide el mismo asesor con otros diputados.

¿Dónde trabaja cuando está en su distrito electoral?

Trabajo desde mi casa. Tengo una *laptop* y el celular que el Parlamento ofrece a todos los diputados. Para reunirme con los miembros de mi partido, uso la sede local del Partido y la biblioteca pública. Ningún diputado tiene oficina propia en la sede del Partido, pero todos pueden utilizar las instalaciones para reuniones. También nos encontramos en los cafés locales.

¿Hay algún fondo para comida cuando se está trabajando en su región?

No, uso mi propio salario. Gano un buen sueldo, y puedo pagar perfectamente mi comida o un café con *bullar* (los panes dulces suecos).

¿Hay dinero para materiales de oficina en su área?

No, no es tan caro comprar papel y otras cosas. Puedo comprar mi propio papel con mi sueldo. Pero cuando tengo que imprimir grandes cantidades o preparar material más específico, tengo acceso a ello en el Parlamento, donde trabajo durante la mayor parte de la semana.

¿Hay algún asistente a su disposición?

Tengo un asistente parlamentario en la capital, que comparto con otros colegas. Los asistentes no tienen transporte o alojamiento pago para desplazarse a otras regiones del país, pero no veo ningún problema en eso. Si necesito algo, cuando estoy en mi región, llamo a nuestro asistente en la capital.

¿Cómo se encuentra con los electores y ciudadanos en general?

Organizamos reuniones y eventos en varias ciudades de la región. Pero, sobre todo, conversamos con los electores cuando visitamos las escuelas, centros de salud, fábricas y otros lugares de trabajo, para discutir sus problemas, conocer su condición, buscar mejoras e informarles sobre las actividades que con mis compañeros de Partido desarrollamos en el Parlamento. Es la forma más eficiente.

¿Usted tiene algún transporte a su disposición para ir a esos lugares?

No. Uso mi propio auto, informo a las autoridades parlamentarias cuántos kilómetros viajé, y me pagan los gastos de combustible. También tengo una tarjeta anual para el uso gratuito del transporte público como tren, autobús y metro. El Parlamento también paga el alojamiento en un hotel, cuando lo necesito.

¿Usted tiene acceso a fondos para TV a cable u otro beneficio para trabajar desde casa en su área?

No, pago mi propia televisión por cable. Vivo en un departamento que alquilo con mi sueldo, y conozco a todos los vecinos, los ciudadanos comunes con sus problemas. Históricamente, los políticos siempre estuvieron cerca de los electores en Suecia. Vivimos como una persona común. Me preparo la comida, por supuesto, y me ocupo de la casa y de los niños. Tengo dos hijos, de cuatro y ocho años. La gente en Suecia nunca aceptaría privilegios para políticos. Y es importante saber que la política depende en gran medida del grado de confianza que la gente tiene en el sistema, dice Rossana.

SIN CUOTA PARLAMENTARIA PARA PAGAR CONSULTORÍAS O PARA LA DIFUSIÓN DE SUS ACTIVIDADES

Los diputados suecos no tienen derecho a una cuota parlamentaria para la contratación de consultores, servicios de investigación o trabajos técnicos, ni para la difusión de su actividad parlamentaria.

Cuando necesitan estudios y análisis para tener una mejor base para sus decisiones políticas, los diputados suecos no suelen pagar con dinero público a consultores o asesores privados dudosos. En vez de hacer eso, se lo piden al Servicio de Investigación del Parlamento (RUT — *Riksdagensutredningstjänst*).

El RUT es un departamento del Parlamento que reúne a economistas, politólogos, juristas y expertos en diversos campos — todos al servicio de los parlamentarios de todos los partidos.

El primer ministro Olof Palme y su familia en su casa en los suburbios en la década de 1970.

— Lo más importante es que el RUT no es partidario. Es decir, nuestro equipo está formado por técnicos y profesionales sin afiliación política, lo que proporciona más legitimidad al trabajo hecho aquí — dice Robin Travis, jefe de la sección de Política y Derecho del RUT.

Todos en el equipo del RUT son empleados públicos que trabajan de forma permanente en el Parlamento. Su permanencia en el cargo no depende, por lo tanto, del resultado de las elecciones parlamentarias.

—Yo también soy un empleado público, y mi jefe es el director de Administración del Parlamento. El presidente del Parlamento no tiene derecho a decirme cómo hacer mi trabajo —señala Travis.

Esos consultores especializados están a disposición de los diputados para tareas tales como investigaciones

Adelante, Palme manejando su viejo Fiat dirigiéndose al trabajo.

personalizadas, asesoramiento financiero y legal, cálculos de estadísticas regionales e internacionales, y análisis de las consecuencias de la aplicación de reformas o cambios.

—Todo el trabajo se realiza en régimen de confidencialidad hasta que su contenido se haga público por los diputados o comités parlamentarios que los pidieron —completa Robin Travis.

La diputada Rossana Dinamarca (Partido de la Izquierda) es usuaria asidua de los servicios del RUT.

—Uso mucho los consultores y expertos del RUT. Con frecuencia necesitamos investigaciones y consultorías amplias, y el RUT es una herramienta indispensable. Especialmente para un partido pequeño como el nuestro, que no tiene una gran cantidad de asesores políticos —dice Rossana.

Sin derecho a presupuesto para la difusión de sus actividades parlamentarias, al igual que otros diputados, Rossana dice que eso sería un recurso innecesario:

*Elegido el mejor ministro de Finanzas de Europa, Borg vive en
un departamento de 25 m².*

—Difundimos nuestras actividades participando de
debates, visitando los locales de trabajo, escribiendo artículos y usando mucho las redes sociales, que son una
excelente manera de mantener contacto cercano con las
personas. También tenemos encargados de prensa en el
grupo de asistentes que trabajan para el Partido en el
Parlamento —observa Rossana.

El elector sueco también puede seguir las actividades
parlamentarias por internet. En el sitio web oficial del
Parlamento sueco, las páginas individuales de cada uno
de los diputados tienen como subtítulo la frase *Sagtoch-
gjort* (Dicho y hecho): allí están las copias de todas las
mociones presentadas por el parlamentario en cuestión,
así como vídeos de discursos pronunciados por el diputado, interpelaciones y otras actividades parlamentarias.

UNA CONVERSACIÓN CON EL DIPUTADO KENT HÄRSTEDT

"No tenemos lujos superfluos. Para obtener el respeto de los ciudadanos que representamos, tenemos que utilizar el dinero de los contribuyentes de forma sensata. Hay personas desocupadas y otros problemas en nuestro país, y el dinero público se debe usar de forma más inteligente" —Kent Härstedt

El diputado Härstedt lava y plancha sus propias camisas todas las semanas.

El diputado socialdemócrata Kent Härstedt es un "superviviente," en el sentido más trágico del término. Tenía miedo, y la noche era fría ese 28 de septiembre de 1994, cuando el barco Estonia empezó a hundirse en un furioso Mar Báltico con 989 personas a bordo. Olas gigantes habían roto las cerraduras de la rampa de embarque de vehículos del ferry. En pocos minutos, la noche se convertiría en un infierno.

En el bar del enorme navío, las botellas volaban como proyectiles, y los pasajeros caían al suelo y chocaban con las paredes. Piernas y brazos rotos, sangrando. Se morían. En pánico muchos se tiraban de la cubierta y caían sobre el casco inclinado del navío. Otros trataban desesperadamente de agarrarse a los botes salvavidas, que explotaban. La cubierta estaba llena de chaquetas salvavidas. Pero en la lucha ciega por la supervivencia, algunos les arrancaban los chalecos a los demás pasajeros del Estonia, que cruzaba de Tallin a Estocolmo.

Kent Härstedt sabía que era hora de saltar al mar embravecido y frío. Las olas llegaban a siete metros de altura y muchos murieron de hipotermia, con los diez grados de temperatura del agua en la superficie del mar. Él saltó y se debatió hasta subir a un bote salvavidas que se había tumbado. Antes que llegara la ayuda, varias personas que estaban en el bote con Kent murieron, y solo había seis con vida.

Diecinueve años después de la tragedia, encuentro a Kent en su oficina de unos diez metros cuadrados en el Parlamento sueco. Pregunto cómo logró ser uno de los 137 sobrevivientes de uno de los peores desastres marítimos de la posguerra de Europa, y su rostro se pone tenso.

—Cuando las personas murieron, comenzamos a juntar sus cuerpos y los pusimos sobre nosotros. Me acosté bajo los cadáveres, para protegerme con los cuerpos del frío y mantenerme caliente. No sé cuántos muertos había sobre mí. Las olas eran muy altas y el mar impactaba contra el bote —cuenta Kent, que tenía veintinueve años en ese momento.

Como representante parlamentario de la región de Skåne desde 1998, Kent sobrevive en la actualidad, sin traumas, a la rutina típica de un diputado sueco.

Usted sobrevivió a un naufragio que mató a 852 personas. ¿También se considera un privilegiado por haberse convertido en político?

Kent Härstedt: Depende de lo que definas como privilegio. Tengo derecho a un celular, una oficina parlamentaria con TV por cable, un departamento funcional en la capital y acceso a consultores especializados que trabajan para los diputados en el Servicio de Investigación del Parlamento. El resto, lo hago todo yo, desde escribir discursos, artículos y mociones parlamentarias hasta comprar los billetes de avión. No tengo ni secretaria, ni asistente o asesor particular. Tengo, de hecho, lo que equivale a una cuarta parte de un asistente, que se divide entre trabajos para mí y otros tres diputados.

Muchos suecos consideran un privilegio el hecho de que un parlamentario reciba un salario mucho más alto que el de un maestro, por ejemplo.

Kent Härstedt: Entiendo lo que sienten, porque el salario de un diputado está por encima del salario promedio de muchos trabajadores. Pero el trabajo es muy intenso, y también tenemos muchos gastos. Para los parlamentarios de otras regiones, además, siempre cuesta más caro vivir en dos ciudades, pese a que los departamentos funcionales en la capital están subsidiados. Pero no tenemos lujos superfluos, como se ve en otros países. No puedo imaginarme con secretaria privada, o con chofer.

¿Por qué?

Kent Härstedt: Para tener el respeto de los ciudadanos que representamos, tenemos que utilizar el dinero de los contribuyentes de forma sensata. Hay personas desocupadas y otros problemas en nuestro país, y pienso que el dinero público se debe usar de forma más inteligente. Vivimos como gente normal. Ingvar Carlsson (ex primer ministro sueco) siempre estaba en la parada de autobús cuando salía del trabajo. La semana pasada lo vi en la misma parada de autobús. Se puede caminar por las calles y ver ministros caminando. Todos llevan una vida normal.

¿Los políticos suecos tienen el respeto de los ciudadanos?

Kent Härstedt: En general, la gente cree que somos individuos confiables y honestos. Tal vez no aprueben todo lo que hacemos o decidimos, pero en general los electores creen que somos personas íntegras. Para ello, es importante que los diputados no tengan un nivel de vida tan distinto a la de los ciudadanos que representamos. Queremos estar lo más cerca posible de las condiciones en las que viven las personas que representamos, a pesar de que tenemos una vida diferente: viajamos,

elaboramos leyes, tenemos ciertos privilegios.

¿Qué privilegios?

Kent Härstedt: Como diputado, uno tiene la oportunidad de conocer personas importantes e influir en el futuro del país y considero que eso es un privilegio. Pero creo que algunos aspectos podrían mejorar en Suecia. No me parece necesario tener muchos asistentes, algo que considero un lujo exagerado. Pero tener un asesor político trabajando conmigo a tiempo completo sería deseable al ayudar en la preparación de proyectos de ley, mociones, discursos y artículos. Me gustaría tener ese privilegio en el aspecto profesional, en lugar de gratificaciones en mi vida privada, como un departamento funcional más grande o un chofer. En mi mundo, tener un asistente sería un sueño. Pero con un asesor sería suficiente.

¿Los diputados pueden designar familiares para trabajar como asistentes o asesores del partido en su oficina?

Kent Härstedt: No hay ninguna ley específica que prohíba la práctica, pero nunca vi que sucediera algo así aquí.

Como diputado, ¿usted tiene derecho a un seguro de salud?

Kent Härstedt: No tenemos ningún plan de salud especial. Solo el sistema de salud pública, al que todos los ciudadanos tienen derecho.

¿Podría describir cómo es su rutina diaria como diputado?

Kent Härstedt: Vivo en el sur de Suecia. Todos los martes voy con mi auto al aeropuerto, vuelo a Estocolmo y tomo un tren al Parlamento. Trabajo en la capital hasta la noche del jueves o el viernes por la tarde, y el resto del tiempo lo dedico a trabajar en mi distrito electoral. Una vez a la semana, plancho mis camisas y las cuelgo en el armario, para tener ropa planchada para toda la semana. Lavo la ropa en el departamento funcional, o en la lavandería comunitaria del Parlamento. Como no tengo mucama también limpio el departamento. A la noche, cocino o compro algo para comer en casa.

¿En el Parlamento hay restaurante a precios subvencionados para los diputados?

Kent Härstedt: No, no. Y la ayuda diaria que los diputados de otras regiones reciben para vivir en la capital, de 110 coronas (unos 17 dólares), en realidad no cubre los gastos diarios. Acabo de pagar 90 coronas por mi almuerzo, que es el precio normal para un plato sencillo. Para cubrir los costos de la cena y el desayuno, tengo que usar mi sueldo como diputado.

Como los otros diputados, usted trabaja desde su casa cuando se encuentra en su distrito electoral. ¿Qué asistencia tienen para esto?

Kent Härstedt: El Parlamento proporciona a cada diputado una computadora para la oficina en la capital, y también una computadora portátil que se puede utilizar cuando trabajamos en nuestras regiones de origen.

¿Cómo cubre los costos de material de oficina cuando se encuentra en su ciudad?

Kent Härstedt: Yo mismo los compro. Papel, bolígrafos, carpetas y otras cosas pequeñas. Los materiales más complejos pueden ser proporcionados por la oficina de la capital, donde trabajo la mayor parte de la semana. También tenemos, por supuesto, sobres con sellos y servicios postales en el propio Parlamento. Pero si estoy en mi región y necesito enviar algo, compro el sello. No es caro.

¿Dónde hace usted sus reuniones?

Kent Härstedt: Por lo general, utilizo la sede local del partido o la biblioteca pública. En las bibliotecas públicas de tres ciudades, que son Estocolmo, Gotemburgo y Malmö, hay una sala especial reservada al Parlamento, de modo que los diputados pueden realizar reuniones. En las otras ciudades, utilizamos el café de la biblioteca. Ningún diputado tiene oficina propia en la sede del partido, pero todos pueden usar las instalaciones y salas de reuniones. También es común reunirse o encontrarse con los electores en un café local.

¿Tiene algún tipo de ayuda para la comida, o viáticos para este tipo de gasto?

Kent Härstedt: No, no.

Los diputados suecos no tienen presupuesto para la difusión de las actividades parlamentarias. ¿Cómo informa usted a sus electores sobre sus actividades?

Kent Härstedt: En todas las sociedades modernas, en la actualidad, las redes sociales son una herramienta de comunicación muy eficaz. Uso el Facebook, por ejemplo, para informar a mis electores sobre mis actividades desde el momento en que me despierto hasta la hora de dormir. Ellos saben exactamente cómo gasto mi tiempo, qué estoy haciendo, con quién me reúno. Saben, por ejemplo, que en este momento estoy dándole esta entrevista a usted. Está en mi Facebook.

Usted fue uno de los últimos parlamentarios en mudarse a un departamento funcional y durmió en un sofá cama dentro de la misma oficina desde 1998 hasta 2002. ¿Cómo fue ese período?

Kent Härstedt: Evidentemente era molesto porque me despertaba y lo primero que veía era el escritorio con la computadora. Pero tampoco era demasiado malo. A la noche, en el pasillo, nos deseábamos buenas noches unos a los otros y cerrábamos la puerta de la oficina para dormir. La oficina tenía unos diez, doce metros cuadrados. Había un pequeño baño con ducha, donde también lavaba la ropa. Era normal, todo el mundo lo hacía. Hoy en día, ninguna oficina tiene baño privado.

¿Cómo es su departamento funcional hoy?

Kent Härstedt: El departamento cuenta con treinta y cinco metros cuadrados, con una habitación que sirve como sala de estar y dormitorio. Tengo una pequeña cocina, que también está dentro de la sala de estar, y un baño. Hay una lavandería común en el edificio, pero decidí comprarme una lavadora, que instalé en la cocina. También suelo lavar ropa en la lavandería común del Parlamento, ya que es práctico.

¿Qué le diría a un parlamentario que tiene acceso a los privilegios que no existen en Suecia?

Kent Härstedt: Que piense en los que pagan sus facturas y gastos, y trate de usar el dinero de los contribuyentes de manera sensata y eficiente. Es lo que hacemos aquí.

Mona Sahlin y su Vuitton de 900 dólares: críticas a la ostentación en los diarios y arrepentimiento.

EL BOLSO DE MONA SAHLIN

En 2010, la entonces líder del Partido Socialdemócrata, Mona Sahlin, fue el blanco de la artillería de la prensa cuando apareció en una foto oficial con un bolso Louis Vuitton que tenía el delirante valor de 6.000 coronas (unos 900 dólares): Mona había violado el credo sueco de la igualdad, que condena la distancia entre elegidos y electores. La líder socialdemócrata no debía tener un bolso que cuesta la mitad del salario de muchos trabajadores, gritaban los diarios. Acorralada por las críticas, Mona dijo que se lo había regalado una amiga al cumplir cincuenta años. Pero la presión fue tal que ella subastó el bolso, y donó las ganancias a una institución.

UNA CONVERSACIÓN CON HANS BLIX

EX JEFE DE INSPECTORES DE ARMAS DE LA ONU EN IRAK Y EX MINISTRO DE RELACIONES EXTERIORES SUECO

"A mí nunca me llamaron Excelencia."

Está en el barrio de Östermalm, a tres cuadras de la sede del Partido Socialdemócrata en Estocolmo, y su nombre es *Man in the Moon* (Hombre en la Luna). Por el salón del bar gastronómico, junto a la clientela de ilustres anónimos y ocasionales lunáticos, caminan ministros y políticos en general. Una vez estuvo allí el primer ministro, Fredrik Reinfeldt. Pero lo que siempre me llama la atención es la imagen esencialmente digna de Hans Blix, cenando tranquilamente junto a su esposa. Los viernes recorro casi instintivamente el salón buscando la presencia no siempre asidua de Blix, también un vecino del *Man in the Moon.*

El ex ministro de Relaciones Exteriores de Suecia y ex-director general de la Agencia Internacional de Energía Atómica (AIEA), Hans Blix es más conocido por el choque de lucidez que intentó aplicar al mundo al actuar como jefe de los inspectores de armas de las Naciones Unidas (ONU) en Irak.

En la víspera del ataque estadounidense contra el régimen de Saddam Hussein en 2003, día tras día la TV mostraba la imagen poco probable de este diplomático sueco, que se enfrentaba al país más poderoso del mundo negando la existencia de evidencias de armas de destrucción masiva en Irak. Los supuestos arsenales nunca fueron encontrados por las fuerzas de ocupación del país.

Son las 10 de la mañana cuando toco el timbre del departamento de Blix en Estocolmo, esta ciudad donde la falta de puntualidad ataca al hígado a las personas y destruye relaciones y amistades. El mismo Blix me recibe en la puerta, hace el café y organiza los *croissants* frescos en la bandeja. Como si fuera una persona común, dirían algunos.

Hans Blix nació en 1928 en la ciudad de Uppsala, escenario de la trama de "Fanny y Alexander", del director sueco Ingmar Bergman. La amplia sala de estar del departamento de 170 metros cuadrados está cubierta de alfombras persas. "Soy un adicto a las alfombras", confiesa Blix. Cuando no había espacio en el piso, empezó a colgarlas en las paredes. Por el departamento también es posible ver juegos de cerámica colorida y un árbol en miniatura decorada con piedras semipreciosas, recuerdos de sus cuatro viajes a Brasil.

En Suecia, diputados, ministros, alcaldes, gobernadores, el primer ministro y las autoridades en general, son tratados de "tú", y ni siquiera en el Parlamento se utiliza el término "Excelencia". ¿Cómo debo dirigirme a usted?

Hans Blix: No me llaman ni nunca me llamaron Excelencia. Desde la década de 1960, se suprimieron los pronombres de tratamiento formal y todos se tratan de *Du* ("tú"). En Suecia, la gente no quiere que los políticos sean una especie de élite, que vive en otra esfera, lejos de los problemas de la gente común.

¿Cuál es su opinión sobre el sistema de países como Brasil, donde se puede considerar a la clase política dotada de privilegios como una especie de élite?

Hans Blix: Si yo viviera en Brasil, votaría a los partidos

Blix (entre Tony Blair y George W. Bush): cambiando neumáticos y pasando la aspiradora.

comprometidos con reducir el nivel de privilegios de la clase política. Porque los políticos que gozan de ciertos privilegios se distancian de los ciudadanos que están representando allí. Creo que los electores deberían escribirles o decirles lo siguiente a sus políticos: "Si Su Excelencia no hace un buen trabajo para nosotros como representante del pueblo, no vamos a votar a Su Excelencia en las próximas elecciones".

¿Usted no tuvo ningún tipo de privilegio en ese momento en el que era ministro, como subsidios de alimentos o un departamento funcional?

Hans Blix: No, siempre viví en este departamento, que alquilo desde 1968. Y, de hecho, mi alquiler tiene un costo muy por encima de mi jubilación como funcionario del gobierno sueco. El alquiler cuesta alrededor de 17.000 coronas (unos 2.600 dólares), y mi sueldo como jubilado, después de casi veinte años como funcionario del gobierno, es de 13.000 coronas (unos 2.000 dólares). Si no fuera por la pensión que recibo como exfuncionario de la ONU, no podría pagar el alquiler o vivir en este barrio.

Es una jubilación relativamente baja la que usted recibe del gobierno.

Hans Blix: Sí, porque dejé el servicio público en Suecia en 1991 y mi jubilación se calcula en base al salario que recibía en ese momento. Pero no me quejo, tengo todo lo que necesito. También tengo un auto, y después de esperar por casi veinte años, finalmente recibí una plaza en el garaje del edificio, que tengo que pagar por separado.

¿Como ministro usted tampoco tenía derecho a auto con chofer?

Hans Blix: Como ministro de Asuntos Exteriores, nunca tuve auto oficial ni chofer para llevarme al trabajo. Recuerdo que una vez estaba aquí en la vereda, delante del edificio donde vivo, cambiando los neumáticos de mi auto. Usted sabe, aquí en Suecia tenemos que cambiar los neumáticos todos los años, tenemos neumáticos de verano y de invierno para manejar sobre la nieve y el hielo. Entonces, yo estaba empujando los neumáticos de invierno del garaje a la vereda para cambiarlos, y alguien en la calle me dijo, "¿tú mismo vas a hacerlo?". Yo contesté: "¿quién más debería hacerlo?". Los ministros nunca tuvieron derecho a auto oficial con chofer. Lo que hay, hasta hoy, es una cantidad de autos de los servicios de seguridad suecos. Si tenía que ir a una reunión en alguna embajada, podía tener un auto con chofer del servicio de seguridad. Pero nunca para llevarme o traerme del trabajo.

¿Qué cambió en su vida cuando se convirtió en ministro en Suecia?

Hans Blix: No cambió mucho, excepto por la cantidad de trabajo que tenía que llevar a casa. Y en casa, en Suecia, dividimos las tareas. Cómo tenía hijos pequeños en ese momento y no había tantas guarderías como hoy, tuvimos que contratar a una *au pair*, pues mi esposa también trabajaba. Todavía cocino a menudo, y mi esposa se encarga de la mayor parte del lavado de la ropa, que no es mi tarea favorita. También paso la aspiradora en la casa, y de vez en cuando tenemos una mucama para ayudar en la limpieza.

¿Se controlaban sus gastos?

Hans Blix: Me uní muy temprano al movimiento juvenil del *Folkpartiet* (Partido Liberal), en 1948, y sé muy bien que uno debe ser cauteloso tanto como representante público como con los asuntos públicos, el dinero de los contribuyentes. Como ministro, uno sabe exactamente cuánto puede gastar en una cena de representación con algún invitado, y a qué restaurante se puede ir. No me acuerdo cuál era el techo, pero no era nada extravagante ni regado con champán, de ninguna manera. Los ministros también deben tener cuidado de asegurarse de que su equipo trabaje con total corrección.

¿Cuáles son las deficiencias del sistema sueco?

Hans Blix: No todo es un lecho de rosas. A nivel

local, se producen escándalos, aunque de pequeña dimensión. Y, a veces, algunos diputados suecos cometen abusos. El otro día, los diarios descubrieron que un diputado (Peter Persson, del Partido Socialdemócrata), al volar desde Estocolmo volviendo a su estado natal, tomó un taxi desde el aeropuerto hasta su casa de verano, a setenta kilómetros de distancia. Y cobró del Parlamento el viaje en taxi en lugar de tomar un autobús. Esto es inaceptable.

¿Qué grado de corrupción diría que hay en la política sueca?

Hans Blix: En el siglo XVIII todavía teníamos un cierto grado de corrupción, que con el tiempo se achicó mucho. La corrupción es una deformidad. Y es un robo, en realidad. Se les está robando dinero a los contri-

buyentes. En Suecia pagamos uno de los impuestos más altos del mundo y, por lo tanto, no queremos que nos roben. Eso requiere una amplia transparencia gubernamental, instituciones fuertes contra la corrupción y una prensa ágil. Un factor muy importante ha sido la prensa libre. Cuando la prensa es libre, puede revelar. Al pueblo no le gusta ver gente poderosa robando dinero. Cada vez que hay una denuncia, por ejemplo, que las autoridades estatales gastaron cierto valor en cenas o seminarios para sus empleados, los titulares dicen "el dinero de sus impuestos está pagándoles cenas a funcionarios públicos". Se denuncian estos casos, y así se combate y previene el abuso. Es por eso que la mayoría de las agencias del gobierno sueco es transparente.

EN LA SEDE DE LA ALCADÍA Y DEL AYUNTAMIENTO DE ESTOCOLMO

En Suecia, los alcaldes no tienen derecho a residencia oficial, los concejales no reciben salario y no tienen derecho ni a una oficina: trabajan desde casa.

El Salón Azul: lujo solo en el banquete anual del Premio Nobel.

El lujo es casi babilónico en la magnífica sede de la Alcaldía y del Ayuntamiento de Estocolmo, a las orillas de la bahía de Riddarfjärden. Pero solo por un día al año. Cada 10 de diciembre, en el aniversario de la muerte del químico e industrial sueco Alfred Nobel, la realeza de Suecia preside allí, entre fanfarrias y trompetas, el suntuoso banquete de gala en honor a los ganadores del Premio Nobel.

La fiesta es colosal, igual a la crisis de remordimiento que afectó a Nobel, años después de haber inventado la mortífera dinamita en 1867. La historia del inventor sueco es peculiar porque, que se sepa, no cualquiera tiene la experiencia de leer su propio obituario. Pero fue lo que le sucedió a Nobel. Bajo el título "El mercader de la muerte está muerto", un diario francés había anunciado la muerte del Nobel equivocado —había sido Ludwig Nobel, el hermano de Alfred, quien había dejado su vida terrenal ese año,1888.

"El Dr. Alfred Nobel, que hizo su fortuna descubriendo una manera de matar al mayor número de personas en el menor tiempo posible, murió ayer", decía el texto del obituario equivocado, escrito por un espíritu errante.

—La historia del error en el diario anunciando la muerte de Alfred Nobel es terrible, pero verdadera —confirma AnnikaPontikis, de la Fundación Nobel.

Las palabras del obituario llegaron a Nobel como un cartucho de dinamita. Muy vivo, hacía tiempo había planeado distribuir su riqueza en nombre de la investigación científica, y decidió definitivamente no pasar a la historia como el padre de la dinamita.

En su testamento, para la desesperación de familiares y allegados, el inventor sueco donó casi toda su incalculable fortuna para la creación de un premio anual destinado a aquellos que, a través de la investigación en diferentes campos del conocimiento, hayan contribuido al desarrollo de la humanidad. El premio fue instituido en 1901. A partir de 1930, la sede de la Alcaldía y Ayuntamiento de Estocolmo (*Stadshuset*) empezó a hospedar el banquete del Premio Nobel con pompa y circunstancia impecables.

El evento ocurre en el imponente Salón Azul (*Blå*

Hallen), que no es azul: el arquitecto sueco Ragnar Östberg prefirió, a último momento, no pintar los ladrillos rojos originales. El frac es obligatorio. Para recibir a los 1.300 invitados al banquete. Camareros con guantes blancos disponen sobre las mesas 6.730 piezas de porcelana, 5.384 vasos y 9.422 cubiertos de plata. Más de 20 mil flores enviadas anualmente por San Remo, la ciudad de la Riviera italiana en la cual Alfred Nobel vivió sus últimos años y murió en 1896, decoran el ambiente.

Con el ingreso de la procesión real al Salón Azul, todo está perfectamente sincronizado. De las altas escaleras que llevan al salón, más de 200 camareros bajan rítmicamente hacia las mesas con sus enormes bandejas y grandes cantidades de comida —que en una ocasión fueron 2.692 pechos de paloma, 475 colas de langosta y cuarenta y cinco kilos de salmón suavemente ahumado—. La fiesta termina con un baile de gala en el espléndido Salón Dorado de la *Stadshuset,* donde la familia real, políticos suecos, ganadores del Nobel e invitados giran entre paredes cubiertas por dieciocho millones de piezas de mosaico en oro y cristal.

Pero cuando se acaba la fiesta y vuelven los políticos, la situación es muy diferente. En Suecia, los alcaldes no tienen derecho a residencia oficial. Los concejales ni siquiera cobran un salario y tampoco tienen derecho a una oficina: trabajan desde casa.

Es sábado por la mañana y el camarógrafo Casimir Reuterskiöld y yo escribimos en el GPS del auto la dirección de la concejala socialdemócrata Karin Hanqvist con el objetivo de filmar un reportaje para el *Jornal da Band*. El edificio se encuentra en las inmediaciones del aeropuerto de Bromma, valorado barrio de Estocolmo.

El pequeño departamento de dos dormitorios es modesto. En la mesa de la cocina, que está abierta hacia la sala de estar, está la computadora que Karin recibió prestada del Ayuntamiento para trabajar desde casa como concejala. Dice que solo recibe un bono de 1.533 coronas (unos 235 dólares) por mes para ejercer la función de concejala. Gana su sueldo real por su trabajo en una guardería —un trabajo regular, al igual que cualquier concejal—.

—Somos ciudadanos comunes, elegidos para representar al ciudadano común. Y los ciudadanos comunes tienen trabajos normales —le dijo Karin a la cámara.

Alcaldía y Ayuntamiento de Estocolmo: detrás de estas paredes no hay privilegios para el alcalde o los concejales.

En total hay 101 concejales en el Ayuntamiento de Estocolmo, elegidos en las elecciones proporcionales que tienen lugar cada cuatro años, junto con las elecciones generales al Parlamento y las asambleas regionales (*Landstingsfullmäktige*).

Las sesiones en el Ayuntamiento ocurren de forma esporádica, como es común en la mayoría de los países. En una deducción ingeniosa, los suecos entendieron que no tenía sentido pagarles un sueldo a los concejales, ya que la función no requiere dedicación a tiempo completo.

—En Suecia, se considera que la función de concejal es un trabajo voluntario —dice Hanna Brogren, directora de Comunicación de la Alcaldía de Estocolmo.

En las asambleas municipales de toda Suecia, el 97% de los políticos no reciben sueldo.

—Tenemos una ley que le permite a un concejal dejar durante algunas horas su trabajo, cuando sea necesario, para dedicarse a la actividad política. En estos casos, el Ayuntamiento le paga al concejal por las horas no trabajadas que su empleador descuenta de su sueldo —explica Hanna.

Como Karin Hanqvist, los concejales suecos tienen trabajos regulares en los que trabajan a tiempo completo, en paralelo a las actividades políticas en el Ayuntamiento —las excepciones son los jubilados o los estudiantes elegidos como concejales—. Por su función, los suplentes reciben 867 coronas mensuales. Los concejales ganan, además de la remuneración mensual de 1.533 coronas, un adicional de 980 coronas (cerca de 150 dólares) por sesión realizada en el Ayuntamiento.

—Si un concejal participa solo de una parte de la sesión, pagamos únicamente la mitad del valor adicional —dice Ida Strid, del Secretariado del Ayuntamiento de Estocolmo.

Era bueno, pero podría ser mejor. Los suecos pensaban que todavía podían hacerse más recortes: en la actualidad, ya no se prestan computadoras a los concejales, aunque las devolvían al final del mandado.

—Hoy en día, la mayoría de las personas tiene su propia computadora y su celular, y varios concejales utilizan un *iPad* durante las reuniones —dice Ida—. Así que nos pareció una solución más moderna dar a los concejales solo una contribución de 200 coronas al mes (unos 30 dólares) para contribuir con los gastos de asistencia técnica a sus propias computadoras —reflexiona Ida.

Los concejales tampoco reciben celulares, y el Ayuntamiento no paga por sus facturas telefónicas.

—Los concejales no tienen derecho a celulares, ni son compensados por las llamadas. Solo el alcalde y los vicealcaldes tienen celulares pagados por la Alcaldía —observa Ida Strid.

Yo le pregunto si los concejales tienen algún tipo de beneficio, como ayuda para el transporte.

—No. Pero si la sesión en el Ayuntamiento se extiende más allá de las diez de la noche, pueden tomar un taxi a casa. Además, tienen derecho a estacionamiento gratuito en las noches que hay sesión en el Ayuntamiento—dice ella.

—¿Algún otro beneficio?

—Sí. Los concejales tienen el beneficio de recibir de forma gratuita el diario del Parlamento, el *Riksdag & Departement,* y la publicación de la asociación de empleadores de los condados y municipios, *Dagens Samhälle* —afirma Ida Strid.

Solo unos pocos políticos cobran un sueldo de tiempo completo en el Ayuntamiento y la Alcaldía. En el Ayuntamiento, el presidente de la asamblea y sus dos vicepresidentes reciben, respectivamente, 69.030 y 34.515 coronas por mes. El Ayuntamiento es presidido por una mujer, Margareta Björk, y las mujeres también son mayoría entre los concejales.

En la Alcaldía, la lista de asalariados incluye al alcalde y a los once vices. El sueldo del alcalde de Estocolmo es de 116.800 coronas mensuales (unos 17.800 dólares). Los vicealcaldes reciben 94.400 coronas (unos 14.500 dólares) si están en el cargo hace menos de cuatro años; o 106.400 coronas (16.200 dólares) si están en funciones por más tiempo. Los sueldos del alcalde y de dos vices están vinculados a los aumentos en los sueldos de los ministros del Gobierno.

Un reducido grupo de personas de diferentes partidos políticos también recibe una remuneración especial para realizar actividades en tiempo completo o parcial, como la participación en el consejo de las empresas municipales.

—Además de los concejales, que reciben un bono, solo un total de veintitrés políticos reciben una remuneración por actividades llevadas a cabo en el sistema total o parcial de trabajo en la Alcaldía y el Ayuntamiento de Estocolmo —detalla Ida Strid.

En Suecia, el alcalde es, en realidad, el político que ocupa el cargo de *finansborgarråd* (vicealcalde encargado de Finanzas). En el sistema sueco, los concejales eligen al alcalde, a los vicealcaldes y al Consejo Municipal Ejecutivo (*Kommunstyrelse*), que es el órgano decisorio del poder municipal.

Como la mayoría de los concejales trabaja jornada completa en empleos comunes, cuentan con una ayuda para investigar todos los aspectos de una decisión a ser tomada en el Ayuntamiento: le corresponde al Consejo Municipal Ejecutivo entregar a los concejales una recopilación de todos los datos y propuestas involucrados en una cuestión, de modo que puedan tomar una decisión.

Entre los once vicealcaldes, siete pertenecen a los partidos que tienen la mayoría en el Ayuntamiento, y cuatro son de la oposición. El alcalde y cada uno de los siete vicealcaldes de los partidos mayoritarios dirigen departamentos con responsabilidades específicas sobre cada área de actuación del poder municipal, como las secretarías de Educación, Urbanismo, Medio Ambiente y Cultura.

Juntos, el alcalde y los once vicealcaldes forman el Consejo de Alcaldes, y preparan puntos a ser elaborados por el Consejo Municipal Ejecutivo. El Consejo es también la autoridad responsable de garantizar que se implementen, se sigan y se evalúen todas las decisiones políticas. Compuesto por trece miembros de partidos del gobierno y de la oposición, el Consejo recibe la ayuda para sus funciones de dos órganos administrativos. El alcalde preside tanto el Consejo de Alcaldes como el Consejo Municipal Ejecutivo.

La transparencia es la norma: los actos, documentos, propuestas y decisiones del Ayuntamiento y el Consejo Ejecutivo Municipal de la Alcaldía se publican regularmente en internet. Los residentes de Estocolmo pueden registrarse en el sitio web para recibir automáticamente, vía e-mail, actas de las reuniones y la agenda de las actividades de los comités.

El Consejo también emplea a veinte auditores designados por el Ayuntamiento, que supervisan las finanzas y las operaciones de todo el municipio. Sus informes se publican en Internet.

Con cerca de 860.000 habitantes, Estocolmo es el más grande de los 290 municipios de Suecia. En la región de Estocolmo, la población es de aproximadamente 2 millones de personas.

UNA CONVERSACIÓN CON LA CONCEJALA CHRISTINA ELFFORS-SJÖDIN

"Ser concejal es un trabajo voluntario, que puede hacerse perfectamente en su tiempo libre" —Christina Elffors-Sjödin

El impresionante interior del Ayuntamiento de Estocolmo es una curiosa explosión de contrastes. Tres candelabros dorados gigantes dominan la aristocrática sala del plenario, cubierta con alfombras rojas y enmarcada por cortinas en el mismo tono. Las galerías de madera maciza y el podio de la presidencia del Ayuntamiento, coronado por una cortina de tejido rojo drapeado, completan el entorno palaciego. Pero cuando se mira para arriba, a la altura casi vertiginosa de la habitación, el simbolismo de la era de los vikingos roba el show.

El techo del Ayuntamiento representa un barco vikingo al revés. Se dice que, para evitar ataques inconvenientes al atracar en tierras desconocidas, los antepasados de los suecos se reunían bajo el techo de sus barcos volcados con el objetivo de planificar en paz su saqueo. Las intenciones eran poco nobles. Pero los vikingos también pasaron a la historia como un pueblo que tomaba sus decisiones en conjunto, para bien o para mal.

A través del casco del barco vikingo representado en el Ayuntamiento, se puede ver la pintura de un cielo azul: un símbolo para recordar que todas las decisiones tomadas en la casa son transparentes y deben "volar" hacia el pueblo. Para simplificar la idea delirante, todas las sesiones del Ayuntamiento están abiertas al público.

A través de una puerta

Los concejales que se sientan en estas sillas del Ayuntamiento no reciben un salario.

ubicada en el salón del plenario, la concejala Christina Elffors-Sjödin me lleva hasta la sala de reuniones del Ayuntamiento. Se disculpa por no tener una oficina propia o café para ofrecer, y cuenta cómo es trabajar al mismo tiempo como directora de una guardería y concejala del Partido Moderado.

¿Qué opina de trabajar como concejal desde 2006 sin paga?

Christina Elffors-Sjödin: Me parece bien porque creo que no debemos tener concejales con salario.

¿Por qué no?

Christina Elffors-Sjödin: Porque estamos aquí ejerciendo nuestra ciudadanía en una actividad que no requiere dedicación a tiempo completo y, por lo tanto, no debemos cobrar por ello. Si pagáramos sueldos a concejales, muchos estarían acá no por un compromiso para cambiar las cosas para mejor, sino para ganar dinero y hacer una carrera. Sería, entonces, un trabajo. Y no creo que ser concejal sea un trabajo.

¿Qué es ser concejal?

Christina Elfförs-Sjödin: Es un trabajo voluntario, que puede hacerse perfectamente en su tiempo libre. Para eso, tenemos una pequeña bonificación, que en realidad es un valor extremadamente bajo, pero es suficiente. Para recibir un salario, trabajo como directora de una guardería a tiempo completo.

¿Por qué los concejales no deben trabajar a tiempo completo y recibir un salario, como los diputados del Parlamento sueco?

Christina Elfförs-Sjödin: Porque ellos (los diputados del Parlamento sueco) trabajan mucho más que yo. Representan a todo el país. Yo represento solamente a Estocolmo, y no hay una carga de trabajo para justificar un salario de tiempo completo.

Usted no tiene oficina o asistentes, y trabaja desde su casa. ¿Cuenta con algún tipo de ayuda por su función como concejal?

Christina Elfförs-Sjödin: El apoyo que tengo viene de dos funcionarios de mi partido, que están para ayudar a nuestros treinta y ocho concejales.

¿Qué tipo de apoyo le dan estos dos funcionarios?

Christina Elfförs-Sjödin: Especialmente en términos de relaciones con los medios de comunicación y con la prensa. Si necesito alguna información específica o una cita con el alcalde sobre algún asunto importante, estos dos funcionarios me ayudan dando asistencia y material de fondo.

Usted no recibe ningún tipo de ayuda para el transporte. ¿Cómo paga por sus desplazamientos en la ciudad como concejal?

Christina Elfförs-Sjödin: Bueno, también es para este

tipo de gasto que ganamos la pequeña gratificación mensual de la Alcaldía, de 1.533 coronas (unos 235 dólares). Pero como tengo que trabajar en la guardería todos los días, en realidad uso la tarjeta que me da derecho a utilizar el transporte público, que compro con mi propio salario.

¿Qué tipo de transporte utiliza para llegar al Ayuntamiento?

Christina Elfförs-Sjödin: Tren. Vivo en los suburbios, tomo el tren hasta la Estación Central de Estocolmo y desde allí camino unos diez minutos hasta *Stadshuset* (sede de la Alcaldía y el Ayuntamiento). Todos los concejales también tienen derecho a tomar un taxi cuando las sesiones del Ayuntamiento terminan después de 10 de la noche. Pero si la sesión termina diez minutos antes de este horario, no se puede tomar un taxi.

¿Como, además, no tiene derecho a un celular, usted tiene que pagar de su bolsillo las llamadas relacionadas con el trabajo de concejal?

Christina Elfförs-Sjödin: Uso mi propio celular. Todo el mundo en Suecia tiene un celular. Y no cuesta mucho hacer llamadas extras desde el propio teléfono.

¿Cuánto tiempo por semana dedica a actividades como concejal?

Christina Elfförs-Sjödin: Un promedio de cinco horas por semana. La lectura de documentos y propuestas es la tarea que consume más tiempo. También dedico tiempo a responder a los muchos e-mails que recibo de los electores con preguntas y solicitudes sobre diversos temas.

¿Puede describir cómo es su trabajo como concejal, y qué tipo de tareas ejecuta?

Christina Elfförs-Sjödin: Las sesiones del Ayuntamiento se celebran cada tres semanas, entre las 4 de la tarde y las 10 de la noche. Escribo mis propios discursos, hago visitas a asociaciones, me encuentro con los electores y leo una cantidad considerable de documentos y propuestas. Como mi partido tiene la mayoría en el Ayuntamiento, solo los concejales de la oposición presentan mociones. Las propuestas de mi partido, que se presentan durante la campaña electoral tras deliberaciones con diferentes sectores de la sociedad, son preparadas directamente por la oficina del alcalde. Por ejemplo, durante la campaña presentamos una propuesta para construir mil viviendas al año en Estocolmo. Cuando somos elegidos, el alcalde y los vicealcaldes dialogan con sectores de la comunidad para determinar dónde se deben construir las casas. Los concejales votan, entonces, los aspectos específicos en torno a este y otros temas.

¿Así que no hay la necesidad de trabajar como concejal de Estocolmo a tiempo completo?

Christina Elfförs-Sjödin: De ninguna manera. Cinco horas a la semana son suficientes.

Usted tiene una familia, trabaja a tiempo completo como directora de una guardería y cumple la función de concejal. ¿Cómo equilibra todo esto?

Christina Elfförs-Sjödin: Tengo un esposo muy comprensivo, que no está involucrado en la política (risas). Era más complicado cuando mi hija era pequeña, y yo cumplía la función de consejera del distrito, lo que tomaba entre el 25% y el 30% de mi tiempo. Pero ahora mi hija es más grande, y el trabajo del concejala no es tan intenso como el de consejera del distrito.

¿Tiene algún tipo de ayuda con las tareas del hogar?

Christina Elfförs-Sjödin: Sí, una mucama. Una vez al mes.

¿Qué le llevó a entrar en política?

Christina Elfförs-Sjödin: Quería enviar a mi hija a una escuela del método Montessori, pero en ese momento no había ninguna. Así que decidí crear yo misma la escuela, por medio de una cooperativa de padres. Para obtener las subvenciones del gobierno para crear la escuela, entré en contacto con varios concejales. A partir de ahí, fue una bola de nieve.

Cuando terminamos la conversación, dejamos el edificio del Ayuntamiento y caminamos juntas por la apiñada Vasagatan, en medio del persistente frío de marzo. A la altura de la Estación Central de Estocolmo, Christina se despide. Tomará el tren a los suburbios donde vive.

A diferencia de la experiencia de Christina, combinar trabajo, familia y tareas domésticas con la actividad política a nivel municipal es, sin embargo, un reto para una parte de los concejales. En febrero de 2013, un reportaje de la *Sveriges Radio* (Radio Sueca) mostró que mujeres y jóvenes eran los más propensos a dejar la política en el ámbito local. Una de las entrevistadas en el informe fue la enfermera Louise Wiberg, que tenía veintisiete años, un niño en su regazo y otro todavía en el vientre cuando se convirtió en concejala de Vara (suroeste de Suecia) por el Partido del Centro.

—Yo trabajaba durante el día en un hogar de ancianos, y asistía a las reuniones políticas los lunes por la noche y también los martes. Para mí es importante participar en la vida política y las decisiones que determinan cómo debe ser la sociedad en la que vivo. Pero llegó un punto en que ya no era posible armonizar empleo, hogar y niños con la política —cuenta Louise a la radio sueca.

CLAUDIA WALLIN

ASAMBLEAS REGIONALES: EL 94% DE LOS POLÍTICOS NO COBRA SUELDO

A nivel regional, también se considera la representación política en Suecia como una actividad extra llevada a cabo de forma paralela a un empleo remunerado, con lo cual cada político debe ganar su propio sostén.

Suecia, un estado unitario, se divide en 290 municipios (*kommuner*) y veinte condados (*landsting*). En todas las asambleas municipales y regionales del país, la regla no tiene excepción: los concejales y diputados regionales no cobran salario y no tienen oficina, secretaria, asistentes o autos oficiales con chofer.

Al igual que en los municipios, solo los miembros de la presidencia y de los comités de las Asambleas regionales (*Landstingsfullmäktige*) reciben una remuneración para trabajar como políticos en tiempo completo o parcial. Los diputados regionales solo perciben una pequeña bonificación.

—En las Asambleas regionales, el 94% de los políticos no cobra sueldo —dice Bo Per Larsson, gerente de la Asociación Sueca de Autoridades Municipales y Regionales (*Sveriges Kommuner och Landsting*).

— El político típico a nivel local y regional, trabajará todos los días en un empleo normal, salvo que sea jubilado o estudiante —completa Larsson.

Un cargo histórico y en gran parte ceremonial, sin embargo, desentona con el carácter austero de las normas suecas: los gobernadores de los condados, o *landshövdingar*, viven en residencias oficiales, cobran salarios y tienen auto con chofer, aunque solo cuando asisten a eventos oficiales. Pero, en realidad, no se trata de un cargo político: los gobernadores, por lo general personalidades de diferentes sectores de la sociedad sueca, o expolíticos, son servidores públicos nombrados por el gobierno central para representar al Ejecutivo en los condados.

—Es una tradición de 400 años — se excusa Björn Eriksson, exgobernador del condado de Östergötland (en el sureste de Suecia) y ex Comisario en jefe de la Policía Nacional de Suecia (*Rikspolisstyrelsen*).

—Hasta 1860, los *landshövdingar* eran los representantes del rey en los condados, y hasta hoy Su Majestad (el Rey Carl Gustaf VI) se aloja en la residencia de los gobernadores cuando viaja por el país —añade Eriksson, que ahora ocupa el cargo de coordinador nacional de acciones contra delitos relacionados con los deportes.

El cargo de *landshövdingar* se introdujo en 1634, cuando Suecia se dividió en condados. Hasta 1958, los llamados gobernadores todavía tenían oficialmente el pomposo título de *Kunglig Majestäts befallningshavande*, representantes oficiales de Su Majestad. Y en algunos condados, como en Östergötland, todavía viven en verdaderos castillos.

Una de las personalidades más controvertidas de Suecia, el exgobernador Björn Eriksson vivió hasta 2009 en el Castillo de Linköping, una construcción de 1.900 metros cuadrados del siglo XII. Solía organizar numerosos eventos oficiales del condado de Östergötland, y también no oficiales —como obras de teatro en las que participaba a veces como actor, otras sirviendo café a los invitados—.

—El castillo se mantiene gracias a empleados que se encargan de su cuidado y limpieza, y también alberga un museo de la Edad Media, que está abierto al público. En mi época también teníamos una cocinera, pero solo para ocasiones oficiales. Yo siempre me preparé la comida de todos los días —cuenta Eriksson.

—¿Que si se va a abolir el cargo algún día? Creo que no. La tradición juega un papel importante en este caso. Pero si algún *landshövding* utilizara los beneficios del cargo de forma personal, como usar el auto y el chofer fuera de eventos oficiales, podría ser el fin del sistema —evalúa Eriksson.

El presidente de la Asociación Sueca de Autoridades Municipales y Regionales, Anders Knape, apuesta a que se va a mantener la tradición.

—La tradición es que los *landshövdingar* son un símbolo del país. Y ellos cuentan con un fuerte apoyo de la población local, que también aprecia la tradición de las residencias oficiales y los protocolos del cargo. Cuando el gobernador de un condado dice que prefiere vivir en su propio departamento, las personas se oponen. Pero no todos los condados tienen castillos para los gobernadores —dice Knape.

Los gobernadores de los condados dirigen los consejos administrativos regionales (*Länsstyrelsen*), que representan al Ejecutivo sueco en las regiones. Su tarea es garantizar que los ciudadanos de un condado se beneficien con las decisiones tomadas por el gobierno central, y también informar al Ejecutivo sobre las necesidades de la región. Pero su poder ejecutivo es limitado: la Asamblea regional es el máximo órgano decisorio de los *landsting* (condados), cuya función principal es cuidar de los servicios de salud pública.

—Por razones históricas, los gobernadores de los condados participan en eventos ceremoniales, en diferentes contextos. El cargo tiene así un aspecto simbólico, pese a que los gobernadores tenían algunos poderes administrativos en áreas como la protección de animales y la distribución de los recursos de la Unión Europea entre los agricultores locales. Pero los gobernadores en Suecia, que no son gobernadores en el sentido usado en otros países, son servidores públicos, no políticos —explica el presidente de la Asociación.

De acuerdo con la agencia central de estadística de Suecia (*Statistiska Centralbyrån*), el salario promedio de los gobernadores de condado es de 62.600 coronas por mes (aproximadamente 9.500 dólares) —que representa cerca de 5 mil coronas (unos 766 dólares) más de lo que gana en promedio un médico en Suecia—. Los gobernadores generalmente son nombrados por períodos de seis años, que se pueden extender si el titular no alcanzó la edad de jubilación.

"¡No, no, no!"
Jon Johnsson, vicealcalde de uno de los distritos de Estocolmo, sobre si el cargo le da derecho a sueldo, secretaria, asistentes o auto oficial.

Tal como lo haría un político sueco, decido tomarme un tren para ir al suburbio de Skärholmen a fin de encontrarme con el vicealcalde local. Para gestionar sus condados y municipios, Suecia adopta, al igual que los demás países nórdicos, un sistema muy descentralizado. La ciudad de Estocolmo se divide en catorce distritos, responsables por los servicios municipales en sus respectivas áreas geográficas. La mayor parte del presupuesto de la ciudad —un 75%— va directamente a estos distritos. Cada distrito tiene un Consejo de Distrito (*Stadsdelsnämden*) formado por políticos de distintos partidos, que son nombrados por el Ayuntamiento de Estocolmo.

El vicealcalde Jon Johnsson, que en la nomenclatura sueca ocupa el cargo de presidente del Consejo de Distrito de Skärholmen, confirmó la entrevista para el final de la tarde de un jueves. Tenía que ser a esa hora, porque es cuando termina su trabajo como director de una escuela primaria. Y tenía que ser un jueves, porque es el único día de la semana que puede usar una oficina en el edificio de la administración pública del distrito, generalmente ocupada por una empleada pública.

Al subir al tren, recibo un mensaje de texto en el celular: el vicealcalde advierte que está en el autobús, atrapado en el embotellamiento de la hora pico, y pide disculpas anticipadas, pues imagina que llegará unos diez minutos atrasado. Aprovecho el tiempo para caminar por el barrio de Skärholmen, que concentra una alta población de inmigrantes. En el gimnasio deportivo público, varios residentes nadan, practican deportes y hacen ejercicio en las instalaciones limpias y bien mantenidas. Skärholmen tiene 34.000 habitantes y un presupuesto envidiable: cada año, el distrito recibe del Ayuntamiento 986 millones de coronas, lo que equivale a alrededor de 99 millones de euros. Pero no hay ningún lujo alrededor del presidente del Consejo de Distrito.

La oficina prestada que Jon Johnsson utiliza tiene diez metros cuadrados. Al abrir la puerta, Jon me ofrece un vaso de agua del grifo, que en Suecia es potable. Y cuenta que le pareció fascinante vivir en Brasil en 1981, cuando su padre trabajó para la compañía sueca Ericsson en Río de Janeiro y Campinas.

—Me acuerdo de que teníamos una mucama una vez por semana. Pero un día antes mi madre siempre adelantaba la limpieza porque no le parecía bien que alguien tuviera que limpiar nuestra suciedad —dice Johnsson.

Con una risa casi histérica, responde a mi pregunta sobre si el cargo de presidente del Consejo de Distrito le da derecho a un sueldo, secretaria, asistentes o un improbable auto con chofer.

—¡No, no, no! —se exalta Johnsson, quien ocupa el cargo desde 2006. Dice que, así como va en autobús todos los días a trabajar, usa el sueldo que recibe como director de la escuela para comprar la tarjeta anual que le da derecho a utilizar el transporte público. Cuenta que también paga la comida con su propio sueldo de director de escuela. Y añade: —No hay nada que enoje más al electorado sueco que los políticos que tratan de beneficiarse de sus posiciones de poder. No quiero ser grosero, pero creo que los sistemas que proporcionan ciertos beneficios a los políticos son peligrosos. Porque convierten a los políticos en una especie de clase superior, que no sabe cómo vive la gente común. Y si un político no experimenta las mismas condiciones de vida que sus electores, no puede saber qué hace falta cambiar —razona Johnsson.

—Si yo viviera en un palacio y viajara en un auto con chofer, definitivamente no sabría qué está bien o qué necesita ser reformado en la sociedad en que vivo. Tampoco tengo deseo de estar arriba de otras personas —añade.

Johnsson preside las actividades de los veintiséis consejeros del Distrito Skärholmen, que se reúnen dos veces al mes —siempre al final del día, después del trabajo, de las 18 h a las 20 h—. En la primera reunión del mes, el Consejo toma decisiones sobre diferentes temas, como la distribución de los fondos para las escuelas primarias. La reunión, abierta al público, se lleva a cabo en el auditorio de la sede de la administración pública de Skärholmen.

—Todos los ciudadanos que deseen participar en las decisiones son bienvenidos, y la primera hora de la reunión siempre se reserva para el público, que puede dar su opinión y hacer preguntas —dice Jon Johnsson.

La segunda reunión del mes se hace con las autoridades de la administración pública local, que aplican las disposiciones del Consejo.

—Además, por supuesto, soy invitado por diferentes grupos locales a reuniones y discusiones que ocurren a la noche. Son por lo general dos o tres encuentros a la semana. También pasó algún tiempo respondiendo correos electrónicos y llamadas de personas que desean información sobre diversos temas.

Como los concejales, los consejeros de distrito reciben solo una gratificación por el trabajo político. De los veintiséis consejeros, once participan en el Consejo como suplentes y reciben el equivalente a 150 euros al mes, además de los 45 euros por una reunión mensual. Trece consejeros, que concentran una mayor carga horaria en el desempeño de las tareas políticas, tienen una bonificación de 350 euros al mes, y participan en las reuniones mensuales y visitas a guarderías y otras instituciones públicas.

En la dirección del Consejo, el vicepresidente, quien necesita tomar licencia sin sueldo de su trabajo dos veces al mes para participar de las actividades políticas, recibe para eso una compensación equivalente a unos 864 dólares al mes. John Johnsson, como presidente, trabaja jornada completa en el Consejo una vez a la semana, además de participar en las visitas y reuniones adicionales. Entre la gratificación de la Alcaldía y la compensación por los días no trabajados que su empleador descuenta del sueldo, Johnsson recibe 10.000 coronas (unos 1.500 dólares) mensuales. Como rector de escuela, su salario es de 37.000 coronas (unos 5.600 dólares) mensuales.

—Por supuesto que hay personas que entran en la política para hacer carrera, y hay varios cargos políticos de prestigio en nuestro país. Los ministros y los diputados federales ganan buenos salarios. Pero la mayor parte de los políticos locales, alrededor de 40.000, no cobran salario. Creo que eso se debe a la larga tradición que tenemos en Suecia de que los representantes políticos de los ciudadanos comunes deben ser ciudadanos comunes también —dice él.

La motivación para ejercer la política local sin sueldos es, según él, la oportunidad de participar en las decisiones que determinan los rumbos de la comunidad.

—También aprendí mucho. Encontré a varios líderes religiosos y conocí sus religiones, aprendí cómo construir casas y cómo pueden resolverse los diferentes problemas sociales. Pero no tengo interés en la carrera política. Mi trabajo como maestro es gratificante, y es suficiente para pagar las cuentas.

Johnsson vive en un departamento alquilado, y lava la ropa en la lavandería comunitaria en el edificio.

—Mis vecinos del edificio son personas de bajos ingresos, la mayoría de ellos inmigrantes, y muchos están desocupados. Y hay una cosa que los inmigrantes tienen dificultades para entender: en Suecia, los políticos tienen prohibido exigir favores o interferir con el trabajo de la administración pública. Algunos inmigrantes que no tienen derecho a recibir ciertos beneficios piensan que puedo dar una orden a la administración pública y decir, "conceda el beneficio a esa persona". Pero si lo hago, me denunciarán al Ayuntamiento por interferencia en el trabajo de la agencia gubernamental. Mi tarea consiste en determinar la cantidad de recursos que se debe gastar en la provisión de beneficios sociales, y las reglas que se debe aplicar. Pero depende de la administración pública decidir cómo manejar cada caso individual.

Johnsson se refiere a un principio fundamental del sistema sueco: los órganos políticos definen presupuestos y directrices generales para la implementación de políticas públicas, pero corresponde a las agencias gubernamentales desempeñar un papel fuerte y soberano en la implementación de dichas políticas.

Cada año, la Alcaldía envía el presupuesto destinado al Consejo de Distrito de Jon Johnsson e informa, de acuerdo con las decisiones tomadas por el Ayuntamiento, en qué sectores se deben emplear los recursos. Compete al Consejo, a su vez, decidir cómo asignar los recursos, por ejemplo, entre escuelas e instituciones locales.

—Pero no puedo decirle a un director de escuela, por ejemplo, que debería aprobar a tal o cual estudiante, o cómo debería proceder. El Consejo tiene el poder de decidir, por ejemplo, cuáles son las metas que queremos que alcancen nuestros estudiantes y si las escuelas deben implementar clases de idioma chino. No tenemos permiso, sin embargo, para decir qué métodos las escuelas deben utilizar para alcanzar esos objetivos. Cada autoridad tiene el derecho de decidir, de forma independiente, cómo realizar su trabajo —enfatiza el presidente del Consejo, y añade:— por eso, los políticos suecos no pueden decir: "Si usted vota por mí, voy a darle una prótesis de pierna, o esto o aquello".

Los intentos de soborno, según Johnsson, son raros.

—Hace poco recibí de la iglesia ortodoxa rumana una solicitud de permiso para construir una iglesia en nuestra área, y quisieron darme una botella de un excelente vino. Aceptarlo hubiera sido un delito.

UNA CONVERSACIÓN CON EL ALCALDE DE ESTOCOLMO

"No tengo derecho a residencia oficial de lujo y no suelo circular en auto con chofer. Los políticos no viajan en limusinas aquí" —Sten Nordin

Una masa de aire frío envuelve todo el país, anuncia la radio sueca la mañana de marzo, cuando la nieve azota las ventanas. Como si fuera un acontecimiento invernal digno de noticia, pienso, al salir para la entrevista con el alcalde Sten Nordin. Las calles todavía están cubiertas por capas de hielo duro, e incluso llego a considerar poner las protecciones antideslizantes a los zapatos, que los suecos, por vanidad o vergüenza, prefieren considerar como un accesorio para personas mayores. Pero el orgullo le gana una vez más al sentido común.

El alcalde Sten Nordin seguramente llegará a la parada del autobús número 3 en Hantverkargatan, cerca de la sede de la Alcaldía. Lo he visto allí antes, mirando al azar el panel electrónico que indica, con precisión sueca, cuántos minutos tardará en llegar el autobús. El camarógrafo Casimir Reuterskiöld, que vive en el distrito de Kungsholmen, suele ver al alcalde en la misma fila de autobús al final del día, por lo general llevando una bolsa de compras del supermercado Konsum.

En el camino a la sede de la Alcaldía, algunas veredas están bloqueadas por el trabajo de los obreros que todavía tiran, de los techos de los edificios de la ciudad, enormes bloques de hielo. Un trabajo que dura todo el invierno, para evitar casos de lesiones o muerte de peatones alcanzados por los bloques de hielo que se sueltan de lo alto de los edificios.

Mientras me acerco a las

Todos los días, el alcalde Sten Ordin va en autobús o a pie para su oficina.

aguas del lago Mälaren, veo la cúpula dorada de la Alcaldía de Estocolmo con sus tres coronas, un símbolo tradicional de Suecia. Miro por un momento a la parte de la bahía donde, la semana anterior, un auto de policía cayó a través de la superficie congelada del agua después de una maniobra fatal, matando al policía.

El enorme edificio de la Alcaldía, erigido a principios del siglo XX, con más de 8 millones de ladrillos, tiene el estilo de un palacio renacentista italiano. Sigo para la reunión con el alcalde pasando por el llamado Pasillo del Consejo. Allí, por encima de las puertas de las oficinas de los políticos, veo bustos de mármol que representan a los obreros que ayudaron a construir el edificio: Oscar Asker, un carpintero; E. Tornblad, un albañil; el maderero Johan Ludvig Malmström y otros cuatro compañeros.

A mi lado, el vocero Aaron Korewa me lleva a una sala de reuniones al final del pasillo, y se disculpa diciendo que la entrevista no se puede hacer en la oficina del alcalde. Pregunto por qué y él dice: "La oficina es muy pequeña". Minutos después, el alcalde Sten Nordin (Partido Moderado) aparece en el Pasillo del Consejo, caminando hacia nosotros.

¿Qué representan los bustos de mármol de trabajadores comunes que vemos aquí por encima de las puertas de las oficinas políticas?

Sten Nordin: Es un símbolo importante para nosotros. En el momento de la construcción de la sede de la Alcaldía, hace ochenta años, la idea fue retratar ciudadanos comunes, al lado de los políticos que iban a trabajar aquí. Eso refleja la fuerte creencia que hay en Suecia de que los políticos y los ciudadanos deben estar a la misma altura. Y que no deberían existir grandes diferencias entre las condiciones de vida de un político y las de un ciudadano.

A usted se lo puede ver a menudo en la fila del autobús al final del día, llevando una bolsa de supermercado.

Sten Nordin: Naturalmente.

¿No tiene derecho a un auto oficial con chofer?

Sten Nordin: Tengo un auto para usar en eventos oficiales o en ocasiones que hay algún riesgo de seguridad. Pero vengo al trabajo en autobús y, a veces a pie, como la mayoría de los residentes de Estocolmo.

Como alcalde, no tiene derecho a residencia oficial. ¿Tiene algún tipo de beneficio extra, como una ayuda para transporte o comida?

Sten Nordin: No. Solo

tengo mi sueldo, nada más. Una vez a la semana, los vicealcaldes y yo nos reunimos durante un almuerzo. Podemos pedir comida en el restaurante que se encuentra aquí en el edificio, y el valor que pagamos por este almuerzo semanal es reembolsado por la Alcaldía. Pero estamos obligados a informar el valor de la comida a la *Skatteverket* (Autoridad Fiscal sueca), y tenemos que pagar impuestos sobre ese valor. Tengo, por supuesto, viáticos en ocasiones especiales, como cuando recibo visitas del exterior.

Usted recibe un sueldo mucho más alto que el salario promedio del país. ¿También puede recibir pensión vitalicia cuando deje de ser alcalde?

Sten Nordin: Sí.

¿No considera eso un privilegio?

Sten Nordin: Sí, de hecho, es un privilegio que se ha debatido mucho, y por eso se cambiarán las reglas. Y creo que deben ser cambiadas. Actualmente, si un alcalde tiene menos de cincuenta años al dejar su cargo, recibe la pensión por un máximo de dos años. Pero si tiene cincuenta años o más, tiene derecho a una pensión vitalicia. Y pensamos que cincuenta años es demasiado temprano para que una persona se jubile.

¿Por qué la mayoría de los políticos locales no deben recibir un salario?

Sten Nordin: Es importante para nosotros no tener demasiados políticos trabajando tiempo completo a nivel local, ya que creemos que las autoridades locales deben estar fuertemente ligadas a los ciudadanos comunes, y que sean lideradas por los ciudadanos comunes. Este es el concepto de nuestra democracia local. Un político local debe tener su propio empleo en un trabajo normal, y dedicar varias horas a la semana a las actividades políticas. Creemos que es muy bueno para la democracia, y por eso no queremos que muchos políticos reciban un salario.

¿Cómo funciona el sistema en la práctica?

Sten Nordin: El Ayuntamiento establece metas para el trabajo a desarrollar en la municipalidad, y el Consejo Ejecutivo Municipal, que es elegido por los concejales, prepara distintas propuestas. Las propuestas se presentan a los concejales, que votan y deciden cuales deben adoptarse. Antes de aprobados por los concejales, los temas son discutidos por varios comités. Algunas otras decisiones son tomadas directamente por el Consejo. Es decir, se puede decir que, si el Ayuntamiento es el "parlamento" de Estocolmo, el Consejo Municipal Ejecutivo, presidido por el alcalde, es el gobierno de la ciudad. Cuando se aprueba una decisión política, empresas y organismos administrativos de la ciudad, dirigidos por los comités nombrados por el Ayuntamiento, entran en escena con el fin de realizar la implementación.

¿Cuántos asistentes tiene usted en su oficina?

Sten Nordin: Quince personas. Tengo asesores políticos, dos asesores de prensa y una secretaria. La mayor parte de mi equipo está formada por asesores políticos porque tenemos la responsabilidad de desarrollar

Sten Nordin

STOCKHOLMS FINANSBORGARRÅD OCH KOMMUNSTYRELSENS ORDFÖRANDE

Publicidad de Nordin. Para él, recibir pensión vitalicia es un privilegio que debe terminar.

propuestas políticas al Consejo Municipal.

¿Qué opina sobre el sistema de los países en los que los alcaldes tienen derecho a residencia oficial y donde todos los políticos locales reciben salarios para trabajar a tiempo completo, cuentan con varios asesores y tienen secretaria y chofer privado?

Sten Nordin: Esto no sería nuestra forma de organizar la política local, ya que crearía una enorme brecha entre políticos y ciudadanos comunes. Los ciudadanos necesitan creer, y tienen razones concretas para creer, que yo entiendo la situación en la que viven las personas comunes porque vivo en condiciones similares a las suyas. Claro que tengo derecho a un sueldo superior al promedio, pero no tengo derecho a residencia oficial de lujo y no suelo circular en auto con chofer. Los políticos no viajan en limusinas aquí. Y si hubiera tantos beneficios, se distanciarían de las personas que representan. Soy un ciudadano entre otros ciudadanos.

CLAUDIA WALLIN

UN PODER JUDICIAL SIN PRIVILEGIOS

"No almuerzo a costa del dinero de los contribuyentes"
—Göran Lambertz, juez de la Suprema Corte de Suecia

Todos los días, Göran Lambertz se pone la chaqueta y la corbata, sube a la bicicleta y pedalea quince minutos hasta la estación de tren. Amarra la bicicleta en el inmenso estacionamiento de bicicletas público de la estación, toma un tren y viaja cuarenta minutos para ir a trabajar —en la más alta instancia del Poder Judicial—. Es uno de los dieciséis jueces de la Suprema Corte de Suecia.

En una mañana de abril encuentro a Lambertz en su casa de la bucólica Uppsala, una ciudad universitaria a setenta kilómetros de Estocolmo. Es una casa sorprendentemente modesta. En el pequeño jardín, hay dos bicicletas. La puerta de entrada da acceso a una sala de estar estrecha, decorada con muebles simples que remiten a la década de 1970. Arriba del sofá, una pintura modernista de colores vibrantes rompe la sobriedad del ambiente. Junto a ella hay una gran estantería de libros. Más al fondo, una escalera de madera conecta los dos pisos de la casa, cada uno con sesenta metros cuadrados. Junto a la escalera, un pasillo de pocos palmos conduce a una pequeña cocina, donde el juez prepara el café.

Como todos los jueces de primera y segunda instancia de Suecia, Göran Lambertz no tiene derecho a auto oficial con chofer o secretaria privada. Sin subsidio de vivienda, todos pagan de su bolsillo los gastos de la casa.

Lambertz, de la Suprema Corte: los jueces suecos no aceptan regalos como viajes en cruceros o estadías en resorts.

Al igual que los políticos del país, los magistrados suecos tampoco tienen el privilegio de inmunidad o fueros especiales —pueden ser procesados como cualquier ciudadano—. Sus salarios oscilan entre 4.500 y 9.200 dólares, pero no hay beneficios adicionales: abono, premios, subsidios de representación, asistencia económica para transporte, salud y comida no existen para los jueces.

— No almuerzo a costa del dinero de los contribuyentes —dice Lambertz en la cocina, mientras toma un sorbo de café con *bullar* (pan dulce sueco).

Intrigado por el interés en filmarlo en su viaje al trabajo en la Suprema Corte, el juez se prepara para el reportaje que será grabado para la *TV Bandeirantes* de Brasil. Pone los platos en el lavavajillas, se despide de su mujer, y agarra la bicicleta. El largo sobretodo color beige, volando al viento mientras pedalea, se le ajusta como una toga.

El camino más corto a la estación de tren cruza por un bosque en las proximidades de la casa, ubicada en un barrio alejado del centro de Uppsala. Ni la fina lluvia que comienza a caer, ni las órdenes que grita el camarógrafo, de lejos, molestan al juez. "Suba y baje otra vez", grita el camarógrafo a Lambertz, desde lo alto de una de las colinas del bosque. La secuencia de pedaleo del juez por el bosque, que se repite cuatro veces, confirma el buen estado físico del magistrado. Sin jadear, llega al estacionamiento de bicicletas público de la estación, y sigue con pasos rápidos hacia la plataforma. "No puedo perder el tren que sale ahora", advierte.

Ex profesor de Derecho en la Universidad de Uppsala y ex Procurador General de Justicia (*Ombudsman*) del Gobierno, Göran Lambertz también fue jefe de una de las divisiones del Ministerio de Justicia antes de convertirse en juez de la Suprema Corte sueca, cargo vitalicio que ocupa desde 2009. Controvertido y elocuente, es uno de los jueces más conocidos en el país.

En el antiguo palacio que alberga a la Suprema Corte, cerca del Palacio Real de Estocolmo, Lambertz nos guía por la majestuosa escalera central de mármol. Inmensas pinturas al óleo retratan, en las paredes del edificio, a nobles representantes de la Corte de tiempos pasados. Tiempos que quedaron atrás, cuando había lacayos y privilegios. En la pequeña oficina del juez Göran Lambertz, no hay secretaria en la puerta, ni asistentes privados. Ni lujo.

—El lujo pagado con dinero del contribuyente es inmoral y poco ético —dice el juez, en la entrevista en su oficina.

¿Cuál es el salario de un juez en Suecia, incluyendo cualquier beneficio adicional?

Göran Lambertz: Los jueces suecos cobran entre 5.000 euros (unos 6.600 dólares) y un máximo de 10.000 euros (13.300 dólares), que es el salario de los jueces de la Suprema Corte. Esto es lo que se gana, y es un buen sueldo. Uno puede vivir bien con este salario, y es suficiente. No hay ningún beneficio adicional.

¿Los jueces suecos no tienen derecho a beneficios como abonos, gratificaciones, asistencia económica para salud, transporte o alimentación?

Göran Lambertz: No almuerzo a costa del dinero de los contribuyentes. Todos los jueces pagan su propia comida. Ninguno de nosotros tiene derecho a un auto con chofer o planes de salud especiales. Tenemos derecho solo a los servicios de salud pública, como cualquier ciudadano.

Veo que usted no tiene secretaria privada. ¿Tampoco cuenta con asistentes personales?

Göran Lambertz: No tenemos secretarias privadas, pero tenemos un equipo de asistentes que trabajan en conjunto para los dieciséis jueces de la Suprema Corte. Son más de treinta profesionales del Derecho, jóvenes que ayudan a los jueces en todos los aspectos de los casos legales. También tenemos un equipo de unos quince auxiliares administrativos, que ayudan a todos. Por lo tanto, ningún juez tiene secretaria o asistente personal para ofrecer un servicio exclusivo, sí profesionales que se ocupan de aspectos específicos de los casos tratados en la Corte.

¿Qué opina sobre los sistemas de países como Brasil, donde los políticos y los jueces tienen privilegios tales como bonos extras y aviones a su disposición?

Göran Lambertz: No puedo entender por qué algún ser humano quisiera tener esos privilegios. Solo se vive una vez, por lo tanto, creo que la vida debe vivirse con buenos modelos éticos. No puedo entender a un ser humano tratando de obtener privilegios con dinero público. El lujo pagado con dinero de los contribuyentes es inmoral y poco ético. Porque significa usar los fondos públicos solo para su propio bien.

¿Los jueces suecos pueden aceptar regalos, como viajes de cruceros y viajes a resorts?

Göran Lambertz: Eso no sucede. De hecho, ayer recibí un regalo de un grupo de estudiantes de Derecho, a quienes recibí para una visita a la Suprema Corte. Cuando se despidieron me dieron un paquete de galletas y un frasco de mermelada. Fue el único regalo que recibí este año. Pero nadie ofrecería a un juez cosas como dinero o bebidas. Esto simplemente no sucede. En Navidad, un banco, por ejemplo, puede querer ofrecer un regalo a las autoridades y organismos públicos. Pero nunca sucede en los tribunales. A veces, tal vez, puede suceder que un banco o una firma de abogados envíe cajas de chocolate a algún tribunal como regalo de Navidad. Pero nunca un regalo individual a un juez en particular.

¿No hay casos de jueces suecos implicados en soborno o venta de sentencias?

Göran Lambertz: Entre los jueces, nunca oí hablar de un caso de corrupción en toda mi vida. Un sistema judicial transparente es fundamental. Pues si el sistema no está limpio, no hay justicia. Y también porque los jueces deben ser un ejemplo de honestidad para los políticos y para la sociedad en su conjunto. Si los jueces no son honestos, toda la sociedad se vuelve caótica. Cuando los jueces son corruptos, entonces todos los miembros de la sociedad pueden serlo. Un poder judicial que pierde el respeto de la población puede provocar una explosión de caos en la sociedad.

¿Qué hace Suecia para prevenir la corrupción en el sistema judicial?

Göran Lambertz: En realidad, no mucho. Porque hay en Suecia una larga tradición de que la gente en general no es corrupta. Si alguien ofreciera un soborno a un juez, o si un juez pidiera uno, sería un gran escándalo en el país. Pero eso simplemente no sucede.

Y ¿cuál es la explicación para esto?

Göran Lambertz: Tal vez la explicación es que la sociedad sueca promueve la honestidad en primer lugar y expone la deshonestidad siempre que se descubre. Somos una sociedad abierta, y los medios de comunicación siempre denuncian los actos de corrupción. Las acciones deshonestas no se mantienen en la oscuridad. Esa es la esencia del sistema. Todos saben que, si se comete algún acto impropio, será denunciado. La policía lo sabrá, los medios de comunicación lo sabrán. Y los jueces no se atreverían. Creo que ningún juez sueco aceptaría jamás un soborno. Es algo tan prohibido, que llega a ser impensable. Está demasiado alejado de nuestras tradiciones. Y si se comete cualquier irregularidad, será informado a la policía. Así incluso si algún juez pensara en cometer un acto impropio, no lo haría porque tendría miedo de ser denunciado a la policía.

¿Cuál es el grado de transparencia del sistema judicial sueco? ¿Puedo revisar los gastos de los jueces y tener acceso a documentos oficiales de los tribunales?

Göran Lambertz: Sí. Cualquier ciudadano puede venir aquí y comprobar las cuentas de los tribunales y las ganancias de los jueces.

Los registros judiciales y procesos en curso están abiertos al público. Los gastos de los jueces también pueden ser verificados, aunque en este aspecto no hay mucho para ver. Los jueces usan muy poco dinero público, y no tienen beneficios como gastos de representación. Los jueces suecos reciben sus salarios, y es eso lo le cuestan al estado. Las excepciones son raras, viajes a alguna conferencia, cuando se financian sus gastos en viajes y hoteles. Con respecto a las cuentas bancarias privadas de un juez, solo se pueden verificar si el juez es sospechoso de un crimen. Pero todo lo demás está disponible, excepto en los casos en que sea necesario proteger la identidad de una persona, como en los casos de víctimas de violación.

¿Cualquier ciudadano puede llegar a la Corte Suprema y verificar la documentación oficial de un caso?

Göran Lambertz: Sí. Cualquier ciudadano puede venir aquí y pedir para ver los documentos de un proceso. Un empleado de la Corte le entregará los archivos solicitados a la persona, que puede leer los documentos en una sala equipada para satisfacer estas solicitudes. También se puede pedir copias de los archivos. No hay nada que ocultar. La idea básica es que todo lo decidido en los tribunales del país esté abierto al público. El sistema jurídico sueco no es perfecto, pero no es impenetrable.

¿Quién supervisa a los jueces y los tribunales?

Göran Lambertz: No hay un órgano específico para eso, pero entidades como el *Ombudsman* del Parlamento y el Procurador General de Justicia tienen el poder de supervisar cómo los tribunales se ocupan de diferentes casos, cuánto dinero gastan, y si actúan de manera eficiente. No pueden interferir en los juicios, pero pueden controlar los gastos y la eficiencia de las Cortes. Los periodistas también controlan nuestros salarios y los ingresos que recibimos de otras fuentes. Son ingresos que percibimos, por ejemplo, cuando trabajamos en comisiones legislativas y disciplinarias, y otros tipos de función que un juez puede desempeñar. Muchas personas piensan que los jueces ganan demasiado dinero, y esto genera críticas.

¿Qué se necesita para que países como Brasil se convierten en sociedades menos corruptas?

Göran Lambertz: Es necesario que los políticos asuman su responsabilidad frente a la sociedad y el deber de dar un buen ejemplo para que puedan tener la confianza de los ciudadanos y hacer su parte en la creación de una sociedad honesta. Si usted es un juez, sin duda también tiene el deber de ser honesto y promover la honestidad, además de estar preparado para ser fiscalizado todo el tiempo. Entonces, creo que países como Brasil y muchos otros necesitan de líderes que promuevan constantemente la honestidad, y que sean buenos ejemplos. Líderes que demuestren que no están en busca de lujo para sí mismos, líderes que nunca acepten sobornos, líderes que lamenten oficialmente actos indignos. Es necesario crear un movimiento serio contra la corrupción, y debe ser un movimiento de tolerancia cero. Todos deben empezar de cero, y tener tolerancia cero contra la deshonestidad. Y todos los que ocupen puestos oficiales en el poder deben dar el ejemplo.

CAPÍTULO II

TRANSPARENCIA: "¿QUIÉN VIGILA A LOS VIGILANTES?"

"En las cuestiones de poder, el mejor detergente es la luz del sol." —Louis Brandeis

FISCALIZAR EL PODER es una idea que ya existía en los días en que los ciudadanos andaban en toga por las calles de Roma. Estafadores y trapaceros crecían como hongos entre la élite gobernante de la época, y las adicciones y lujos de los senadores romanos hacían sangrar los cofres públicos. Era, en definitiva, una época en la que los zorros se hacían cargo de las gallinas. El pueblo, que pasaba necesidades, engañaba el estómago y la desesperación con los alimentos distribuidos por los gobernantes durante las actuaciones de payasos y gladiadores promovidos en los estadios del imperio. Por toda la antigua Roma, la ingeniosa política de pan y circo (*panis et circensis*) domesticaba a la plebe insatisfecha. A esa altura, el poeta satírico Juvenal ya se preguntaba: *Quis custodiet ipsos custodes?* ("¿Quién vigila a los vigilantes?").

Suecia comenzó a vigilar a los guardianes del poder hace más de 200 años. En 1766, el país creó la primera ley de transparencia en el mundo: cabía al mismo pueblo, y a una prensa libre, patrullar las desviaciones de los poderosos y sus acólitos. El acceso público a documentos oficiales del gobierno ahora era un derecho constitucional de todos los ciudadanos, asegurado en un capítulo especial de la Ley de Libertad de Prensa sueca, que se promulgó un cuarto de siglo antes de la proclamación de la libertad de prensa de los revolucionarios franceses.

Uno de los ideólogos de la ley sueca de transparencia, Anders Nordencrantz, defendió así el fin del secreto del poder:

—No me ocupo aquí de lo que un dignatario del Estado pueda haber hecho o quiera hacer, pero solo con el mal que es capaz de hacer, con el apoyo de la ley, si quisiera hacerlo. Pues no es absolutamente para este propósito que las leyes de un pueblo libre deben ser constituidas.

Está escrito en la Constitución sueca: "Todos los ciudadanos tienen acceso a los documentos oficiales del poder". La ley de transparencia sueca incluye todas las instancias de poder, proporcionando a los ciudadanos el amplio acceso a la información de las instituciones e individuos que toman decisiones en su nombre.

Conocida en Suecia como el Principio del Acceso

Público (*Offentlighetsprincipen*), la ley reduce la brecha entre gobernantes y gobernados, y restringe las oportunidades de corrupción.

Es decir que el acto de robar se vuelve menos tranquilo.

En la sociedad sueca se puede realizar un seguimiento de los gastos de ministros, diputados, concejales o jueces; leer los *e-mails* y la correspondencia oficial del primer ministro; comprobar los gastos del comisario jefe de la Policía Nacional o del Comandante Supremo de las Fuerzas Armadas; comprobar los datos del impuesto sobre ganancias de cualquier autoridad; saber cómo gastan el dinero de los impuestos los distintos organismos públicos, y también seguir los actos, mociones y resoluciones oficiales de cualquiera de los poderes del reino.

La base fundamental de la ley de transparencia sueca, según la Constitución, es que la apertura es la regla y el secreto, la excepción. La inmensa mayoría de los documentos oficiales debe estar abierta al público. Las excepciones a la regla están especificadas en la llamada Ley del Sigilo, que permite clasificar como secretos algunos documentos relacionados con cuestiones tales como asuntos de seguridad nacional o relaciones internacionales, la política fiscal, el procesamiento de delitos o la privacidad individual —como la historia clínica de una persona—. Un documento puede ser mantenido en secreto por un período de entre dos y setenta años.

Cualquier negativa de una autoridad a proporcionar acceso a un documento oficial puede ser impugnada en los tribunales —incluso para documentos clasificados como sigilosos—. En 2004, el gobierno clasificó como secreta la lista de los suecos muertos y desaparecidos en la tragedia *del tsunami* que azotó el sudeste asiático, y mató a más de 230.000 personas. La supuesta razón era evitar el riesgo de que las casas de los desaparecidos sufrieran robos. Pero la decisión del gobierno fue anulada por el Tribunal Supremo Administrativo. Los nombres fueron difundidos.

En cualquier eventual conflicto judicial sobre la apertura de documentos, la ley es clara: no es la persona que solicita la información la que debe demostrar que tiene derecho a tener acceso a dicha información. Cabe específicamente a la autoridad que negó la información justificar, en los tribunales, por qué un documento no puede ser difundido.

—El acceso a los documentos oficiales es un derecho fundamental del ciudadano, y el principal mecanismo del sistema para detener la corrupción y el uso equivocado del dinero de los contribuyentes —dice Göran Lambertz, uno de los dieciséis jueces de la Suprema Corte de Suecia.

Ciertos límites son, sin embargo, infranqueables.

—Si, por ejemplo, el Ministerio de Defensa de Suecia envía una correspondencia a las autoridades de Brasil con respecto a una posible venta de cazas suecos Gripen al país, esa información puede ser pública, pero, dependiendo de la naturaleza de la comunicación, existe la posibilidad de que pueda ser considerada confidencial —señala Lambertz.

Llamo a *Skatteverket,* la Autoridad Fiscal sueca, con el objetivo de verificar el alcance del sigilo que rodea el líder de Suecia. La funcionaria confirma que puedo obtener los datos generales de la declaración de ganancias del primer ministro, Fredrik Reinfeldt. Cinco días más tarde, una copia de la declaración aparece en mi buzón de correo, con el siguiente mensaje: "Adjunto a esta carta se encuentra el documento que cualquier persona tiene derecho a solicitar en el *Skatteverket,* y que muestra la parte pública de la declaración de ganancias del primer ministro Fredrik Reinfeldt".

Para quien desee obtener información oficial, pero tenga impedimentos como dificultades en el habla o la memoria, el Gobierno ofrece un servicio especial. Es el sistema Teletal en el cual los empleados entrenados median los contactos entre este grupo de ciudadanos y las autoridades públicas. Un ciudadano con problemas de habla, por ejemplo, puede llamar al Teletal en busca de ayuda. El empleado llama al organismo con el cual el ciudadano quiere comunicarse, ayuda en la conversación de tres, e incluso toma nota de la información recibida si la persona también tiene dificultades para escribir.

Las normas de transparencia incluso obligan a ministros y diputados suecos a revelar sus posibles inversiones privadas en acciones de empresas para evitar conflictos de intereses. La cartera del portafolio de acciones de los políticos se publica y actualiza regularmente.

En la lógica de la transparencia sueca, los actos del poder deben ser abiertos para que los ciudadanos puedan elegir la información que desean obtener, y no sean rehenes de los medios de comunicación. Y para garantizar la diversidad de opinión en la sociedad, desde la década de 1970 el gobierno sueco ofrece generosos subsidios a todos los diarios del país, pequeños, medianos y grandes.

Los guardianes del aparato de transparencia son los *ombudsmen* (Defensores del Pueblo) tanto del Parlamento como del Gobierno. También creadas hace más de dos siglos, estas dos instituciones supervisan el cumplimiento de la ley de acceso a la información de los organismos públicos y los tribunales del país reciben las quejas de la gente y procesan o recriminan a las autoridades que violen las normas de apertura. El sistema de control del poder incluye auditorías independientes de las cuentas de todas las empresas públicas financiadas con el dinero de los contribuyentes, en informes a los que se puede acceder a través de Internet. Los informes financieros anuales de los partidos políticos son auditados por empresas privadas como Price Waterhouse Coopers, uno de los gigantes mundiales de auditoría, y —aunque sin identificar las fuentes minoritarias de donaciones privadas, algo que solo será hecho a partir de 2014— también están disponibles en el sitio oficial de los partidos en internet.

La idea es asegurar una sociedad abierta para todos, con acceso a información sobre lo que ocurre entre las cuatro paredes del poder. El pionero modelo sueco de transparencia se convirtió en una referencia para otras democracias, y es considerado por muchos como el sistema más abierto del mundo. Pero nada parece ser perfecto en la existencia terrena, ni siquiera este sistema.

—La burocracia es, por naturaleza, reservada. Ya lo decía Max Weber —reflexiona el politólogo sueco Rune Premförs, mientras toma lentamente su café en la pequeña oficina de la Universidad de Estocolmo—. No tenga duda: las autoridades siempre tratarán de evitar hacer públicos sus actos.

En Suecia, también hay obstrucciones a la ley de transparencia. En esos tiempos de larga y duradera paz en el país, ciertos sectores del poder público sueco parecen admirar una vieja máxima del ex premier británico Winston Churchill: "En tiempos de guerra, la verdad es tan preciosa que siempre debe ser protegida por una escolta de mentiras".

Alguien mintió, en 2012, cuando negó que el gobierno conociera la participación de un organismo militar sueco en un acuerdo para construir una fábrica de armas en Arabia Saudita. El acuerdo secreto fue revelado por la radio pública *Sveriges Radio* que descubrió, a continuación, que el *e-mail* que comprobaba el conocimiento del gobierno sobre la transacción había sido omitido del registro oficial. El *e-mail* fue finalmente descubierto en los registros oficiales de la agencia militar sueca. Oficialmente, no están prohibidas en Suecia las exportaciones militares a Arabia Saudita. Pero el sigilo alrededor de las negociaciones, sin el conocimiento de la opinión pública, generó una ola de críticas que culminó con la renuncia del ministro de Defensa, Sten Tolgfors.

Las patinadas del poder en la ruta de transparencia, como el desastre que perjudicó a Tolgfors, alborotan y provocan taquicardia a los periodistas suecos. El volumen de críticas a las autoridades públicas varía en distintos decibeles. Entre espasmos de indignación, sin embargo, los periodistas y politólogos dicen que la muy antigua ley de transparencia sueca que inspiró a muchas naciones a levantar el velo del secreto sobre sus acciones todavía hace de Suecia uno de los países más abiertos del mundo.

Pero es necesario vigilar al poder, dicen los suecos. Y es una guerra diaria:

—Ninguna ley de transparencia tiene valor sin un pueblo que la controla —advierte el politólogo Runa Premförs.

Para el politólogo Premförs, el poder siempre quiere evitar hacer públicas sus acciones.

TRANSPARENCIA EN EL GOBIERNO

Tiene sentido, para un país que participó en una guerra por última vez en 1814, tener una calle llamada De la Paz. La discreta Fredsgatan atraviesa el corazón del poder en la capital sueca, pasando por las oficinas del Ministerio de Asuntos Exteriores y se puede ver, a mitad de camino, el gran arco del Parlamento. Al final de la calle que conduce a la belleza solar del lago Mälaren, la bandera sueca vuela sobre Rosenbad, la sede del Gobierno. Allí, en la vereda opuesta, el Registro Central de actos del poder está abierto al público.

En el vestíbulo principal, el empleado muestra la lista de correspondencia diaria y los *e-mails* oficiales del primer ministro, que pueden ser leídos por cualquier persona. No hay necesidad de identificarse, ni revelar la razón de la búsqueda de información. No todo está abierto. Sin embargo, la entrega de información, según la ley, debe ser rápida.

—Tenemos órdenes para procesar los pedidos lo más rápido posible —dice el empleado Patrik Jakobsson.

El archivo de documentos oficiales es enorme. Con el título poco sucinto de *Regeringskansliets Arkivsupport och forskarsal*, el Registro Central del gobierno concentra información sobre los ministros, el primer ministro y las acciones del Ejecutivo. El archivo se actualiza constantemente, para permitir el acceso a los documentos y decisiones gubernamentales tomadas por los diferentes ministerios. Para obtener un documento con más rapidez, en el momento de su finalización, uno ya puede comunicarse inmediatamente con el ministerio en cuestión.

En la sala de computadoras del Registro Central se pueden buscar documentos como actos y propuestas de gobierno, la aplicación de los fondos públicos, los costos del gobierno, informes ministeriales, balances y estados financieros, las directrices para el presupuesto de la Unión y todo tipo de documentación producida por el gobierno —con excepción de la información que se caracteriza, de acuerdo con la ley de confidencialidad, como secretas—.

—No se puede, en principio, tener acceso a documentos que pueden ser considerados sigilosos, tales como ciertas comunicaciones entre el primer ministro y jefes de Estado extranjeros —advierte el empleado.

Pido verificar las rendiciones de cuentas más recientes del primer ministro, Fredrik Reinfeldt. Una trae la factura de un almuerzo entre el primer ministro y el presidente del Banco Central de Suecia. Como se requiere en todas las rendiciones de cuentas de políticos en Suecia, el documento muestra la lista con los nombres de los participantes, el local y el motivo del evento, y la relación de lo que se consumió: en este caso, dos platos ejecutivos en el restaurante de Rosenbad, dos porciones de *petit four*, y dos botellas de agua mineral Ramlösa. La cuenta: 770 coronas (alrededor de 117 dólares).

Otra factura del restaurante de la sede del Gobierno sigue la rendición de cuentas por el café con pasteles ofrecido por Reinfeldt durante una reunión con embajadores y encargados de negocios de la Unión

Skatteverket

Kontrolluppgift
från arbetsgivare m.fl.

KU10
Inkomstår
2012

40 Rättelsedatum om rättad uppgift sänds in	570 Specifikationsnummer
2013-01-21	0219

Uppgiftslämnarens namn och adress
Regeringskansliet
RK EKOL

103 33 Stockholm

Inkomsttagarens namn och adress
Fredrik Reinfeldt
Strömgatan 18

111 52 Stockholm

Uppgiftslämnarens person-/organisationsnummer
202100-3831

Inkomsttagarens person-/organisationsnummer
650804-████

61 Delägare m.fl. i fåmansföretag

Skatt

01 Avdragen skatt	961268

Anställningstid (t.ex. 04-12)	08 Fr.o.m. 01	09 T.o.m. 12

60 Arbetsställenummer från SCB	00001

Kontant lön m.m.

11 Kontant bruttolön m.m.	1752000
25 Ersättningar som ligger till grund för egenavgifter	
31 Ersättningar som inte är underlag för socialavgifter	

Kostnadsersättningar

Enligt schablon	50 Bilersättning	51 Traktam. inom riket	52 Traktam. utom riket
Motsvarande gjorda utlägg m.m. avseende	55 Resekostnader		56 Logi
Tjänsteresa längre tid än tre månader	53 Inrikes		54 Utrikes
Kostnadsersättningar som inte kryssats i ruta 50 - 56	20		

Förmåner m.m.

12 Skattepliktiga förmåner utom bilförmån och drivmedel vid bilförmån	132840

41 Bostad småhus	42 X Kost	43 Bostad ej småhus
44 Ränta	45 Parkering	47 X Annan förmån
48 Förmån har justerats	49 Förmån som pension	

Specifikation av annan förmån i ruta 47 — 65
Annan förmån

13 Skattepliktig bilförmån utom drivmedel	
18 Drivmedel vid bilförmån	
14 Kod för förmånsbil	
15 Antal månader med bilförmån	
16 Antal km med bilersättning vid bilförmån	
17 Betalt för bilförmån	

Tjänstepension, övriga ersättningar, vissa avdrag

30 Tjänstepension	
32 Ersättningar som inte är underlag för socialavgifter och som inte ger rätt till skattereduktion för arbetsinkomst	
37 Vissa avdrag	

Specifikation av belopp i ruta 37 — 70

35 Vissa inte skattepliktiga ersättningar till utländska experter m.fl. enligt beslut från Forskarskattenämnden	

Kapital

39 Hyresersättning	

Skattereduktion för husarbete

21 Underlag för skattereduktion för rut-arbete	128200
22 Underlag för skattereduktion för rot-arbete	

La autora pidió y recibió una copia de la declaración de impuestos sobre ganancias del primer ministro.

Europea. Una lista detallada con los nombres de los catorce participantes del gobierno sueco, así como de los treinta y un invitados extranjeros, acompaña la cuenta de 3.440 coronas (unos 526 dólares) por el servicio de café, agua mineral y pasteles.

En una de las computadoras del Central, busco la lista más reciente de inversiones privadas del primer ministro y sus ministros, que se publica dos veces al año. Recibo más tarde una copia de la lista, con seis páginas. Entre las inversiones financieras del primer ministro, veo que hay papeles del *SEB Choice Latinamerikafond*, el fondo de inversión del banco sueco *SEB* (*Skandinaviska Enskilda Banken*) en América Latina.

Hojeo la lista de correspondencia diaria del primer ministro, y veo, entre otras cartas, una invitación a una recepción ofrecida por el presidente estadounidense, Barack Obama. Entre los *e-mails* del día, hay principalmente mensajes enviados por instituciones y ciudadanos. Como la de un hombre, que, al quejarse de los impuestos aplicados sobre las jubilaciones en Suecia, advierte a Reinfeldt: "Los jubilados van a derribar su gobierno en las próximas elecciones".

Los *e-mails* de trabajo, cómo los que Reinfeldt intercambia con sus ministros, no pueden ser leídos por el público.

—Pero en su mayoría, los mensajes que contienen un acto oficial aprobado se consideran documentos oficiales, y, por lo tanto, públicos —dice el empleado.

—Y si el primer ministro está viajando, se puede leer la correspondencia incluso antes que él la lea —añade Jakobsson.

El servicio es gratuito. Al igual que con cualquier

En el Registro Central, acceso rápido a documentos, propuestas y acciones de gobierno.

agencia gubernamental, la información también se puede solicitar por teléfono, *e-mail,* fax o carta. También se puede pedir vídeos, CDs y grabaciones relacionadas con temas específicos. Las copias de los documentos oficiales se pueden obtener de forma gratuita, hasta el límite de nueve páginas. Por encima de este límite, se cobra una tasa de dos coronas (30 centavos de dólar) por página.

La Central alberga todos los documentos oficiales del Ejecutivo desde 1997. La documentación más antigua se conserva en el Archivo Nacional del país. Aquellos que buscan información específica del Poder Ejecutivo, pueden ir directamente a un ministerio: cada uno de los ministerios, así como todos los organismos públicos, cuentan con un sector de atención específico para atender las solicitudes de información de los ciudadanos sobre documentos oficiales.

Dejo la Central de Registros con las copias de los *e-mails* del primer ministro bajo el brazo, y sigo por

Fredsgatan hacia la agencia que supervisa, a pocas cuadras de distancia, los gastos de los parlamentarios.

CON LA MIRADA PUESTA EN LOS GASTOS DE LOS PARLAMENTARIOS

—Los periodistas siempre vienen aquí —dice la empleada con una sonrisa cortés, cuando me recibe en el pequeño vestíbulo vigilado por un hombre de seguridad uniformado. Caminamos por las instalaciones del *Ledamotsservice* (Servicios Parlamentarios), el órgano parlamentario que controla los costos y la rendición de cuentas de todos los miembros del Parlamento.

Al final del pasillo, una sala dominada por largos estantes guarda los informes de comprobación de gastos y facturas originales presentadas por los parlamentarios. Son grandes archivos individuales, con los nombres de cada uno de los 349 parlamentarios. También hay una carpeta con el nombre de Per Westerberg, el presidente del Parlamento, el cargo más importante del país. En la jerarquía sueca, el presidente del Parlamento está por encima del primer ministro, y solo debajo del Rey, que tiene una función protocolar de jefe del Estado. A diferencia de otras democracias parlamentarias, en Suecia es el presidente del Parlamento, y no el jefe de Estado, quien nombra o destituye al primer ministro.

Cualquier ciudadano puede venir aquí y mirar las carpetas, o solicitar información por teléfono, internet, fax o correo.

—La razón principal de nuestro trabajo es asegurarnos de que los parlamentarios no desperdicien el dinero de los contribuyentes —dice Anna Aspegren, la jefa del sector—. Ellos están en el Parlamento para hacer un uso eficiente del dinero de los que pagan impuestos, y queremos que se cumplan estas reglas.

—Cada rendición de cuentas del presidente del Parlamento y de los otros parlamentarios explica Anna— es revisado minuciosamente por los diez empleados del sector.

—Si los parlamentarios proporcionan información incompleta o inexacta sobre una factura en particular, llamamos y pedimos explicaciones —dice una de las empleadas.

Pero son raras las inexactitudes en la rendición de cuentas, según cuenta la jefa del sector.

—Nuestra percepción es que los diputados no están preocupados en hacer trampa, sino en hacer lo correcto. Por lo tanto, es muy raro que discutamos con ellos.

—Cuando identificamos algún tipo de inconsistencia o inexactitud y entramos en contacto con el parlamentario, en la mayoría de los casos ellos nos dan las gracias por señalar el error. Sobre todo, porque los periodistas que viven por aquí generalmente detectan los errores —señala Anna Aspegren.

Bien que el *Ledamotsservice* trató de advertir al entonces líder del Partido Socialdemócrata, Håkan Juholt: si realmente estaba compartiendo el departamento funcional con su pareja, Håkan no podría pedir la devolución del importe total del alquiler: su novia tendría que haber pagado la mitad de la cuenta al vivir en la propiedad.

—Uno de los asesores de Juholt fue notificado por nuestro sector, pero la solicitud de devolución por el valor total del alquiler continuó enviándose. Los periodistas vinieron aquí y se enteraron. Y Juholt tuvo que afrontar el escándalo —recuerda Aspegren.

Transaction details

Transaction number:	29065232	Invoice number:	312	**AP/AR ID:**	11106	Invoice date:	18.09.2009

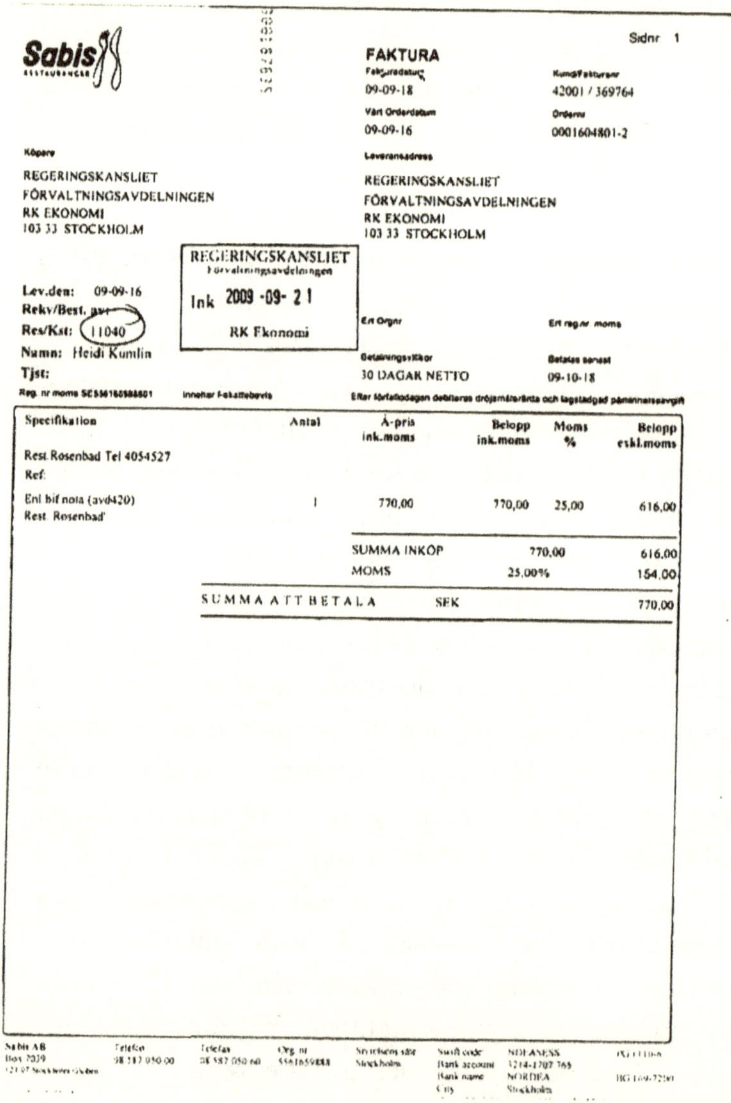

Sabis
RESTAURANGER

FAKTURA   Sidnr 1

Fakturadatum	Kund/Fakturanr
09-09-18	42001 / 369764

Vårt Orderdatum	Ordernr
09-09-16	0001604801-2

Köpare

REGERINGSKANSLIET
FÖRVALTNINGSAVDELNINGEN
RK EKONOMI
103 33 STOCKHOLM

Leveransadress

REGERINGSKANSLIET
FÖRVALTNINGSAVDELNINGEN
RK EKONOMI
103 33 STOCKHOLM

REGERINGSKANSLIET
Förvaltningsavdelningen
Ink 2009 -09- 2 1
RK Ekonomi

Lev.den: 09-09-16
Rekv/Best. avr
Res/Kst: 11040
Namn: Heidi Kumlin
Tjst:

Ert Orgnr   Ert reg.nr moms

Betalningsvillkor   Betalas senast
30 DAGAR NETTO   09-10-18

Reg. nr moms SE556165988801   Innehar F-skattebevis   Efter förfallodagen debiteras dröjsmålsränta och lagstadgad påminnelseavgift

Specifikation	Antal	Á-pris ink.moms	Belopp ink.moms	Moms %	Belopp exkl.moms
Rest. Rosenbad Tel 4054527					
Ref:					
Enl bif nota (avd420)	1	770,00	770,00	25,00	616,00
Rest. Rosenbad'					
		SUMMA INKÖP	770,00		616,00
		MOMS		25,00%	154,00
SUMMA ATT BETALA		SEK			770,00

Sabis AB   Telefon   Telefax   Org. nr   Styrelsens säte   Swift code   NDEANSSS   PG 11106
Box 7039   08 587 050 00   08 587 050 60   5561659888   Stockholm   Bank account 3214-1707 765
12107 Stockholm Globen   Bank name   NORDEA   BG 109-72393
                                                                                     City   Stockholm

GL Analysis

Trans Type	Valuta	Valutabelopp	Belopp	Konto	Kst	Fin	Vsh	Bet/Anl/Idobj	Intupp/Gobj	Proj/Idobj	Mp	MK
	SEK	-770.00	-770.00	2581	11040			RTA			8888	1
	SEK	-725.00	-725.00	3011	11040					HKN0927	8888	0
	SEK	45.00	45.00	1541	11040						8888	0
	SEK	725.00	725.00	17500001	11040					HKN0927	8888	0
	SEK	725.00	725.00	5531	11040	10010000	799			HKN0927	8888	0

En el sector de Servicios Parlamentarios, se pueden ver las carpetas con los gastos y las facturas de los diputados.

Al parecer son pocas, sin embargo, las oportunidades de robar. Los diputados suecos no tienen, por ejemplo, presupuesto de representación para promover reuniones sociales o pagar la cuenta en restaurantes de lujo.

—No, de ninguna manera —dice Anna, incómoda en su silla. El presidente del Parlamento, a su vez, tiene a su disposición un presupuesto de representación anual para gastos como recepciones para visitantes extranjeros y cenas con embajadores. En 2013, el presupuesto para eso fue de 1,12 millones de coronas (unos 171.000 dólares).

En viajes al extranjero, las facturas de boletos y hoteles se envían directamente por la agencia de viajes del Parlamento al *Ledamotsservice*. Antes de hacer el pago, los empleados del organismo verifican los datos recibidos por la agencia y el informe de viaje presentado por el diputado.

—No hay demasiadas facturas porque no hay muchas cosas que los diputados tengan autorización de comprar. En caso de viajes, no hay ninguna posibilidad de falsificar facturas, ya que los boletos y hoteles se encargan por medio de la agencia de viajes del Parlamento —dice Anna.

—Cuando un diputado viaja dentro de Suecia, sabe que debe elegir la forma más económica posible para llegar al destino. Las directrices del manual de viajes de los diputados también dicen que el parlamentario debe considerar, al planificar la ruta y los medios de transporte, los posibles impactos sobre el medio ambiente. Pero nadie los controla en la aplicación de las normas.

—En principio, los parlamentarios son libres para decidir. Nosotros no les cobramos. Pero ellos tienen que explicar a los votantes por qué prefieren viajar en avión, por ejemplo. Y los votantes, sin duda, van a juzgarlos por eso —dice Anna.

—Hace poco, un diputado tuvo que explicar en los diarios por que viajó en avión, cuando otros parlamentarios fueron en tren hacia el mismo destino. Cuando los diputados malgastan el dinero e ignoran la preocupación por preservar el medio ambiente, la gente aquí en Suecia se enfada mucho —añade, y explica que los ciudadanos también suelen ir al *Ledamotsservice* o ponerse en contacto con el organismo para obtener información sobre el gasto de los diputados.

La diputada Eva Flyborg, del Partido Liberal (*Folkpartiet*) reconoce la presión de los medios.

—Una vez, tomé un taxi para participar de una reunión, ya que llevaba muchos documentos y estaba un poco atrasada. Y los periodistas me preguntaron: "¿Por qué viniste en taxi, si todos los demás llegaron caminando después de tomar el autobús?". Los medios de comunicación investigan a los políticos todo el tiempo, y nos recuerdan que no debemos gastar dinero de los contribuyentes innecesariamente. Y eso está bien —dice Eva.

Pero, en general, según Anna Aspegren, el trabajo en el *Ledamotsservice* se desarrolla sin fricción o peleas salvajes con los políticos.

—¿Son las reglas estrictas de control lo que hace que el sistema sea más transparente, o es la existencia, en la mayoría de los políticos suecos, de una moral que rechaza la compulsión por robar o aprovecharse de los fondos públicos? —pregunto.

—Supongo que son las dos cosas —dice Anna Aspegren—.Pero verificamos todo, siempre. Y los diputados tienen que comprobar todos sus gastos, con las facturas de empresas que también se comprueban. Así no hay mucho espacio para ser deshonesto.

CASI UN PARAÍSO

—El sistema es casi un paraíso —dice el director de información del diario *Svenska Dagbladet*, Björn Hygstedt. Björn ya arruinó la carrera de varias autoridades, utilizando como arma la ley de transparencia y el acceso público a los documentos oficiales. Entre sus víctimas hay un alto comandante militar sueco que tuvo que ser despedido, en palabras del periodista, "por usar el dinero de los contribuyentes para organizar fiestas y alquilar autos de lujo". Pero el acceso a la información no siempre es rápido o garantizado.

—Hay obstrucciones —dice Björn—. La ley de

transparencia sueca es única en su amplitud y apertura. Pero algunas autoridades tienen una adicción al sigilo innecesario.

La misma crítica viene del juez de la Suprema Corte sueca, Göran Lambertz, que entre 2001 y 2009 ocupó el cargo de Procurador General de Justicia (*Justitiekanslern*, JK), uno de los guardianes del cumplimiento de las normas de transparencia.

—A veces, algunos servidores públicos creen que pueden mantener en secreto cierta información, y por eso no siempre el sistema funciona de manera eficiente —dice Lambertz—. Pero el principio de transparencia es un sistema que funciona correctamente en gran medida —dice él.

El premiado periodista Nils Funcke, considerado uno de principales expertos en la ley de transparencia sueca, está de acuerdo. —Es un sistema extraordinario que funciona desde hace más de 200 años en Suecia y da a los ciudadanos muchas posibilidades de controlar a los poderes públicos. Pero queremos más de este sistema. Queremos que sea perfecto —dice Funcke.

De hecho, en la evaluación de Nils Funcke, en la aplicación de la ley de transparencia la regla es la apertura y el secreto, la excepción.

—Gran parte de las autoridades toma muy en serio el principio de acceso público a la información oficial. Y muchas actúan de forma casi perfecta, incluyendo todos los tribunales de justicia —dice el periodista.

Pregunto a Funcke si el Poder Judicial sueco es realmente limpio, y escucho otra vez, en Suecia, la misma frase:

—Nunca escuché hablar de un juez corrupto en Suecia.

Pero hay lagunas en el sistema general de transparencia —apuntala Nils.

—Uno de los problemas es que muchos empleados públicos tienen miedo de hacer algo malo al liberar una información. Por lo tanto, terminan adoptando una posición de cautela exagerada. Y algunas autoridades públicas no procesan la solicitud de información con la rapidez que deberían. Otras usan demasiado el sello de secreto. También hay jefes de autoridades públicas, como la policía, que orientan a sus empleados a que no hablen demasiado. Y eso está fuera de la ley —nota.

Nils Funcke mantiene el dedo en el gatillo. En 2006, provocó la renuncia de la ministra de Asuntos Exteriores, Laila Freivalds, usando la ley de transparencia.

LA MINISTRA Y EL PROFETA

Políticamente hablando, Laila Freivalds, respiraba con ayuda de aparatos desde esa lamentable decisión de ir al teatro en el momento equivocado de un día fatal. Era 26 de diciembre de 2004. Desde aquella mañana, llegaban aterradoras noticias sobre la furia del *tsunami* que golpeaba la costa del sudeste asiático. Había suecos heridos que agonizaban en hospitales de Tailandia. Había miles de personas desaparecidas. En pánico frente a la información de la tragedia, muchos trataron de acceder a noticias de familiares perdidos a través del teléfono central del Ministerio de Asuntos Exteriores sueco, donde los pocos empleados de guardia tenían tanta información para dar como los panaderos que trabajaban en ese feriado nacional. Mientras la canciller asistía a una obra teatral, un mundo en estado de shock seguía por la televisión las imágenes de terror casi apocalípticas de la tragedia.

Cuando el mar volvió a la normalidad, había más de 230.000 personas muertas. Entre ellas, 543 suecos. Cartas y más cartas llegaron a la sede del Gobierno sueco, pidiendo la dimisión de la ministra Laila Freivalds por el desempeño mediocre frente a uno de los peores desastres naturales de la historia. Freivalds pidió disculpas públicamente por ir al teatro. Y, a diferencia de las más de 500 víctimas suecas, sobrevivió al cataclismo. Sin embargo, poco más de un año después, sería el día de la caza. Si las gigantescas olas del *tsunami* no derrocaron a Laila, la tarea sería, emblematicamente, del profeta Mahoma.

En septiembre de 2005, el diario danés *Jyllands-Posten* desató una ola de protestas en el mundo árabe por publicar doce caricaturas del profeta sagrado del islamismo. Esta vez, Laila Freivalds estaba más atenta a las noticias. Hubo embajadas danesas incendiadas, millones de personas salieron a las calles en países de mayoría musulmana, y la Unión Internacional de Ulemas Musulmanes instaba a un boicot total a los productos daneses.

Las protestas crecían a medida que los diarios occidentales, en nombre de la libertad de expresión, también publicaron dibujos del profeta Mahoma. Ahora se quemaban banderas de Occidente, y varias misiones diplomáticas eran atacadas por multitudes indignadas.

En Suecia, Laila tomaría otra decisión desafortunada.

La exministra Freivalds: después del tsunami, derribada por la ley de transparencia.

Cuando la edición electrónica del diario *SD Kuriren* publicó una caricatura del profeta Mahoma en febrero de 2006, el Ministerio de Asuntos Exteriores decidió censurar la publicación. El *SD Kuriren* es el diario oficial del partido de extrema derecha sueco, llamado simplemente Demócratas de Suecia (*Sverigedemokraterna*), y que para entonces comenzaba su preocupante ascenso político en el país.

Inmediatamente después de la publicación de la caricatura, uno de los asesores de la ministra, Stefan Amer, contactó a la empresa Levonline, propietaria del servidor que albergaba el sitio del *SD Kuriren* en internet. La policía secreta sueca, Säpo, también contactó a la empresa. Al día siguiente, Levonline retiró el *SD Kuriren del aire*, y cerró el sitio *web* de los Demócratas de Suecia. Era una intromisión en la libertad constitucional de la prensa y llovieron críticas sobre el ministerio. Laila Freivalds juró que no sabía nada: el asesor había actuado por su cuenta, sin su consentimiento.

—No puedo saber lo que están haciendo todos los empleados— dijo Laila.

Mintió.

—Sospechaba que la ministra no estaba diciendo la verdad. La cuestión ahora era cómo demostrarlo —cuenta Nils Funcke, el autor del informe que llevó a la caída de Freivalds.

Funcke entró en contacto con el Defensor del Pueblo, y descubrió que la autoridad ya había emitido una solicitud de explicación al Ministerio de Asuntos Exteriores y a la policía secreta sobre el cierre del sitio *web*.

—Por la ley de transparencia, la comunicación oficial entre las autoridades del Estado es pública —señala Funcke.

—Por eso entré en contacto todos los días con el Defensor del Pueblo hasta que la respuesta del Ministerio de Asuntos Exteriores le fue enviada. Leí la declaración y descubrí que, en pocas palabras, "después de consultar con la ministra", el texto probaba que el asesor del ministerio había actuado con la aprobación de la ministra Laila Freivalds —informa Funcke.

La mentira de Laila, revelada por el periodista en la publicación *Riksdag&Departement*, produjo ondas sísmicas en el país.

Laila fue denunciada a la Comisión de Constitución del Parlamento (*KU*). Días después, se anunció la renuncia de la ministra. El sitio oficial de los Demócratas de Suecia volvió al aire después de permanecer seis días censurado. Y en las elecciones de 2010, el partido de extrema derecha conquistaría por primera vez en la historia una banca en el Parlamento, impidiendo que la coalición de centroderecha alcanzara la mayoría absoluta.

—Usé el principio de transparencia para acceder a la comunicación oficial del Ministerio de Justicia, y no tuve ningún problema para obtener la información tan pronto se publicó —dijo Funcke, que ese año ganó el premio máximo del periodismo sueco.

En algunos casos, la información debe ser arrancada de la Justicia. Fue lo que ocurrió en 2005, cuando las autoridades decidieron que los planes de construcción de la nueva casa del entonces primer ministro Göran Persson debían ser ocultados como un secreto de Estado.

LA MANSIÓN SECRETA DEL PRIMER MINISTRO

La involuntaria guardia de sábado acababa de comenzar aquella mañana en 2005, cuando el teléfono sonó en la redacción de la televisión pública *SVT*. Era el primer ministro de entonces, el socialdemócrata Göran Persson. —Mi casa no es una mansión —juró él del otro lado de la línea.

—El servicio de teletexto de *SVT* acababa de informar que el primer ministro había comprado una mansión —cuenta Mats Knutson, comentarista político del canal durante nuestro encuentro en el vestíbulo del Parlamento sueco.

La noticia era terrible: para un político en Suecia, comprar una mansión no es algo que se hace sin terminar clavado en una cruz por los medios y el electorado. Especialmente en el caso de un político socialdemócrata. Persson debía saberlo: en la campaña electoral de 2002, él mismo había crucificado al líder del Partido Conservador, Bo Lundgren, por la compra de una casa más cara que la del promedio.

—¿Cómo usted, que compró una casa de 6 millones de coronas (unos 920.000 dólares), puede entender la situación de vida de los ciudadanos comunes? —había atacado Persson.

Si bien ganó esas elecciones, ahora Persson estaba en problemas. Si la casa era realmente una mansión, el primer ministro rompía una fuerte tradición de la política sueca, y sobre todo de la socialdemocracia: vivir con sencillez y preferentemente en las mismas condiciones en las que vive el pueblo. Fue lo que hicieron los predecesores de Persson, como Olof Palme. Ingvar Carlsson, otro ex *premier* sueco, aún vive en un pequeño y modesto apartamento en Tyrelsö, municipalidad al sur de Estocolmo.

Se abrió entonces una fuerte discusión en los medios para determinar si la nueva propiedad de Göran Persson era, al final, una casa o una mansión. Fotografías aéreas, croquis y dibujos de la propiedad ubicada en la región de Södermanland, a 160 km de Estocolmo, se imprimieron en periódicos y revistas. Hojeando las ilustraciones, no me parecía demasiado lujosa: las fotos mostraban una

Persson, su esposa y su nuevo hogar: quien compra mansión no puede representar el laborismo.

casa de madera roja tradicional, estilo campo, común en el área rural sueca. Sin embargo, el tamaño de la finca molestó a los suecos: 5.000 metros cuadrados según el diario *Aftonbladet*. El precio, aún más: 12,5 millones de coronas (alrededor de 1,9 millones de dólares).

Y la situación era peor: Persson tenía planes para renovar la propiedad, y los proyectos de construcción de la nueva vivienda fueron clasificados por las autoridades locales como documentos secretos. La policía secreta sueca, Säpo, argumentó que los proyectos debían mantenerse en secreto. Pero la ley de transparencia entró en escena, y un tribunal administrativo ordenó a las autoridades el acceso público a los documentos.

"El tribunal retiró el sello de secreto de los planes de construcción, y ahora podemos mostrarlos", escribió el diario *Aftonbladet,* al dar los detalles: la casa de dos pisos tendría 178 metros cuadrados por piso, tres dormitorios y dos baños, además de cuatro chimeneas y una biblioteca. "Göran Persson y su mujer van a poder sentarse en un sillón y leer un buen libro en una biblioteca propia, frente a una chimenea. O invitar huéspedes a comer y beber vino en un amplio comedor", prosigue el artículo, que describía la casa en detalles: "La fachada estará hecha de madera, y los ladrillos del techo van a recibir una cobertura especial".

Se decidió: la casa era una mansión. Göran ahora caminaba sobre brasas.

"La credibilidad de Persson se ve amenazada por el sueño de la mansión", dijo el diario *Aftonbladet,* que hizo una encuesta entre los lectores en su sitio web: "¿Puede el primer ministro construir una casa de lujo y representar el movimiento laborista?". Tres cuartas partes de los encuestados respondieron "no".

La prensa se enteraría después que el primer ministro quería aumentar la casa.

"La mansión de Persson será aún mayor", golpeó de nuevo *Aftonbladet:*

"La construcción que ya existe en el edificio no es suficiente para el primer ministro. Ahora él pide un permiso para construir en la propiedad otra casa, un anexo de cincuenta y cuatro metros cuadrados para huéspedes, y un garaje".

El costo de la renovación: 7 millones de coronas (alrededor de 1 millón de dólares). No había ninguna duda de que el primer ministro y su esposa tenían medios propios para comprar la casa. Göran Persson, que se había separado de su primera esposa, compró la casa junto con su nueva esposa, Anitra Sten, que era la cabeza de *Systembolaget,* la poderosa empresa que controla el monopolio estatal del alcohol en Suecia. Torp, el nombre de la propiedad era el nuevo nido de amor de Göran y Anitra. Pero el problema no era solo el precio o el tamaño de la casa.

La cuestión, de acuerdo con la comentarista política Lena Mellin, fue la elección de Persson: el primer ministro había adoptado el estilo de vida de las viejas élites.

"Un buen trabajo en la ciudad. Una mansión en el campo con generosas oportunidades para invitar a los huéspedes para el fin de semana. Vivía igual que la aristocracia sueca, que en algunos casos todavía vive así. O los británicos", escribió la columnista.

Eran tiempos de campaña electoral, y en la televisión pública *SVT* el asunto fue presentado al primer ministro por el mediador del debate, Mats Knutson. Göran Persson rechazó las estadísticas presentadas por Knutson sobre el aumento de la desigualdad económica en la sociedad sueca, y dijo que la compra de una propiedad por varios millones de coronas no lo distanciaba de los ciudadanos.

—Conozco tanto a los ciudadanos comunes como antes —dijo el primer ministro.

Pero algunos dicen que la saga de la mansión de Torp fue uno de los factores de la derrota de Göran Persson, que perdió las elecciones de 2006 contra la alianza de partidos de centroderecha.

Göran Persson también perdió, probablemente, un

poco más que sus pocos mechones de cabello debido a la nueva casa. Fue convocado por la policía a la comisaría e interrogado cuando se descubrió que no se había presentado un plan de seguridad contra accidentes para los obreros que trabajaban en la construcción de la propiedad, algo obligatorio para cualquier construcción que se hace en Suecia.

EL CASTIGO A LOS QUE SON ATRAPADOS: "TERMINA LA CARRERA POLÍTICA"

A pesar del impulso nervioso de ciertas autoridades en utilizar el sello de sigilo, como en el episodio de la casa-mansión del ex primer ministro Göran Persson, los periodistas suecos son casi unánimes en su evaluación de que los beneficios de la ley de transparencia sueca son todavía significativamente más grandes que las fallas.

—La ley es una herramienta esencial para controlar el poder y evitar la corrupción en Suecia – señala el reportero político Mats Knutson.

La respetada comentarista política Lena Mellin, del periódico *Aftonbladet,* está de acuerdo—: Normalmente, no hay obstrucciones al sistema de transparencia —dice Lena.

De acuerdo con Mats Knutson, existe la posibilidad de que una autoridad intente manipular o retrasar el acceso público a una información.

—Si se clasifica un documento en el registro de una autoridad pública como documentos en fase de preparación, por ejemplo, no se puede leer. Pero desde el

Knutson: "hay que saber qué buscar y dónde investigar".

momento en que se toma una decisión oficial, el documento debe ser abierto, con excepción de los casos previstos en la ley de sigilo —dice el analista político del canal *SVT*, y también uno de los periodistas más respetados en el país.

Por ley, toda información oficial debe estar disponible inmediatamente en el registro central de cada autoridad. Se considera un documento oficial en el momento en que una autoridad lo finaliza. Y en el instante en que un documento es enviado o recibido por una agencia, también se convierte automáticamente en oficial.

—Esa es la clave de todo el sistema: tan pronto se recibe un documento o se envía por una autoridad pública a otra, se convierte en un documento oficial, y por lo tanto está abierto a escrutinio público. Para seguir lo que hace cada autoridad, solo hay que verificar el registro general de un organismo público —dice el politólogo Rune Premförs.

Los bocetos o borradores de una decisión, por ejemplo, no se clasifican como documentos oficiales. Sin embargo, cuando se los reúne en el proceso de registro de una decisión tomada, esas versiones preliminares también se convierten en documentos oficiales.

—Normalmente, los archivos que contienen una decisión formal incluyen un gran número de documentos preparatorios, lo que permite tener una buena visión de la toma de decisiones, como quién propuso y quién decidió qué. Y una propuesta del gobierno siempre se hace pública antes de ser enviada al Parlamento— añade Premförs.

—Es un océano de documentos —dice Mats Knutson—. Hay que saber qué buscar y dónde investigar. Como periodista, por lo general uno recibe una pista, y comienza a investigar. También se puede controlar a las autoridades a través de los informes de los auditores independientes que supervisan los organismos públicos— concluye.

Para navegar este vasto océano de información pública, los periodistas suecos utilizan ampliamente una herramienta que es Infotorget, uno de los varios proveedores suecos de información en línea acerca de casi todo y todos. Esos proveedores concentran una poderosa base de datos que reúne archivos de organismos, como las autoridades fiscales, el departamento de tránsito, el registro nacional de empresas y mucho más. Una consulta rápida permite saber si una persona tiene deudas con las autoridades fiscales, cuál es su ingreso, si tiene otras deudas, si no pagó las multas de tráfico, qué propiedades tiene y si participa en consejos de administración de empresas, entre otras informaciones.

—Con un solo clic se puede averiguar quién tiene problemas con la justicia —dice el director de información del *Svenska Dagbladet*—. Esa es una de las primeras cosas que se hacen cuando se anuncia el nombre de un nuevo ministro.

En proveedores como Infotorget, se puede comprobar la información básica de cualquier persona.

—Pero por la ley sueca, si la búsqueda involucra datos más detallados acerca de un individuo, como sus datos financieros, tenemos la obligación de notificar a esa persona sobre quién solicitó información a su respecto, y qué tipo de información se solicitó —dice Christian Olsson, relaciones públicas de Infotorget.

El arte de vigilar el poder se enseña en las aulas de la universidad. Quien lo cuenta es uno de los líderes de la Asociación de Periodistas de Investigación de Suecia (*Grävande Journalister*), que usa el sugestivo nombre de Mikael Grill: ya recibió premios por "cocinar" a ciertas autoridades. Me encuentro con Grill en la sede de *SVT*, donde trabaja como reportero.

—En las escuelas de periodismo tenemos una cátedra específica sobre la ley de transparencia. También hay cursos para enseñarles a los periodistas a analizar informes financieros y rendición de cuentas —dice el periodista.

Apenas dejó la aulas de la universidad, Grill empezó a probar el sistema.

—Entré en la oficina de las autoridades municipales de Sundsvall (en el norte de Suecia), y pedí permiso para leer los *e-mails* de los dirigentes. Me dejaron, a pesar de que pusieron a un empleado a mi lado en la computadora, supervisando los *e-mails* personales que no se pueden leer. Pero en Suecia podemos ver la lista de *e-mails de* una autoridad con los títulos de diferentes asuntos —dice.

Para el politólogo Rune Premförs, el sistema sueco de transparencia sigue siendo una referencia.

—No conozco sistema más abierto —dice.

No se puede mantener actos y decisiones del Estado sueco en la oscuridad, según Premförs, como tratan de hacer entre los otros países de la Unión Europea, por ejemplo.

—Llevé a cabo varios estudios en países como Francia y Alemania, y la diferencia en las normas de transparencia es notable. La Unión Europea tiene básicamente el modelo francés de administración. Y en ese modelo es algo extraño para una autoridad pensar en ser transparente: no corresponde a los ciudadanos saber lo que pasa dentro de las paredes de gobierno —cuenta Premförs.

Para los políticos atrapados en acciones poco nobles por la luz de la ley de transparencia, el castigo suele ser duro.

—En general, sus carreras políticas terminan —dice Mats Knutson.

En 2006, dos ministras dejaron sus cargos en caída libre y desaparecieron de la escena política, días después del anuncio del nuevo gabinete de gobierno: la prensa descubrió, entre otras fallas imperdonables, que habían empleado a niñeras en negro y no habían pagado los impuestos:

NANNYGATE – EL ESCÁNDALO DE LAS NIÑERAS

"Borelius renuncia: abandona la política y el cargo de diputada federal"

María Borelius duró ocho días en el ministerio: contrató niñeras y no pagó los impuestos correspondientes.

Hasta por esa mala costumbre de prometer bajar radicalmente los impuestos de los suecos, durante la década anterior habían coleccionado derrotas en las urnas. Pero el gran momento había llegado. Renovados por un poderoso *botox* programático, los liberales-conservadores del Partido Moderado se presentaban ahora como el "nuevo partido de los trabajadores". En las elecciones de 2006, una coalición de cuatro partidos de centroderecha obtendría una victoria histórica, junto a un electorado aparentemente convencido de que su legendario Estado de bienestar social, financiado sustancialmente por altos impuestos, no sería tirado por el desagüe.

Todo parecía nuevo y prometedor, empezando por el propio primer ministro Fredrik Reinfeldt, quien a los cuarenta y un años se convertía en uno de los líderes más jóvenes del país. Fue un Reinfeldt radiante quien presentó, el 6 de octubre de ese año, a su flamante gabinete de ministros. El ministro de Economía, Anders Borg, tenía treinta y ocho años y usaba un pendiente y una colita en el pelo. En el ministerio de Integración e Igualdad, Nyamko Sabuni, nacida en Burundi, era la primera ministra negra del país. Dos ministros eran homosexuales, incluyendo el de Inmigración, Tobias Billström, y el de Medio Ambiente, Andreas Carlgren, legalmente casado con su pareja. Al frente del ministerio de Asuntos Exteriores, el ex primer ministro Carl Bildt volvía, para sorpresa de todos, a la escena política sueca.

La euforia era intoxicante, pero la resaca sería monumental. Parte del gabinete de gobierno estaba formado por principiantes, sin kilómetros suficientes para saber que, en la política sueca, un currículo limpio es una cuestión de supervivencia. La prensa sueca había informado, en las primeras horas, que dos ministras habían empleado niñeras sin pagar los impuestos obligatorios y las cargas sociales, en lo que sería bautizado inmediatamente por el diario británico *Financial Times* como *Nannygate, el escándalo de las niñeras.*

La búsqueda en los registros oficiales abiertos del país también reveló que el pago de la licencia obligatoria de la televisión, el impuesto que financia las cadenas públicas, había sido ignorado solemnemente por tres ministros. En apenas diez días, el ministerio de Reinfeldt sufrió dos bajas.

La primera cabeza que rodó fue la de la ministra de Comercio, Maria Borelius. Bajo intensa presión de los medios de comunicación, ella admitió que en la década de 1990 había empleado niñeras sin pagar los impuestos correspondientes.

—Soy madre de cuatro hijos, y en ese momento estaba manejando mi propia compañía —argumentó Borelius, explicando que no habría podido equilibrar la vida doméstica y profesional sin la ayuda de niñeras. Pero entonces diría la frase fatal—:No tenía medios para pagar todos los impuestos y tasas exigidas para tener una niñera.

Alguien sospechó y fue a comprobarlo. Como la ley de transparencia garantiza el acceso a los archivos de las autoridades fiscales, un asesor de prensa del partido Socialdemócrata, Magnus Ljungkvist, empezó a indagar en las declaraciones de impuestos de Maria Borelius y su marido. Y lo descubrió: en la década de 1990, la familia Borelius ganó un total de 17 millones de coronas, una suma considerablemente más alta que los ingresos promedio de una familia sueca. El asesor también descubrió que Maria había heredado una casa de uno de sus padres en 1996, valuada en 4 millones de coronas.

"Estás perdida, Borelius", atacó la periodista Lena Mellin en el título de su columna política en el diario *Aftonbladet*.

—En la década de 1990, Borelius les pagó a sus niñeras en *negro*. Eso fue una estupidez. Pero lo más estúpido todavía fue afirmar que no tenía dinero para pagar de manera honesta —criticó Lena.

A los pocos días, el cielo se cerró sobre la cabeza de Borelius. Otras investigaciones revelaron que la casa de verano de la familia, en el sur de Suecia, había sido comprada por el marido de la ministra por medio de una empresa con sede en el paraíso fiscal de Jersey. Así evitó pagar impuestos de bienes raíces; utilizó el mismo mecanismo para la compra de un apartamento en Cannes, Francia. Para completar, se descubrió que en los últimos dos meses Borelius no había pagado la licencia de televisión, obligatoria para todos los que tienen un televisor en Suecia.

El primer ministro llamó a su ministra, al final, para tener una última conversación.

—Ella misma (Borelius) sintió que no era capaz de seguir, y estuvimos de acuerdo en que debería renunciar —dijo Fredrik Reinfeldt en la radio sueca *Sveriges Radio*.

Maria Borelius renunció como ministra y también a su asiento en el Parlamento como representante del Partido Moderado de Reinfeldt, la más grande formación de la coalición de gobierno. Duró ocho días en el cargo, y nunca más volvió a la política.

"Cecilia Stegö Chilò renuncia: demasiada presión para la Ministra de Cultura"

La ministra de Cultura, Cecilia Chilò, cayó por no pagar la licencia de la televisión pública.

Dos días después de la salida de Borelius, el gabinete de Reinfeldt sufrió la segunda baja. La ministra de Cultura, Cecilia Stegö Chilò, también les había pagado a sus niñeras en efectivo, para evitar los impuestos. Pero la renuncia de Cecilia ocurriría de forma vergonzosa: la prensa descubrió que en los últimos dieciséis años ella no había pagado la licencia de televisión. La tasa, de unos 200 dólares al año, es la principal fuente de financiación de las emisoras públicas suecas, y el buen cumplimiento de las directrices de la ley es supervisado precisamente por el Ministerio de Cultura.

El marido de Cecilia había intentado salvar a la mujer de una vergüenza nacional. Cinco días antes de la indicación de Stegö Chilò para el ministerio, como si tratara de ponerle alas a un cerdo, había registrado el televisor familiar en el organismo responsable de la recolección de la licencia de televisión. La renuncia de Cecilia era inevitable.

—Por no pagar la licencia de televisión y contratar a niñeras sin pagar impuestos antes de convertirme en ministra, cometí transgresiones que son inaceptables, pero que intenté por todos los medios corregir —dijo Cecilia Stegö Chilò en el sitio web oficial del gobierno. Ella trató de pagar las deudas y regularizar sus cuentas, pero el reloj y las autoridades fueron crueles.

—Como no se puede remediar la situación en un plazo de tiempo razonable, no veo ninguna otra posibilidad que, por medio de un trabajo competente y comprometido, reparar el daño causado al gobierno —añadió.

Cecilia Stegö Chilò duró diez días en el cargo y también desapareció de la escena política.

Pero la pesadilla de Reinfeldt no terminaría todavía. Los medios de comunicación atacaron al ministro de Inmigración, Tobias Billström, que tampoco había pagado la licencia de televisión durante diez años. En una declaración torpe, Billström dijo—: Elegí no pagar porque pensaba que la *SVT* (Televisión Pública sueca) no producía buenos programas. Pero uno se vuelve más sabio con los años, y desde luego creo que todos deben respetar las leyes que se aprueban.

La temperatura subió y Suecia vivió días irreales. Ciudadanos indignados denunciaron a Billström, Maria Borelius y Cecilia Stegö Chilò ante la policía por violación de la ley de licencia de televisión. *Radiotjänst,* la agencia responsable por el cobro de la tasa, presentó quejas contra los tres. Y el primer ministro, al cuestionar la decisión de la agencia, recibió un tirón de orejas del Parlamento.

—¿Es verdad, de acuerdo con la *Radiotjänst,* que toda persona que se presenta al organismo, dispuesto a corregir su error y pagar la suma debida, termina denunciada a la policía? —había dicho Reinfeldt en una entrevista a la radio sueca.

No debería haberlo dicho: en Suecia, el principio llamado *Ministerstyre* (una especie de código de conducta ministerial) prohíbe a los ministros y al primer ministro interferir en las decisiones tomadas por las agencias gubernamentales. Reinfeldt fue denunciado rápidamente a la Comisión Constitucional del Parlamento (KU).

—En la investigación sobre la declaración del primer ministro Reinfeldt sobre la decisión de *Radiotjänst* de presentar quejas contra tres ministros, el Comité observa que el primer ministro, así como otros ciudadanos, son libres de expresar sus opiniones, pero también tienen el deber de actuar con cautela especialmente en ciertas circunstancias. Por ejemplo, en el caso de las declaraciones que podrían poner en peligro la independencia que, en conformidad con las leyes constitucionales, está asegurada a los tribunales y la administración pública —dijo la declaración pública del Comité.

Y entonces apareció una ex niñera diciendo al diario *Expressen* que había trabajado en negro en la casa del ministro de Finanzas, Anders Borg. El ministro insistió en que la mujer había prestado servicios en ocasiones especiales como *babysitter,* pero reconoció haber empleado mucamas sin pagar impuestos.

El caso terminó en la oficina del fiscal. Según algunas versiones, la suma pagada por Borg a niñeras y empleados ocasionales supuestamente no habría alcanzado el límite a partir del cual el pago de los encargos sociales y laborales se convierte en obligatorio, y no había pruebas suficientes. Dos meses más tarde, el fiscal retiró los cargos.

El ministro de Inmigración también se mantuvo en el cargo, y el primer ministro cerró la temporada de renuncias. Y antes de anunciar los reemplazos de las dos ministras caídas en aquellos días infernales, hubo un gran esfuerzo en las sabatinas de los candidatos.

—Siempre pagué la licencia de televisión y nunca le pagué a una mucama por debajo de la mesa —dijo el nuevo ministro de Comercio, Sten Tolgfors, al ser presentado por Reinfeldt a la prensa sueca.

Los suecos pagan uno de los impuestos más altos del mundo para financiar el todavía generoso Estado del bienestar social del país, y son implacables con los políticos que se salen de la línea. Los periodistas suecos suelen usar el acceso público a la información de auditorías para declararles la guerra a los políticos que cometen pecados contra el Fisco, como ocurrió con Gudrun Schyman:

EL PECADO DE GUDRUN

"Gudrun Schyman renuncia: los titulares sobre fraude en impuestos sobre ganancias y la pérdida de apoyo del partido fueron decisivos"

Derribada por estafar al Fisco, Gudrun Schyman admitió: "No hay excusas para lo que hice".

En la política sueca, el pecado capital es engañar al Fisco.

Pero Gudrun Schyman, quien dirigió el Partido de Izquierda *(Vänsterpartiet,* excomunista) durante diez años, al parecer se olvidó de que pagar los impuestos en Suecia es más inevitable que la muerte. En 2003, después de la revelación de irregularidades en su declaración de ganancias, Gudrun se vio obligada a renunciar, y a devolver el dinero a las arcas del Tesoro.

En los diarios, la declaración de ganancias de la líder del partido fue disecada como a un pollo. Entre las irregularidades había un viaje a Brasil, en el que no presentó la documentación suficiente para justificar una reducción de impuestos. Los periodistas también descubrieron que Schyman había solicitado compensación por los viajes en taxi al aeropuerto de Arlanda, a pesar de que todos los parlamentarios tienen derecho a utilizar gratis el tren que conecta el aeropuerto con la capital. Imperdonable.

En total, las autoridades fiscales rechazaron las deducciones por un valor de 70.787 coronas (unos 10.800 dólares), que Gudrun había incluido en la declaración del año 2001. "¿Cómo pudiste, Gudrun?", preguntó un titular del diario *Expressen*.

—No hay excusas para lo que hice —dijo Gudrun en declaraciones a la prensa—. Estaba sin tiempo —dijo, intentando remendarlo—. Pero no fue mi intención engañar (al Tesoro).

Se le dedicaron editoriales punzantes por el caso, y *Ekobrottsmyndigheten,* la Autoridad Sueca para Delitos Financieros, entró en acción. "Gudrun Schyman bajo riesgo de arresto", publicó el *Expressen*.

La líder del partido terminó en la policía, donde fue sometida a interrogatorios. Durante todo el proceso de investigación policial, Gudrun negó haber cometido algún crimen al pedir reducción de impuestos. Afirmó haber sido descuidada con los recibos y la declaración.

Pero, al final, Gudrun tenía dos alternativas: admitir culpabilidad por el descuido evidente en su declaración de ganancias, o ser procesada y llevada a los tribunales.

—No soy más que un ser humano. Elijo admitir el descuido evidente —decidió.

Gudrun Schyman pagó al Tesoro todo el valor debido, e incluso fue condenada a pagar cincuenta días de multa con el valor total de 21.750 coronas (unos 3.300 dólares).

—Casos como estos afectan la confianza de los ciudadanos en nuestro sistema —declaró el fiscal del caso, Sven -Erik Alhem—. La consecuencia es que los ciudadanos comienzan a preguntarse por qué deben seguir las reglas del sistema, si ellos (los políticos) no lo hacen. Y esto es muy peligroso —reflexionó el fiscal.

La segunda condena de Gudrun sería aún más dura: el rechazo de los miembros de su propio partido, el *Vänsterpartiet*. En un domingo por la mañana, en una rueda de prensa convocada apresuradamente, Gudrun capituló.

—Creo que podría restablecer la confianza de los electores en nuestro partido. Pero para eso tendría que tener un apoyo del 100% de los miembros del Partido, que no fue posible conseguir —dijo Gudrun, para luego anunciar su renuncia a la dirección del *Vänsterpartiet*.

Para los miembros del Partido, la líder ya no representaba su *skattemoral:*– el deber moral de pagar impuestos.

Convencida de que el lugar de la mujer es en el Parlamento y no la cocina, Gudrun Schyman dejó el Partido de la Izquierda para dedicarse a fundar el Partido Feminista (*Feministiskt Initiativet*). Reconocida activista de la causa femenina, en los años siguientes Gudrun volvió a las páginas de los diarios por sus exuberantes actos: en una ocasión, defendió la introducción de un impuesto a todos los hombres con el fin de cubrir los gastos ocasionados por la violencia doméstica contra las mujeres. Y antes de las elecciones generales de 2010, quemó 100.000 coronas en una parrilla, en un acto público de repudio a la diferencia salarial entre hombres y mujeres.

—Los hombres reciben un tipo de bonificación del pene, pues ganan entre 10% y 20% más que las mujeres —se quejó Gudrun. El mensaje no logró seducir al electorado, que dio al *Feministiskt Initiativet* solo el 0,4% de los votos en las elecciones. ¿O es que Gudrun había perdido la confianza de los votantes?

Las celebridades también no escapan al radar siempre vigilante de las autoridades fiscales: en la década de 1970, la policía irrumpió en el escenario del legendario director sueco Ingmar Bergman.

ESCENAS DE UNA INVASIÓN DE LA POLICÍA EN EL TEATRO DE INGMAR BERGMAN

Un Volvo azul se detiene delante del *Kungliga Dramatiska Teatern,* el Teatro Dramático Real de Estocolmo. Es una tarde de invierno del 30 de enero de 1976. Dos policías bajan del auto y rápidamente suben las escaleras del teatro: si la sospecha de evasión fiscal pide urgencia, el sospechoso debe ser detenido ahora. Ya. Sin esperar el final del drama que se desarrolla en el escenario. Dentro del teatro, Ingmar Bergman, uno de los directores más aclamados en la historia del cine, dirige los ensayos de la obra *La Danza de la Muerte,* de August Strindberg. El sospechoso es él.

Arrestado en el teatro y acusado de evasión de impuestos, el cineasta Ingmar Bergman tuvo un colapso nervioso.

Las siguientes escenas parecen de un guion de película. La policía interrumpe bruscamente el ensayo, arresta a Ingmar Bergman y confisca su pasaporte para que no pueda escapar de la ley. Bergman es llevado a un tribunal fiscal. Aturdidos, varios actores dejan el escenario y lo acompañan hasta la escena del interrogatorio.

El fiscal expone la acusación, que sirve de telón de fondo para la burlesca actuación de la policía: la empresa Persona Films AG, establecida por el director en Suiza para la producción de películas internacionales, habría sido creada solo para escapar de la legislación fiscal sueca y evitar los altos impuestos del país. Ingmar Bergman tendría que pagar, así, impuestos acumulados entre los años 1969 y 1974.

Para obtener más pruebas del supuesto fraude, la policía realiza búsquedas y confisca documentos en las casas de Ingmar Bergman y de su abogado. A principios de febrero, Bergman fue procesado por evasión de impuestos.

Persona Films AG fue registrada en Suiza a fines de los años sesenta, cuando Bergman tenía planes de crear un centro de producción de películas internacionales. El plan, sin embargo, fue abandonado, y la compañía comenzó a utilizarse para recibir los ingresos generados por las películas de Bergman que se exhibían en el extranjero. Cuando el *Riksbank* (Banco Central de Suecia) indicó que Persona Films no estaba siendo utilizada para producir películas, la empresa se cerró y sus activos (con el valor de unos 600.000 dólares) se enviaron a Suecia. Pero a los ojos de los inspectores, la operación de apertura de Persona Films habría sido una forma de evitar el pago de impuestos, que Bergman ahora debería reconocer con efecto retroactivo.

La acusación, que más tarde resultaría ser infundada, fue posteriormente retirada. Pero el episodio golpeó profundamente al director en ese momento ya consagrado internacionalmente por películas como *Gritos y susurros* (1972), *Secretos de un matrimonio* (1973), *Persona* (1966) y *Fresas salvajes* (1957).

Días después que la policía ingresara al teatro para capturarlo, Bergman sufrió una crisis nerviosa y fue hospitalizado con una profunda depresión. La presión fue demasiada para el director, que tantas veces había llevado a la pantalla su tormento frente a la desolación y la desesperación de la compleja existencia humana.

Hijo rebelde de un pastor de la Iglesia Luterana, Ingmar Bergman hablaba a menudo de la infancia infeliz y de los duros castigos aplicados por su padre, que solía encerrarlo en un armario oscuro. Como señaló Harry Schein, director del *Svenska Filminstitutet* (Instituto de Cine Sueco) en el momento del arresto de Bergman, la humillación era también un tema recurrente en varias de sus películas: era el maestro de temas existencialistas. Lo que se mostraba, a menudo, era la humillación de un artista.

En *El rito* (1969), un juez promueve el interrogatorio de tres actores, acusados de poner en escena un espectáculo obsceno. En la película *El séptimo sello* (1957), en la que la Muerte juega al ajedrez con los protagonistas, el bufón hace una petición final y desesperada al perder el juego, como siempre en manos de su rival: "¿No puede hacerme una excepción? ¡Soy un actor!".

El escenario también tenía un significado especial para Bergman. Él había empezado su carrera en el teatro, y siempre le fue fiel, durante toda su vida.

—El teatro es el comienzo, es el fin, en realidad es todo, mientras que el cine pertenece al ámbito de la prostitución y del matadero —dijo el director una vez.

El episodio del arresto de Ingmar Bergman en el escenario del *Kungliga Dramatiska Teatern* causó un gran revuelo dentro y fuera de Suecia. Solo el diario *Aftonbladet,* que en ese momento pertenecía a la confederación laborista sueca LO *(Landsorganisationen),* defendió a los inspectores: sería hipócrita lamentar la difícil situación de Bergman, argumentó el diario, ya que otros sospechosos de evasión de impuestos habían recibido el mismo tratamiento sin provocar protestas públicas. Todos los ciudadanos deben ser tratados del mismo modo, sin importar sus nombres o posiciones.

El 23 de marzo de 1976, el fiscal retiró todos los cargos contra Ingmar Bergman. Pero el reconocimiento del error había llegado tarde. Poco después de la declaración del fiscal, el director anunció que se iba de Suecia en un exilio voluntario. Abandonaba en el país sus bienes y propiedades, para que nadie pensara que trataba de escapar a nuevos ataques de los auditores fiscales suecos.

Pese a las expresiones de desagravio del primer ministro Olof Palme sobre la forma en que se había conducido el caso, Bergman juró que nunca volvería a trabajar en Suecia. Cerró el estudio que mantenía en la isla de Fårö, en el sureste del país, y se mudó a Múnich, en Alemania. Pero en 1984 el director volvería a vivir en Suecia, donde murió tranquilamente mientras dormía en 2007, a los ochenta y nueve años.

Otro ejemplo notorio del folklore fiscal sueco es el caso de la autora Astrid Lindgren, que revolucionó la literatura infantil con el personaje Pippi Calzaslargas. Lindgren, que quedó entre las garras del Fisco sueco poco después que Ingmar Bergman, haría uno de los ataques más fuertes contra el sistema de impuestos sueco de la época.

LA AUTORA DE PIPPI CALZASLARGAS Y EL IMPUESTO DE 102%

Con el 102% de impuesto sobre su renta, la escritora Astrid Lindgren le sacó la lengua al Fisco sueco.

Astrid Lindgren era, como uno podría imaginar, buena de pelea. Su Pippi Calzaslargas agarraba el toro por las astas, les pegaba a los chicos, asustaba a los ladrones. La autora sueca la había creado en 1945, en un momento en que las chicas llevaban lazos en el pelo, tejían ganchillo y esperaban a que el príncipe azul llegara trotando en su caballo blanco. Pero la fuerte y libertaria Pippi vivía sola, era feminista a mediados de la década 1940, y no solo tenía su propio caballo, sino que podía levantarlo en brazos.

La editorial Bonnier se arrepintió mucho por haber rechazado la historia. "Azúcar en el piso y caos en la guardería, yo no podría asumir esa responsabilidad", dijo en ese momento el editor Gerhard Bonnier. Aceptada por otra editorial, la historia de Pippi Calzaslargas llegó a las librerías en medio de numerosas críticas. Los detractores del personaje advirtieron un colapso de la moralidad pública.

Pero el éxito fue inmediato y abrumador: la historia de Pippi sería el primero de más de setenta libros escritos por Astrid Lindgren y traducidos a más de setenta idiomas. La misma Astrid, años más tarde, contaría cómo había nacido Pippi:

—En 1941, mi hija de siete años, Karin, tuvo neumonía. Todas las noches, cuando me sentaba a su lado en la cama, me rogaba que le contara una historia. Una noche, completamente agotada, le pregunté qué le gustaría escuchar, y ella respondió: "cuéntame una historia sobre Pippi Calzaslargas". Inventó el nombre en ese momento. No le pregunté quién era Pippi Calzaslargas. Simplemente empecé a contar una historia sobre ella. Y como tenía un nombre tan inusual, resultó ser una niña inusual. Pippi resultó ser un éxito para Karin, y luego para sus amigos: tuve que contar la historia muchas y muchas veces—recordó Lindgren.

Un resbalón en el hielo, según la autora, fue la razón por la cual las historias se convierten en libros:

—Una noche de mucha nieve en marzo de 1944, yo estaba caminando en el centro de Estocolmo bajo la nieve fresca que caía. Había una capa resbaladiza de hielo y me caí, me torcí el tobillo. Tuve que permanecer mucho tiempo en reposo, y para pasar el tiempo, empecé a escribir las historias de Pippi.

Lindgren se convirtió en una celebridad, y comenzó a ganar dinero. Pagar los impuestos no era un problema:

—Pago mis impuestos con muchas ganas —dijo más de una vez. Pero los problemas que más tarde tendría con las autoridades fiscales serían tan surrealistas como los personajes de sus historias.

Ese año 1976, Astrid Lindgren descubrió que tendría que pagar el 102% de sus ingresos en impuestos: una nueva regla que fortalecía a los profesionales liberales —la categoría en la que se incluía la autora— implicaba la absurda consecuencia de que gente como Astrid debía pagar más impuestos de lo que había recibido como ingreso. Fue entonces que la autora decidió, con la misma lengua afilada que Pippi, escribir una sátira criticando la nueva carga fiscal impuesta por el partido socialdemócrata, que gobernaba Suecia hacía más de cuatro décadas.

La historia titulada *Pomperipossa en Monismania* (también conocida como *Pomperipossa en el Mundo del Dinero)*, fue publicada en el diario *Expressen* en marzo de 1976. Cuenta la alegoría de Pomperipossa, una autora de libros para niños de un país lejano que, frente a una carga de impuestos desatinada por pagar, comenzó a preguntarse si los sabios gobernantes del lugar habían perdido la cabeza.

—Pomperipossa realmente amaba a su país, sus bosques, las montañas, los lagos y los bosques verdes. Pero no solo eso, ella también amaba a las personas que vivían allí. Hasta a los sabios hombres que gobernaban el país. Pensaba que eran sabios, y por lo tanto votó cada vez que había una elección para elegir a los sabios hombres que gobiernan Monismanien. Ellos habían creado en los últimos cuarenta años una sociedad admirable en la que nadie tenía que ser pobre, y todos ganaban un pedazo del pastel del bienestar social. Pomperipossa se sentía feliz por haber podido aportar su parte en la preparación de la torta —escribió Lindgren.

La alegre Pomperipossa descubrió entonces que ese año tendría que pagar un impuesto equivalente al 102% de sus ingresos. Y comenzó a imaginar distintas salidas para el disparate.

—Si busco a los gobernantes sabios y llamo a su puerta, puede que tengan compasión y me den un tazón de sopa de vez en cuando —decía la autora imaginaria, desgranando una secuencia de ironías constitutivas del relato tragicómico.

La saga de Pomperipossa se convirtió en tema de debate en el Parlamento, y produjo un shock en el gobierno. El ministro de Finanzas, que en un primer momento había refutado los argumentos de la autora, finalmente admitió que Astrid Lindgren había señalado un error que debía ser corregido. Las normas tributarias se modificaron. Sin embargo, la discusión provocada por Pomperipossa fue, a los ojos de algunos, uno de los factores que llevaron a la derrota de los socialdemócratas en las elecciones de ese año.

La autora, sin embargo, se mantuvo fiel al partido durante toda su vida. Astrid Lindgren murió en su casa en la calle Dalagatan, en Estocolmo, en enero de 2002. El funeral se celebró el 8 de marzo, Día Internacional de la Mujer.

LA CARTILLA DE LA TRANSPARENCIA

Por las reglas de la transparencia, cada autoridad pública debe mantener un registro de documentos oficiales, y estar preparada para atender a las solicitudes de información de los ciudadanos suecos. La cartilla del Ministerio de Justicia da una lección de transparencia para principiantes:

"En el diario, hay un informe sobre una decisión tomada por el Ayuntamiento local. La señora Andersson quiere saber más sobre ese asunto e irá a buscar a las autoridades. En una sala especial equipada con computadoras, hace una búsqueda en la lista de todos los documentos oficiales. La lista contiene una breve descripción del contenido de cada documento.

La señora Andersson encuentra el documento que desea leer. Sin pedirle que se identifique, el empleado municipal examina su solicitud, busca el documento en los archivos y se lo entrega. Después de leer el documento, que tiene cuatro páginas, la señora Andersson pide y recibe, de forma gratuita, una copia del material.

Si el empleado hubiera llegado a la conclusión de que parte de la información contenida en el documento solicitado era secreta, de acuerdo con la Ley de Sigilo, entonces habría consultado a un superior. Si se hubiera confirmado su conclusión, la señora Andersson también podría recibir una copia del documento, pero con los pasajes sigilosos eliminados.

Si se considerara secreta toda la información contenida en el documento, el acceso le sería negado. El empleado luego le preguntaría a la señora Andersson si le gustaría obtener una confirmación por escrito de que su solicitud había sido rechazada. Con esta confirmación, la señora Andersson podría apelar la decisión en un tribunal administrativo."

En otro ejemplo de la cartilla, un periodista, llamado Sr. Lindberg, está interesado en obtener detalles sobre una reciente decisión del Ministerio de Justicia.

"En la sede del Ministerio, recibe una copia de la decisión oficial. Lindberg también pide y recibe copias de los documentos relacionados con el tema, enviados al Ministerio por la Policía Nacional.

El periodista, entonces, pide ver las notas personales hechas por el Ministro de Justicia durante la reunión de gobierno que precedió a la toma de decisiones. El empleado le informa que no puede tener acceso a las notas personales, ya que no son un documento oficial.

Lindberg no está satisfecho y decide apelar de la decisión en el Ministerio de Justicia. Pero, al final, su solicitud fue rechazada".

Cuando una autoridad niega el acceso a un documento solicitado por un ciudadano, como en el caso de Lindberg, tiene derecho a apelar la decisión en un tribunal de apelación y, en última instancia, también en el Tribunal Superior Administrativo de Suecia. Las quejas también se pueden presentar a los guardianes de la ley de transparencia: el ombudsman del Parlamento y el del Gobierno.

LOS PERROS GUARDIANES DEL SISTEMA

En 1809, los suecos consultaron sus neuronas con una excitación inusual: era urgente inventar alguna manera de proteger al pueblo de la arrogancia autoritaria del poder. De esa ebullición mental salió una solución original, y el mundo ganó una nueva palabra: *ombudsman,* o representante del ciudadano. La figura del Defensor del Pueblo, este peculiar invento sueco, trataba de hacer frente a la impotencia del individuo frente a los abusos, los secretos de las autoridades y las excelencias del reino.

La idea surgió después del régimen del rey Gustavo III, que tendría un final dramático: el monarca dejó la escena en 1792 con una bala en la espalda, disparada por un noble descontento durante un baile de máscaras en la Ópera de Estocolmo, que el mismo rey había fundado. En la nueva Constitución, aprobada en 1809, entraba en vigor el *ombudsman* del Parlamento, como un árbitro independiente del rey, con autoridad para supervisar los actos del gobierno y de las autoridades.

Según la ley, el *ombudsman* debía ser una persona "notable por conocer las leyes y por su integridad ejemplar". Su misión era, a partir de entonces, salvaguardar los derechos de los ciudadanos ante el exceso de poder: escuchar las quejas y clamores de la gente, supervisar la aplicación de la ley por jueces y funcionarios públicos, y realizar inspecciones continuas en los organismos públicos. El primer *om-*

budsman del Parlamento fue nombrado en 1810, y los mismos principios básicos se aplican hasta hoy.

El traje real de Gustav III, perforado por la bala, sería expuesto más adelante en el Museo del Palacio Real de Estocolmo, donde permanece colgado como una reminiscencia de la época.

Más de 200 años después de su creación, la institución del *ombudsman* sigue siendo un elemento central del aparato sueco de protección ciudadana contra el gobierno, como un vínculo independiente entre el pueblo y el poder. Los ojos y los oídos de la estructura de las autoridades y tribunales de vigilancia son el *ombudsman* del Parlamento (*Justitieombudsman,* o simplemente JO) y el Procurador General de Justicia (*Justitiekansler* o JK), que debe decidir en nombre del Estado los casos que implican demandas con indemnización.

Cualquier ciudadano puede presentar una queja o reclamo en contra de una autoridad, incluyendo a niños e, incluso, a los presos que cumplen condena, según enfatiza el libro oficial producido por la oficina del *ombudsman* del Parlamento. El tamaño de la insatisfacción no importa. Un caso emblemático es el de un padre que envió una queja al JO contra una escuela después de que un maestro le sacara el bolígrafo *láser* a su hijo para mantener el orden en el aula. El problema es que el maestro se olvidó de devolverle al estudiante el bolígrafo, que quedó guardado en la oficina de la escuela sin identificación. El *ombudsman* entró en acción, y la escuela se vio obligada a devolver el bolígrafo, no al estudiante, sino directamente a la policía.

"Todos los ciudadanos tienen derecho a ser tratados por las autoridades de forma correcta e imparcial", afirma la literatura del Parlamento.

El invento sueco se extendió a otras democracias. La figura del *ombudsman* existe actualmente en todos los continentes, en unos 140 países. En Suecia, la institución creció y ganó nuevas áreas de actuación en nombre del ciudadano: en la actualidad existe también el *ombudsman* del Niño, que protege los derechos e intereses de los niños; de la Prensa, que se ocupa de la ética en los medios de comunicación; de la Igualdad, de la Discriminación, del Consumidor, de los Deficientes Físicos.

Los perros guardianes de la ley de transparencia son el *ombudsman* de la Justicia (JO), que se remonta al Parlamento; y el Procurador General de Justicia (JK), que actúa como *ombudsman* del gobierno. La decisión de cualquier autoridad estatal de negarse a fornecer información oficial puede ser investigada por estas dos instituciones, integradas por abogados independientes que actúan sobre la base de las denuncias de los ciudadanos o por iniciativa propia.

Juntos, vigilan el cumplimiento de la ley de transparencia y trabajan para mantener los actos del poder a la vista de todos.

UNA CONVERSACIÓN CON EL OMBUDSMAN DEL PARLAMENTO

"Hay que estar en guardia. Pues la falta de transparencia crea un Estado corrupto, y un Estado corrupto es una amenaza para la democracia." —Elisabet Fura

Sigo por la avenida central de Hamngatan en la compañía accidental de un grupo inusual de Hare Krishna suecos, que tocan sus instrumentos con guantes de lana y saltan por la calle con botas, gorras, bufandas y ropa pesada. El camino a la oficina del *ombudsman* del Parlamento guarda más sorpresas. A la altura del parque de Kungsträdgården ("Jardín del Rey" en sueco), una gran marcha de cochecitos bloquea momentáneamente el paso.

"No más muertes de las mujeres durante el parto", decía uno de los carteles. "Por el derecho de las mujeres sobre su propio cuerpo", estampaba el cartel pegado en el cochecito empujado por uno de los manifestantes. Incrédula, paro a un manifestante y le pregunto:

—Pero, ¿existe este tipo de problemas en Suecia?

—No, no —responde el hombre, tan sorprendido por mi pregunta como yo lo estaba con el cartel que él llevaba. —Estamos aquí por solidaridad con las mujeres de países donde todavía ocurren estos problemas inaceptables.

Siempre ella, la solidaridad sueca. Abro mi camino entre los bebés y llego a la calle Västra Trädgårdsgatan, la dirección del *ombudsman*. Buscando el número del edificio, encuentro el curioso panel de entrada de la Embajada de Finlandia. Al lado de uno de los botones del portero eléctrico, se pude leer "Embajada". Abajo, un segundo botón indica el acceso a una de las instituciones finlandesas más sagradas: "Sauna". En teoría, uno puede ponerse en contacto con el embajador directamente allí, con su rama de eucalipto en la mano.

Frente al sauna del embajador, del otro lado de la calle, el *ombudsman* del Parlamento (JO) trabaja frente a un equipo de sesenta y cinco personas. La abogada Elisabet Fura dirige la oficina integrada por otros tres defensores del pueblo, y es la jefa responsable de la institución. La ex presidenta de la Asociación de Abogados de Suecia, Fura, fue anteriormente presidenta de la Corte Europea de Derechos Humanos en Estrasburgo, Francia.

En la función de *ombudsman,* Elisabet Fura supervisa regularmente a las autoridades públicas, a los municipios, a la policía y a los tribunales del país; también controla las reglas de la ley de transparencia. Cada otoño, el JO presenta al Parlamento su informe anual, al que también se

La ombudsman *Elisabet Fura supervisa y es supervisada.*

puede acceder a través de internet, en la página oficial del *ombudsman*.

Entre 2011 y 2012, el *ombudsman* recibió 326 quejas relacionadas con la obstrucción del acceso a documentos oficiales y a la libertad de expresión, de los cuales una centena dio lugar a condenas públicas. En 2013, una de las principales críticas del JO fue dirigida a la ministra sueca de Industria, Annie Lööf, por la demora de su ministerio en liberar información solicitada por un periodista.

El caso terminó en el Comité de Constitución del Parlamento (KU), el organismo que supervisa las acciones de los funcionarios del gobierno. Todos los diputados tienen derecho a denunciar a un ministro al Comité, compuesto por políticos de distintos partidos representados en el Parlamento. Ante los miembros del KU, Annie Lööf recibió una reprimenda del comité, y pidió disculpas públicamente.

La investigación sobre Annie Lööf es uno de los cientos de archivos que rodean la oficina de la *ombudsman* del Parlamento, donde me recibe.

¿Qué le diría usted a países que empiezam a implementar un sistema de transparencia?

Elisabet Fura: Vigilar al poder es una condición previa a la democracia. Toda persona que ejerce el poder tiene que ser controlada y rendir cuentas por sus acciones. Y sin transparencia, no se puede hacer el escrutinio del poder. Pero no basta con tener leyes. Es necesario inspirar un cambio en la mentalidad de los servidores públicos y los ciudadanos, para que se pueda construir una sociedad abierta y democrática. No es algo que se pueda hacer de la noche a la mañana, sino que se hace de forma gradual. Los países de la UE también vienen promoviendo cambios en la dirección correcta, en términos de una mayor transparencia de los actos de poder. Pero el cambio de actitud de la gente lleva tiempo, porque es difícil transformar una cultura. En Francia, por ejemplo, la actitud instintiva de un burócrata es decir "no, no se puede ver este documento, usted no tiene este derecho". Ya la actitud sueca es "sí, puede ver este documento, pero tengo que comprobar si hay alguna información aquí que haya que proteger". También es importante promover la confianza en las instituciones.

¿Cuál es el papel del *ombudsman* del Parlamento en este proceso?

Elisabet Fura: Se puede decir que el *ombudsman* del Parlamento ejerce una extraordinaria supervisión de las autoridades públicas en Suecia, ya que son los tribunales de justicia los que supervisan el sistema regularmente. Claro que en cualquier área de actividad se comenten errores. Pero el *ombudsman* del Parlamento no es una institución destinada a descubrir y castigar los errores. Nuestra tarea principal es identificar las fallas sistémicas y mejorar el desempeño de las autoridades y organismos públicos que realizan servicios para los ciudadanos. Estamos aquí para ver si las autoridades y los organismos públicos deben mejorar su desempeño y cómo pueden ser mejores.

¿Cómo funciona esto en la práctica?

Elisabet Fura: Si leo constantemente en los diarios que la policía no está respetando los derechos de los homosexuales, por ejemplo, es mi trabajo investigar y encontrar la causa del problema: podría ser una falla en la legislación, o una falla en la aplicación de la ley, o también puede ser que nuestros policías no estén lo suficientemente educados para tratar cuestiones de derechos humanos. Nuestra misión sería entonces, en este caso, ayudar a las autoridades a mejorar el desempeño de sus funciones, y asegurarnos de que los funcionarios sigan la ley. Es nuestra responsabilidad garantizar que las autoridades públicas traten a todos los ciudadanos con imparcialidad y objetividad, y que respeten la ley de acceso a los documentos oficiales.

¿Cuáles son las trampas que se deben evitar en la aplicación de la ley de transparencia?

Elisabet Fura: En todo el mundo, incluso en algunas democracias desarrolladas, los gobiernos tienden a decir que la transparencia es importante, pero que "en este momento particular tenemos que cerrar los ojos por un momento, pues las decisiones que vamos a tomar son muy serias e importantes y por eso no podemos ser tan transparentes como nos gustaría". Eso ocurre, por ejemplo, en tiempos de crisis económica, como ahora. Pero esa posición es totalmente errónea. Porque si no se pueden controlar las decisiones del poder, se pierde confianza en el gobierno. Y cuando el gobierno anuncia decisiones económicas difíciles, porque no hay suficiente dinero para todo lo bueno que hay que hacer, los ciudadanos no respetan esas decisiones, ya que no entienden cómo fueron tomadas. Adoptar la postura de que la transparencia solo es buena cuando las cosas van bien, y el sol está brillando, no es aconsejable. Pues les da a los gobernantes nada más que una falsa sensación de seguridad.

Las decisiones del ombudsman del Parlamento no tienen fuerza legal y, por lo tanto, una autoridad pública no tiene la obligación formal de cumplir con sus disposiciones. ¿Cuál es el impacto real de su trabajo?

Elisabet Fura: En este punto, hay dos aspectos importantes. En primer lugar, el papel de los medios de comunicación es muy importante, por eso nos esforzamos por mantener un alto nivel de atención a los periodistas. Tienen acceso inmediato a todo aquí, y tan pronto como alguien registra una queja, ellos pueden seguir nuestros diarios y registros, y realmente los siguen. También les mostramos a los periodistas los correos electrónicos que enviamos y recibimos.

¿Los periodistas tienen acceso a los correos electrónicos que usted intercambia con ministros y funcionarios públicos?

Elisabet Fura: Sí, tienen acceso a básicamente todo, a excepción de algunos puntos definidos específicamente en la ley de sigilo. Por lo tanto, los medios de comunicación desempeñan una tarea importante para el impacto de las decisiones adoptadas por la oficina del *ombudsman* del Parlamento. En segundo lugar, está el poder de persuasión contenido en estas decisiones. Siempre buscamos mantener un alto nivel de calidad en nuestras investigaciones, para tomar decisiones bien fundamentadas. Así que cuando completamos una investigación y decidimos criticar a una autoridad en particular, esa autoridad aceptará las críticas y realizará cambios y correcciones de rumbo.

¿La autoridad pública acepta, de hecho, sus decisiones aun sin estar obligada legalmente a hacerlo?

Elisabet Fura: Sí, sí. Es una cuestión cultural. Las autoridades públicas suelen utilizar los informes producidos por el JO (*ombudsman* del Parlamento) para mejorar sus normas y procedimientos internos. La institución del *ombudsman* tiene más de 200 años en este país, y las autoridades toman en serio el funcionamiento de nuestra democracia. Eso es lo que ha ocurrido recientemente con las críticas hechas por nosotros al Ministerio de Industria. Descubrimos que los funcionarios del ministerio no estaban respetando la Constitución, pues un periodista esperó durante varias semanas cierta información, y no lo atendieron con imparcialidad. La ministra y el propio primer ministro tuvieron que dar explicaciones ante la Comisión de Constitución del Parlamento (KU).

Muchos de sus recientes informes criticaron a distintas autoridades por no cumplir con las leyes de acceso a los documentos oficiales, como el Ministerio de Asuntos Exteriores. ¿El sistema sueco es cada vez menos transparente?

Elisabet Fura: Sí, hay razones para hacer esta crítica. Pero se puede revertir este argumento y decir que, en vista del gran número de decisiones que toman todos los días los funcionarios del gobierno, los municipios y los órganos de gobierno, tal vez nuestro sistema no esté tan mal. Sin dudas, lo mejor sería, sin embargo, llegar a un punto ideal en el que mis colegas y yo en la oficina del *ombudsman* del Parlamento no tuviéramos nada para hacer.

¿Cómo es posible acercarse a ese punto ideal?

Elisabet Fura: Hay que estar en guardia. Pues la falta de transparencia crea un Estado corrupto, y un Estado corrupto es una amenaza para la democracia. Cuando se construyó el tren expreso que une el aeropuerto internacional con el centro de Estocolmo, por ejemplo, la policía creó una unidad especial anticorrupción para el proyecto.

Siempre que se hace un gran proyecto de infraestructura en Suecia, la policía crea una unidad anticorrupción específicamente para supervisar el proyecto de construcción. Porque sabemos que hay una gran cantidad de dinero en juego, un gran número de proveedores, contratistas y funcionarios públicos involucrados, y por lo tanto grandes oportunidades para cometer actos de corrupción.

Varios países adoptaron el modelo

del *ombudsman* sueco. ¿Cuál es la principal lección de la experiencia sueca?

Elisabet Fura: Un aspecto importante es que el ombudsman es elegido por unanimidad por los 349 diputados del Parlamento. Los diputados realizan sus evaluaciones y votan a un único candidato que por regla general es un abogado, y que solo se elige si el voto es unánime. Eso es importante porque le da legitimidad al *ombudsman*. Para dar un ejemplo, recientemente recibí la visita del *ombudsman* de la ciudad de San Petersburgo, Rusia, que enfrenta enormes problemas en cuanto a su legitimidad. También es elegido por el Parlamento, pero no por unanimidad, y anteriormente era diputado. Así que puedo comprender el origen del problema de legitimidad en este caso: personas con diferentes posiciones políticas no van a confiar en un *ombudsman* que era político, y que

solo tiene un mandato parcial del Parlamento para ejercer la función. Recibimos aquí en Suecia un flujo constante de visitantes con problemas como este. Recientemente, tuvimos la visita de varias delegaciones de China, Sudáfrica y Turquía, que acaba de elegir a su primer *ombudsman*. Todos han enfrentado dificultades de todo tipo, y vienen aquí para aprender cómo enfrentamos nuestros problemas. La cuestión de la legitimidad del *ombudsman* es, en mi opinión, un punto esencial. También es importante que la institución tenga una financiación adecuada. Porque si el *ombudsman* tiene a su disposición una hermosa ley, pero no tiene las herramientas para aplicarla, no será capaz de tomar decisiones correctas y bien fundamentadas.

¿Cuál es su presupuesto?
Elisabet Fura: Nuestro presupuesto es de poco más

de 80 millones de coronas al año (unos 12 millones de dólares). Nos corresponde supervisar todo lo que se financia con dinero de los contribuyentes, como las 250 agencias gubernamentales y todos los municipios. También es mi responsabilidad supervisar a la policía y al sistema penitenciario. En las cárceles, recibimos alrededor de mil quejas al año de los detenidos sobre la forma en que son tratados, o acerca de las limitaciones que tienen para llamar a sus familias. El sistema penitenciario también tiene un servicio de atención con personal capacitado legalmente para enfrentar problemas como estos. Y cuando recibimos una queja y decidimos hacer una investigación más a fondo sobre el caso, enviamos un informe a las autoridades de la prisión y exigimos una respuesta.

En casos de violación a la ley de transparencia, las quejas también pueden ser dirigidas al Defensor del Pueblo, el *ombudsman* del Parlamento. ¿Las dos instituciones trabajan en paralelo?

Elisabet Fura: Tratamos de evitar investigar el mismo caso. Podemos, pero lo evitamos. En primer lugar, porque no sería un buen uso del dinero de los contribuyentes. Y también porque no sería bueno llegar a dos conclusiones diferentes sobre el mismo tema.

¿Quién investiga al *ombudsman*?

Elisabet Fura: Los periodistas vienen a mi oficina y revisan mis propias cuentas. Y todos los otros abogados que trabajan aquí conmigo estamos muy conscientes de ello. También estamos sujetos a auditorías internas y externas. Y también somos supervisados por el Servicio Nacional de Auditoría (*Riksrevisionen*).

LA VIGILANCIA DE LAS AUTORIDADES Y LOS ORGANISMOS GUBERNAMENTALES

En una llamada rápida a la sede de las Fuerzas Armadas de Suecia, pido la rendición de cuentas personales del Comandante Supremo sueco, Sverker Göranson. Es un derecho mío y de todos en Suecia, garantizado por la ley de transparencia. La empleada me confirma que no hace falta que me identifique.

—Cualquier ciudadano o periodista puede ponerse en contacto con nuestra oficina para solicitar anónimamente documentos, correspondencia o registros recibidos y enviados por las Fuerzas Armadas. Es parte de la ley de transparencia sueca —dice la empleada de las Fuerzas Armadas.

—Depende del pedido, el procesamiento de información puede tardar algunos días, ya que en algunos casos es necesario asegurar que no se filtrará información sensible —añade.

Pido que el informe de gastos del Comandante Supremo sueco sea enviado a través del correo, y tres días después recibo la documentación. El informe enumera los gastos del comandante en viajes nacionales y extranjeros, además de los gastos de representación. La documentación incluye la rendición de cuentas de una cena ofrecida por el comandante a empleados de defensa extranjeros por el valor de 19.268 coronas (unos 2.900 dólares). La factura incluye los costos del menú de tres platos para veinte invitados, a 414 coronas (unos 63 dólares) por persona, y la comida ofrecida a los guardias de seguridad y conductores a servicio de las autoridades, a 115 coronas por cabeza (alrededor de 17 dólares). La factura también especifica los gastos en decoración de las mesas, los tres tipos de vinos servidos (a 150 coronas por persona, o unos 23 dólares) y los costos con cocineros y camareros.

Los suecos no quieren cajas negras en los pasillos del poder: las cuentas de cualquier autoridad sueca deben estar abiertas al escrutinio popular.

En internet, las páginas oficiales de distintos órganos del aparato estatal traen informes detallados de gastos y actividades realizadas con el dinero de los altos impuestos pagados por los ciudadanos. El sitio de las Fuerzas Armadas muestra la relación entre los gastos y la descripción detallada de todas las operaciones llevadas a cabo cada año. Lo que fue y está siendo hecho con el dinero del contribuyente.

Una tabla contiene los nombres y salarios de los funcionarios: también están ahí los sueldos del Comandante Supremo de las Fuerzas Armadas. El sitio oficial también incluye los informes anuales de los servicios de inteligencia militar de Suecia (*Militära underrättelse- och säkerhetstjänsten*, MUST).

El uso de dinero de los impuestos es controlado por un grupo de auditores independientes. Ellos actúan como una especie de faro para los contribuyentes, en los mares agitados de balances producidos por cada autoridad pública: sus veredictos sobre el desempeño de cada organismo también se publican regularmente en internet.

Estos auditores independientes del llamado Servicio Nacional de Auditorías (*Riksrevisionen*) tienen poderes para supervisar las finanzas y las operaciones de la totalidad de la estructura del poder sueco: el Gobierno, el Parlamento y las autoridades públicas, incluso la policía y las Fuerzas Armadas. Su misión es supervisar si se usa el dinero de los contribuyentes de forma correcta.

—Si se encuentra alguna irregularidad, como una gran cantidad de dinero transferida a la dirección equivocada, los auditores denuncian la autoridad a la policía —dice Pernilla Eldblom, directora de comunicaciones del Servicio Nacional de Auditoría.

La misión del *Riksrevisionen* es también fiscalizar si se implementan las leyes y directrices decididas por el Parlamento, correctamente y de manera eficiente, tanto por el gobierno como por la autoridad pública.

Para ello, no solo se producen informes financieros sobre las autoridades públicas— también se hacen informes sobre su eficiencia.

—La primera pregunta que los auditores hacen es: "¿Esta autoridad está cumpliendo y aplicando las decisiones adoptadas por el Parlamento?". En otras palabras, el *Riksrevisionen* verifica si el gobierno y los poderes públicos están haciendo su trabajo. Si hay fallas, los auditores presentan recomendaciones para aumentar la eficiencia de las autoridades —dice Pernilla Eldblom.

Los informes se presentan al Parlamento, y este, a su vez, envía los documentos al gobierno, que está obligado a revisar los resultados. Si el informe recomienda corregir el rumbo, las autoridades tienen un plazo de cuatro meses para informar qué medidas se tomaron o se están tomando para aumentar la eficiencia de sus operaciones. La comisión parlamentaria responsable revisa entonces las medidas informadas y el Parlamento toma una decisión sobre cada caso.

El *Riksrevisionen* también supervisa las empresas en las que el Estado tiene participación de al menos el 50%.

Y el mismo *Riksrevisionen* es, a su vez, supervisado por empresas internacionales de auditoría privada: la auditoría interna del órgano sueco se lleva a cabo por Price Water-house Coopers, y la auditoría financiera se realiza por BDO, una de las compañías más grandes del mundo en el sector.

—La idea es asegurar la total confianza de la sociedad en las autoridades públicas —dice el Auditor General del Servicio Nacional de Auditoría sueco, Claes Norgren.

Pero el reportero sueco Fredrik Laurin mantiene el grado de desconfianza en alerta roja.

Para el periodista Laurin, el Gobierno sueco
no es transparente cuando no quiere.

UNA CONVERSACIÓN CON EL PERIODISTA DE INVESTIGACIÓN FREDRIK LAURIN

"El Gobierno de Suecia no es transparente cuando no quiere. De ninguna manera" —Fredrik Laurin

Fredrik Laurin tiene una mirada seria, curiosa, casi feroz. Sabe que vive en una de las sociedades más transparentes del mundo. Pero el discurso vehemente, marcado por una incidental coreografía de gestos de cólera, deja claro su horror patológico a los intentos furtivos de ciertos sectores del sistema sueco de aumentar la amplitud del velo de secreto sobre sus acciones.

Laurin es uno de los periodistas de investigación más respetados de Suecia. Colecciona premios en la categoría y fue dos veces ganador del *Stora Journalistpriset*, el premio más importante del periodismo sueco. Entre varios escándalos que investigó con su equipo, Fredrik Laurin expuso en TV el desempeño del gobierno y los servicios secretos suecos en la entrega de dos egipcios sospechosos de conexiones con el terrorismo, y que en 2001 fueron capturados en secreto por agentes estadounidenses de la CIA en suelo sueco.

Desde 2006, Laurin trabaja como periodista independiente para el prestigioso programa de investigación *Uppdrag granskning*, de la TV pública *SVT*.

Mi primer contacto con Laurin es tenso. Arreglamos el encuentro en un café discreto de la bulliciosa isla de Södermalm. Después de un rápido saludo formal, pide mi identidad: su investigación actual, explica un poco consternado pero firme, requiere precaución. Le muestro mi carné de prensa, y entonces otro Laurin, amistoso y relajado, se sienta frente a mí. Sus ojos vigilantes ya habían notado la presencia de un paquete cerrado en la bolsa abierta a mi lado, y me pide un cigarrillo.

Después de una hora de conversación, Laurin se despide y sigue por la calle en busca del próximo escándalo.

¿La ley de la transparencia sueca merece la fama que tiene?

Fredrik Laurin: Es una ley muy importante para la democracia, y es uno de los pilares del sistema sueco. En la letra de la ley, la transparencia total es la regla.

¿Realmente es, como afirman algunos, el sistema más abierto del mundo?

Fredrik Laurin: Ahora entramos en las entrelíneas. Pues, en teoría, es uno de los mejores sistemas de transparencia del mundo. La ley establece que toda la información oficial debe ser abierta, con excepción de los puntos determinados por la ley del sigilo, como los registros médicos de una persona. El problema es que algunas autoridades del gobierno se han vuelto creati-

vas en términos de clasificar su información como sigilosa.

¿Por ejemplo?

Fredrik Laurin: Un ejemplo es el *Skatteverket* (Autoridad Fiscal sueca). La agencia creó un sistema por el cual la información fiscal está sujeta a una ley especial, la ley del sigilo fiscal. Y esa ley se ha convertido en un estatuto separado. Ella determina que el espejo de la declaración de ganancias de una persona es una información pública, así como el nombre, dirección y número de seguridad social de esa persona. Pero cualquier otro detalle es confidencial. Así que usted puede preguntar cuál es el número de calzado del director de la Autoridad Fiscal, y van a decirle "lo siento, pero eso es sigiloso". Mientras que en cualquier otra autoridad sueca, el principio es responder: "Vamos a tratar de averiguar el número de calzado del director y verificar si hay restricciones en el acceso a esta información. No, no hay restricciones, aquí está el número de calzado". Por lo tanto, el principio básico de la ley sueca es muy importante —el principio de que toda información debe ser abierta—. Sin embargo, varias autoridades se convirtieron en más sigilosas.

El Ministerio de Asuntos Exteriores de Suecia también fue blanco de recientes críticas del ombudsman por fallas en el registro de información oficial.

Fredrik Laurin: Sí. El ministerio había ignorado descaradamente el principio de acceso público a la información oficial.

¿Cómo compararía el sistema sueco de transparencia con los sistemas de otros países?

Fredrik Laurin: Si se compara el sistema sueco con el de la Unión Europea en general, Suecia es mucho más transparente. He trabajado en otros países de la UE, y me parece ridículo que en estos países sea casi imposible conseguir cualquier información, incluso las más triviales. En Gran Bretaña, en los últimos años, los británicos finalmente llegaron a la conclusión de que era necesario modernizar el país, y adoptaron ciertos principios constitucionales de transparencia similares a los de Suecia. Ahora bien, si se compara el sistema sueco con el de Estados Unidos, es necesario pensar dos veces. Pues en algunos casos, la transparencia de las autoridades de los Estados Unidos es mayor que en Suecia.

¿En qué tipo de casos?

Fredrik Laurin: Cuando investigué con mis colegas el caso de dos egipcios que habían sido entregados por las autoridades suecas a los agentes estadounidenses de la CIA, la Agencia Sueca de Transporte bloqueó la información sobre el avión en el que fueron retirados de Estocolmo de todas las formas posibles. El horario de vuelos, el aeropuerto, los aviones: ninguna información de ese tipo es abierta en Suecia. Incluso, ni siquiera se puede acceder al nombre de las personas que trabajan en el aeropuerto. Tuvimos que ir al aeropuerto de Bromma (en la capital sueca) y tomar nota de las matrículas de los vehículos estacionados en la zona reservada a los funcionarios para averiguar quién trabajaba allí y así entrar en contacto con ellos.

¿Fue posible, al menos, utilizar la ley de transparencia sueca con el fin de identificar a las personas por medio de los números de matrícula de los vehículos?

Fredrik Laurin: Sí, es verdad. Para eso la ley de la transparencia sueca sirvió en este caso. En los Estados Unidos, nos pusimos en contacto con las autoridades de aviación y solicitamos toda la información disponible sobre el avión que estábamos investigando. Tuve que enviarles un cheque de cinco dólares, y el costo para transferir el dinero fue diez veces mayor. Pero, a cambio recibí un CD con los archivos completos sobre el avión. En mi opinión, en zonas en las cuales la transparencia es realmente importante, como el sector empresarial y la actuación de lobistas, los Estados Unidos son mucho más

abiertos. En Suecia, no hay ni siquiera una ley que regule las actividades de grupos de interés en el Parlamento.

¿Puede citar un caso en que la ley de transparencia fue crucial para el desarrollo de sus investigaciones?

Fredrik Laurin: Hace varios años hice una investigación sobre los jueces de la Suprema Corte, y utilicé ampliamente el principio de la transparencia. Entré en contacto con las autoridades judiciales, y desde allí me dieron toda la información posible acerca de los jueces —cuánto ganaban, qué tipo de propiedad tenían, qué tipo de coche manejaban—. ¿Cuál era, en definitiva, la situación económica de esos hombres y mujeres. Descubrí que algunos de ellos tenían ingresos de actividades paralelas, algo que no es ilegal, pero no estaba regulado. El resultado fue que se cambiaron las reglas, de manera que todos los jueces están hoy obligados a declarar sus actividades paralelas.

¿El poder judicial sueco está realmente limpio de corrupción?

Fredrik Laurin: En mi opinión, se trata de un sistema limpio. En general, los jueces suecos son muy honestos.

¿Los tribunales suecos son realmente transparentes?

Fredrik Laurin: Sí, con algunas excepciones. Por ejemplo, se utiliza la ley de sigilo para proteger a la identidad de las víctimas de delitos sexuales, y la información sobre este tipo de caso se clasifica como confidencial.

En el gobierno, ¿es en verdad posible tener acceso frecuente a los correos electrónicos del primer ministro, por ejemplo?

Fredrik Laurin: Sí. El principio es que todos los correos electrónicos son públicos, salvo si contienen información que deba ser protegida en los términos de la ley de sigilo. Pero la regla principal determina que una decisión formal siempre debe ser abierta y transparente. Los documentos enviados a una autoridad también deben ser siempre accesibles al público, a excepción de las restricciones previstas en la ley de sigilo. Pero la respuesta es que sí, los correos electrónicos y la correspondencia mandados al primer ministro son documentos enviados a la autoridad del gobierno y, por lo tanto, son documentos abiertos al público.

¿Cómo evalúa, en general, la aplicación en la práctica de la ley de transparencia sueca?

Fredrik Laurin: Al principio de mi carrera periodística, en la década de 1980, el sistema de transparencia funcionaba mucho mejor. Todo era más abierto. Hoy en día, noto que cada vez más tengo que convertirme en una especie de periodista inglés: competente para cultivar buenas fuentes, en lugar de competente para saber dónde obtener la información oficial. El gobierno sueco se está moviendo cada vez más hacia un mayor sigilo, y no es transparente cuando no quiere. De ninguna manera.

CLAUDIA WALLIN

FINANCIACIÓN DE LOS PARTIDOS POLÍTICOS

La principal fuente de financiación de los partidos políticos en Suecia proviene del Estado, con recursos estimados en unos 70% a 80% del total recaudado por los partidos. En la página oficial del Partido Moderado, el más grande de la alianza oficialista, el último informe de los auditores de la multinacional Ernst & Young sobre las cuentas anuales del partido señalan: de un total de 163,75 millones de coronas recaudados en 2012 por el partido (alrededor de 24 millones de dólares), 121,86 millones de coronas (unos 18,3 millones de dólares) corresponden a la financiación pública recibida del gobierno. En otras palabras, la financiación pública representó el 74% del valor total recaudado por el partido.

Entre los partidos más pequeños, la historia es similar: de acuerdo con el informe anual de auditoría sobre las cuentas del Partido de Izquierda (*Vänsterpartiet,* excomunista), disponible en la página oficial de la agrupación, el partido recaudó un total de 34,8 millones de coronas en 2012, de los cuales 30 millones (el 88%) procedían de la financiación pública para el partido.

La financiación pública de los partidos políticos suecos suma 438 millones de coronas al año, lo que equivale a aproximadamente 63,3 millones de dólares. Actualmente cada partido recibe una cantidad anual de 333.300 coronas (unos 50.400 dólares) por escaño que ocupa en el Parlamento.

Los partidos que no están representados en el Parlamento también reciben contribuciones del gobierno, siempre que hayan obtenido al menos el 2,5% de los votos en todo el país en una de las dos elecciones anteriores.

El dinero de la financiación pública cubre, además, los gastos partidarios con administración. Cada uno de los ocho partidos políticos representados en el Parlamento recibirá una contribución básica de 5,8 millones (unos 877.000 dólares). Hay también una contribución adicional: para los partidos del gobierno, el valor del suplemento es de 16.350 coronas (unos 2.400 dólares) por asiento en el Parlamento. Para los otros partidos, la contribución adicional es de 24.300 coronas (unos 3.600 dólares).

Para recibir la financiación del gobierno, todos los partidos deben producir un informe financiero anual, que está necesariamente sujeto al escrutinio de una empresa de auditoría autorizada. Al igual que con el Partido Moderado, los informes auditados de todos los partidos están disponibles en la página oficial de cada partido político sueco en internet.

Moderata Samlingspartiet
Org nr 802001-5452

Resultaträkning

	Not	2012-01-01 -2012-12-31	2011-01-01 - 2011-12-31
Intäkter			
Medlemsavgifter		5 707	5 516
Statligt partistöd		121 865	119 452
Ersättning från länsförbund		16 659	16 716
Hyresintäkter		4 929	5 375
Övriga intäkter	2	14 590	18 090
		163 750	165 149
Kostnader			
Övriga externa kostnader	3, 4	-49 279	-49 778
Personalkostnader	5, 6, 7	-110 797	-100 787
Avskrivningar	8, 9	-1 392	-1 097
		-161 468	-151 662
Verksamhetsresultat		*2 282*	*13 487*
Finansiella intäkter och kostnader			
Återförd nedskrivning aktier i dotterbolag		0	300
Resultat från långfristiga värdepappersinnehav	10	464	-411
Ränteintäkter		1 668	1 504
		2 132	1 393
Resultat efter finansiella poster		*4 414*	*14 880*
Återbetalning aktieägartillskott		0	1 300
Årets resultat		*4 414*	*16 180*

Un informe del Partido Moderado muestra que el 74% de sus donaciones provienen de fuentes públicas.

Las otras fuentes de financiación de los partidos políticos suecos proceden de donaciones privadas, contribuciones de los miembros y loterías organizadas por las agrupaciones.

Hasta 1965, una de las principales fuentes de recursos de los partidos eran las contribuciones de los miembros. Cuando se introdujo la financiación pública, al año siguiente, el presupuesto del gobierno pasó a representar la mitad de los recursos de los partidos. De acuerdo con las estimaciones del *think tank* sueco Timbro, en 2010, las donaciones de personas privadas representaron entre cero y el 4,3% de la recaudación de fondos para la financiación de los partidos.

En 1980, los partidos representados en el Parlamento llegaron a una especie de acuerdo voluntario para abrir sus cuentas electorales entre sí, pero no al público.

Bajo la nueva ley que está en trámite en el Parlamento, será obligatorio que los partidos políticos declaren públicamente sus fuentes de financiación, además de detallar cómo se financian las campañas electorales de cada candidato. Se indicarán todas las donaciones privadas con un valor de más de 22.250 coronas (alrededor de 3.300 dólares). La ley también prevé la publicación, en internet, de los nombres de los donantes.

El objetivo de la nueva legislación, dice el Ministerio de Justicia de Suecia, es "asegurar el control público sobre la forma en que los partidos financian sus actividades políticas, y cómo los candidatos financian sus campañas electorales".

En las cosas del poder sueco, la luz sigue siendo el mejor detergente. Todos saben que la transparencia de los actos del poder es una fuerza poderosa en la cruzada contra el enemigo que está siempre al acecho: la corrupción.

—Hay una relación evidente entre el acceso público a la información oficial y los bajos niveles de corrupción —dijo Jeremy Pope, uno de los fundadores de la organización anticorrupción Transparencia Internacional.

UNA CONVERSACIÓN CON LA MINISTRA DE JUSTICIA

"Cuando un gobierno elimina los secretos del poder, no es fácil cometer actos corruptos" —Beatrice Ask

A las cuatro de la tarde del invierno sueco ya es de noche en Estocolmo. Los niños juegan en los parques oscuros con poca iluminación, entre postes adornados que emiten una calma luz de brillo amarillento. En la penumbra de las alamedas que cortan el hermoso parque central de Humlegården, la sinfonía de gritos infantiles intermitentes, que lanzan unas siluetas que apenas se distinguen en la oscuridad del césped, crea una especie de ópera infantil de terror. El escenario de sobresalto diurno es dramatizado por siluetas aterradoras de los enormes árboles desnudos, sin hojas.

En toda la ciudad, velas y antorchas iluminan la entrada de cafés, restaurantes, tiendas y edificios. Cuando diciembre traiga la noche más larga del año, procesiones de adolescentes desfilarán el día 13 cantando por las iglesias del país con mantas blancas y coronas de velas en la cabeza, para pedir a Santa Lucía que se lleve la oscuridad. Es más por tradición que por fe. Pero todos, entre la minoría religiosa y la mayoría de no creyentes, conjuran las tinieblas del invierno.

En el Ministerio de Justicia de Suecia, iluminar los rincones oscuros del poder es responsabilidad de una mujer. Una mujer de poco más de un metro y medio de

La ministra de Justicia, Ask: La transparencia de los actos oficiales es la razón por la cual Suecia, al igual que otros países escandinavos, enfrenta menos problemas de corrupción.

altura, que me saluda con un fuerte apretón de manos en la sede el Parlamento.

¿La transparencia es el mejor antídoto contra la corrupción?

Beatrice Ask: La transparencia de los actos oficiales es la razón por la cual Suecia, al igual que otros países escandinavos, enfrenta menos problemas de corrupción. Cuando un gobierno elimina los secretos del poder, no es fácil cometer actos corruptos. Es importante que todos los ciudadanos tengan medios para ejercer el control sobre la administración pública y participar del proceso de toma de decisiones con el fin de aumentar la eficiencia del sistema y prevenir la corrupción. Los gobiernos que están abiertos y son transparentes le rinden cuentas a la población, y son menos corruptos.

La ley de transparencia sueca tiene casi 250 años de existencia. En su opinión, ¿el sistema sueco ha mejorado o empeorado en algunos aspectos?

Beatrice Ask: Yo diría que el sistema está estable. Hay que decir que Suecia enfrenta presiones externas, por ejemplo, de otros países de la UE que todavía están reacios a adoptar una postura de mayor transparencia. Desde 1995, cuando Suecia adhirió a la Unión Europea, el país ha hecho esfuerzos para tratar de tomar las decisiones más transparentes del bloque. Y desde el año 2001, ha habido avances. Varios países europeos adoptaron normas de transparencia, y muchos están siguiendo este camino. Por nuestra parte, hacemos esfuerzos constantes. Muchos colegas de la Unión Europea todavía prefieren mantener los documentos oficiales secretos, lo que va en contra de nuestros principios y nuestra ley constitucional. También enfrentamos el mismo problema en nuestras relaciones internacionales en general, cuando, por ejemplo, firmamos un acuerdo y nuestro socio quiere mantener ciertas partes de la documentación cerradas al acceso público. Siempre ponemos sobre la mesa nuestros principios de transparencia, pero no siempre es fácil vencer la resistencia. Es una lucha constante.

¿Cómo responde a las críticas de los periodistas suecos que mencionan la aparición de obstrucciones al acceso a los documentos oficiales de ciertos organismos públicos en Suecia?

Beatrice Ask: Cualquier administración va a cometer errores. Pero si analizamos el sistema en su conjunto, las autoridades suecas siguen de forma significativa las leyes de transparencia. Usted puede tener acceso a casi cualquier información. Las excepciones se limitan a asuntos de seguridad nacional y otros aspectos rígidamente definidos en la ley de sigilo. Los proyectos de ley del gobierno se presentan en documentos públicos y están disponibles en el sitio web oficial del Gobierno en internet. Las decisiones del Parlamento también se publican en internet. Los gastos de los políticos y los salarios de los funcionarios también están abiertos. Es importante decirlo: por supuesto que siempre habrá algún tipo de error, ya que ningún sistema es perfecto. Hemos tenido algunos casos en los que las autoridades públicas consideran las solicitudes de acceso a documentos oficiales con retrasos innecesarios. Esto, por supuesto, es lamentable. Las autoridades deben responder velozmente a todas las solicitudes. Pero el sistema en su conjunto es significativamente transparente.

Los críticos más acérrimos acusan a ciertas autoridades de haber adoptado normas de sigilo más amplias que las permitidas por la ley.

Beatrice Ask: Ninguna autoridad pública está autorizada a crear sus propias normas de sigilo. El acceso de los ciudadanos a la información oficial es un derecho garantizado por la Constitución sueca. En algunos casos, la interpretación de la ley puede dar lugar a dudas acerca de si un documento debe o no debe ser clasificado como secreto. Pero la decisión de cualquier autoridad pública de negar el acceso a un documento, o incluso a extractos de un determinado documento, siempre puede ser contestada en los tribunales. Recurrir a la corte para tener un juicio imparcial sobre una solicitud de acceso a la información oficial es un derecho de los ciudadanos.. Los tribunales de justicia deben respetar la igualdad de todos los ciudadanos ante la ley, y ejercer la imparcialidad y la objetividad en sus juicios.

¿Cómo ve la iniciativa de otros países de implementar un proyecto de transparencia?

Beatrice Ask: La apertura y la transparencia son partes vitales de las democracias modernas, y la base de cualquier sociedad abierta está en la libertad de los ciudadanos a acceder a la información oficial de las autoridades públicas. Creo que hoy en día también a causa de la revolución que estamos viendo en las redes sociales, un número creciente de países se da cuenta de que cada vez es más difícil ocultar hechos al público. Eso es bueno pues hace que esos países estén más abiertos a la adopción de nuevas leyes de transparencia, algo que a su vez trae la ventaja de reducir los problemas de corrupción. La transparencia es lo que permite a los ciudadanos participar de cerca de las decisiones tomadas por el poder, además de supervisar los gastos de las autoridades y la eficiencia de las instituciones públicas.

¿Puedo comprobar su informe de gastos personales?

Beatrice Ask: Sí. Todos los ministros y diputados suecos están obligados a declarar sus expensas y rendir cuentas de sus gastos a los ciudadanos.

CAPÍTULO III

LA CORRUPCIÓN EN JAQUE

*"Ten cuidado, los medios-sabios
están por todas partes".*
Hávamál, poema vikingo

LA CORRUPCIÓN MUEVE más de un billón de dólares al año a escala global — solo en sobornos. Y esto es una estimación conservadora, según el Banco Mundial. En política, se dice que ya en la época de Cicerón los romanos trataron de prohibirles a los candidatos patrocinar peleas de gladiadores antes de una elección. Desde el siglo primero antes de Cristo, cuando comprar el voto de los ciudadanos de la antigua Roma se convirtió en una práctica generalizada, el robo y las estafas alcanzaron proporciones amazónicas.

Los suecos también coleccionan sus escándalos políticos. Pero quién roba, soborna o abusa del poder no tiene garantizada la impunidad por su cargo: Suecia no ofrece inmunidad a sus políticos. A los que son consabidamente corruptos también se les niega la distinción del fueros privilegiados, al contrario de lo que ocurre con los políticos de otras tierras, que tienen derecho a ser juzgados en tribunales especiales. Ningún político está por encima de la ley. Todos están sujetos a la misma Justicia que juzga al ciudadano común.

—Los políticos suecos pueden ser procesados y juzgados como cualquier ciudadano —dice Alf Johansson, uno de los fiscales especializados en corrupción en Suecia.

La perspectiva de ser desenmascarado, expuesto, arrestado y juzgado hace que ciertos miembros de este selecto grupo de mujeres y hombres probos piensen tres veces antes de poner dinero ajeno en su maleta o en los calcetines.

Más importante que la ausencia de una cultura de impunidad, sin embargo, fue el desarrollo en Suecia de una cultura de honestidad y confianza en las instituciones públicas.

Hasta fines del siglo XVIII se podría decir que algo olía mal en el Reino de Suecia. Pero había llegado el momento urgente de destapar los desagües. El proceso de cambios que transformaría al país, como veremos, fue esencialmente una reforma revolucionaria de las instituciones de Suecia. La ley de transparencia marchó de forma conjunta, como una aliada de fuerza jupiteriana en la limpieza nacional que tuvo lugar.

A fines del siglo XIX, la corrupción política fue

prácticamente borrada a nivel federal. Una nueva moral, con reglas sólidas de honestidad, surgió en el país. Poco se escucharía de la concepción de que la cosa pública no es de nadie.

La maniobra fue casi perfecta. Como señalan los autores de uno de los más recientes estudios sobre corrupción publicados en Suecia, una sociedad en la que nadie trata de sacar ventaja sobre los otros es, sin duda, una utopía.

A nivel nacional, todos coinciden en que Suecia sigue estando, en gran medida, libre de corrupción política. El dilema actual de los suecos es combatir a los tramposos que actúan en cierto grado a nivel municipal, y que alimentan los diarios con los escándalos políticos del país. Se trata de una estirpe de moral tortuosa que germinó, de acuerdo con algunos investigadores suecos, de relaciones incestuosas entre las autoridades y empresarios locales —un escenario en parte producido, en la opinión de algunos, como consecuencia de la ola de privatizaciones parciales que se iniciaron en los servicios públicos municipales en los años 1990. En una sociedad muy descentralizada como la sueca, también hay campo fértil para las relaciones promiscuas a nivel local.

Sin embargo, en general, este es un país sin vicios explícitos de corrupción. Si las estadísticas no mienten, son pocos los depredadores de impuestos que habitan este país como representantes del pueblo.

—La mayoría de los políticos suecos no son corruptos —dice la analista política Lena Mellin, del diario *Aftonbladet*—. A nivel municipal, se han producido abusos.

Sin embargo, a nivel nacional, ningún político paga ni los almuerzos ni las cenas con dinero del Estado.

Más difícil de erradicar es lo que por aquí se llama *vänskapskorruption* (clientelismo), el famoso intercambio de favores. Un ejemplo extremo fue la controversia en torno al primer ministro Olof Palme, en la década de 1980: un periodista sueco reveló que, cuando lo invitaron a dar una conferencia en la universidad americana de Harvard, Palme no había cobrado honorarios, pero habría indicado, durante la visita, el interés de su hijo, Joakim Palme, de estudiar en la institución. Poco después, Joakim Palme recibió una beca para asistir a la universidad de forma gratuita. La prensa sueca se preguntó: ¿el primer ministro no debería pagar impuestos sobre el beneficio otorgado al hijo? Olof Palme no había declarado el beneficio. Pero las autoridades fiscales suecas entendieron que sí, que él debía pagar impuestos por la beca que recibía su hijo, y evaluaron el importe a pagar en 40.000 coronas. Con la noticia del trágico asesinato de Olof Palme días después, el 28 febrero de 1986, el debate quedó sin conclusión. Pero el caso fue conocido como el Harvard Affair.

A pesar de las eventuales manchas en el currículo, Suecia, al igual que los demás países nórdicos, según el politólogo Bo Rothstein, es una especie de enigma en el debate sobre la corrupción. El país tiene todas las características que, de acuerdo con el libro de texto de la teoría económica convencional, debería haberlo convertido en una sociedad irremediablemente corrupta: un gran sector público, un gobierno intervencionista y grandes burocracias con mucho poder decisorio sobre los diversos tipos de regulaciones. Sin embargo, los indicadores globales de corrupción indican exactamente lo contrario.

En todos los índices mundiales, Suecia aparece regularmente entre los países menos corruptos del mundo. En los informes anuales de Transparencia Internacional, Suecia nunca ocupó una posición que estuviera debajo del sexto lugar desde que la organización comenzó a publicar la lista de los países con los niveles más bajos de corrupción, en 1996. En el *Worldwide Governance Indicators* del Banco Mundial, el país aparece entre los primeros en el *ranking* de naciones con los mejores indicadores en referencia con el primado de la ley y el control de la corrupción. En las proyecciones del *World Justice Project*, que hace una radiografía de la Justicia en el mundo, Suecia aparece en 2010 y 2011 como la nación con el mejor desempeño en relación con la eficacia de la Justicia y el respeto por el Estado de derecho.

Pero hay que controlarlo.

En el centro de Estocolmo, la Agencia Nacional Anticorrupción (*Riksenheten mot Korruption*) se mantiene en alerta. El país está entre los menos corruptos del mundo, pero sabe que son las oportunidades las que hacen al ladrón.

La fuerza de tarea de fiscales independientes investiga los principales casos de sospecha de corrupción entre los políticos, empresarios y empleados de la maquinaria administrativa. La agencia es parte de un sistema de integridad que reúne la ley de transparencia, un código robusto de conducta moral y programas regulares de conciencia ética en empresas y organismos públicos.

La estrategia trata de mantener en jaque a los ladrones, sinvergüenzas, criaturas siniestras y corruptos en general. Y en la estrategia, como sabía Napoleón, es decisiva la aplicación. El gran villano por combatir es el soborno, que la Agencia Nacional Anticorrupción clasifica como el cáncer que amenaza cualquier sistema.

Para contener plagas tan dañinas, las autoridades llegaron a crear un código de normas para la recepción de regalos personales en los organismos públicos y empresas privadas: como sabe la gran mayoría de los suecos, recibir regalos con valor superior a las 400 coronas (alrededor de 60 dólares) en el lugar de trabajo puede ser considerado delito.

Por ley, quien comete un delito de corrupción en Suecia está sujeto a una multa o una pena de hasta seis años de prisión. Los delitos políticos son pasibles de reclusión; sin embargo, son raros en el país.

Uno de los pocos que se conoce ocurrió en 1995. Fue cuando el presidente del Ayuntamiento de la pequeña ciudad sueca de Motala se vio obligado a tomar sol en el patio de una prisión después de llevar una *dolce vita* con el dinero público en balnearios de España y Portugal.

EL CASO MOTALA

El socialdemócrata Sölve Conradsson había preparado su propio camino para la prisión con estilo. Presidente del Ayuntamiento municipal de Motala, en el sur de Suecia, un día decidió que sería una buena idea organizar una cena *black-tie* para animar a los políticos y personalidades locales. Todo pago con dinero del pueblo, por supuesto, para que la eventual resaca del día siguiente causara dolores de cabeza, pero no de bolsillo. La diversión estaba garantizada.

En el probable lapso cerebral provocado por las neuronas en dicha actividad festiva, Sölve envió una de las invitaciones de la cena a la editora del *Motala Tidning*, el diario local. Y esta se hizo la pregunta obvia: ¿quién paga la factura de la fiesta?

Sölve apenas había colgado su *esmoquin,* cuando la periodista Britt-Marie Citron, a pedido de su jefa, se puso a verificar las cuentas del anfitrión. Con la ayuda de un auditor, reunió suficiente material para ofender a una nación poco acostumbrada a escuchar la palabra *corrupción* en las noticias nacionales. Varias cabezas rodarían.

En una serie de informes, el diario reveló que Sölve desvió fondos públicos para pagar viajes privados, cenas y compras personales. Todo eso "a costa del dinero de los contribuyentes", aseguró la agencia de noticias sueca TT. Era algo que los suecos creían que existía solo en otros países. La policía y los fiscales entraron en escena.

El presidente del Ayuntamiento se vio obligado a renunciar. Algunos de sus crímenes fueron caracterizados como "particularmente perversos": la transferencia de 140.000 coronas del municipio (unos 21.500 dólares) a una cuenta bancaria propia, y las vacaciones que había tomado en Portugal y España, en compañía de un alegre grupo familiar.

Conradsson había utilizado dinero público para consumo privado "de una manera excepcionalmente vergonzosa", dijo el juez de la corte de Motala.

A Sölve Conradsson le pusieron las esposas, fue condenado a un año y seis meses de prisión y tuvo que pagar una multa de más de 600.000 coronas (unos 92.000 dólares).

En el veredicto de 240 páginas, el juez señaló que las pérdidas no podrían medirse solo con dinero:

"El procedimiento criminal no solo provocó consecuencias negativas para el municipio de Motala, y atacó la confianza de los ciudadanos en los políticos de esta sociedad", escribió el juez.

Seis de los otros siete acusados de participar en las maniobras de Sölve también fueron condenados.

La periodista que denunció el caso recibió el mayor premio de periodismo de Suecia por la basura encontrada en Motala, e indicó que la ley de transparencia había sido su principal aliada en la tarea de investigar las acciones poco claras de la administración local.

En el libro que escribió sobre el caso Motala, Britt-Marie Citron dijo que "la ley municipal era como un tigre sin dientes", y la oposición local tenía un papel "decorativo". Un tipo de clase política había surgido allí como una mala hierba, lejos del contacto y control de los ciudadanos.

En Suecia, Motala se transformó en un símbolo de todo lo que puede salir mal cuando el *establishment* político se aleja de los ciudadanos. Sölve Conradsson cumplió su condena y salió de prisión con una carrera política muerta y enterrada.

Pero uno de los escándalos políticos más emblemáticos de Suecia sigue siendo el infame Caso Toblerone.

EL ESCÁNDALO TOBLERONE

Una barra de chocolate le costó el cargo a la ex vice primera ministra Sahlin.

Compró una barra de chocolate, pañales y otros artículos personales con la tarjeta gubernamental, y lo pagó caro: perdió el puesto de vice primera ministra. El escándalo entró a los anales de la política sueca en 1995 como el Caso Toblerone y aturdió a Mona Sahlin casi hasta su muerte política en 2011.

El drama simbólicamente instalado por el chocolate era impensable: Mona había avanzado por las filas del Partido Socialdemócrata como una estrella en ascenso, y su llegada a la cima de la dirigencia del país parecía tan predecible como que el Mar Báltico se congela en invierno.

En 1982, a los veinticinco años, Mona Sahlin había sido la diputada más joven elegida para el Parlamento sueco. Con una vitalidad indomable y talento político, ella cruzaría las dos décadas siguientes escalando puestos ministeriales y posiciones de poder.

—No trate de esconderse debajo de mis faldas, pues son bastante cortas —disparó contra el entonces líder del Partido del Centro, Olof Johansson, durante el último debate televisado de la campaña electoral de 1991.

Ni el primer ministro socialdemócrata Göran Persson se libró de los dardos abrasadores de Mona.

—¿Sabe cuál es el nuevo significado del término intercambio de opiniones? Es que uno entra en la oficina del Göran Persson con una opinión y sale de allí con la suya —dijo Mona en 2002, cuando se ocupaba de los asuntos de democracia e integración en el Ministerio de Justicia.

Un año antes del escándalo Toblerone, y justo antes de asumir el cargo de vice primera ministra, ella crearía su más famosa perla: una celebración del acto de pagar impuestos.

—Si usted es socialdemócrata, entonces cree que es bueno pagar impuestos. Para mí, el impuesto es la mejor expresión de lo que realmente es la política —dijo Mona en la televisión pública *SVT*. Era septiembre de 1994.

En octubre de 1995, el diario *Expressen* lanzaba la granada: Mona Sahlin, en el momento la candidata natural a suceder al primer ministro Ingvar Carlsson, había utilizado la tarjeta del gobierno para pagar sus gastos personales.

—Compré Toblerone, pañales y cigarrillos —dijo Mona Sahlin. Para los medios, ensañados por los tambores de guerra, el escándalo fue nombrado de manera adecuada: Caso Toblerone.

En su defensa, la vice primera ministra afirmó haber utilizado la tarjeta del gobierno como una especie de adelanto del salario, según ella, una práctica común en la época. Mona dijo que su tarjeta bancaria privada era muy parecida a la del gobierno, y que en ningún momento tuvo la intención de pagar sus gastos personales con dinero público. También dejó en claro que el dinero fue devuelto a las arcas del gobierno. Pero el daño ya estaba hecho.

No eran, después de todo, solo una o dos barras de chocolate. En total, la tarjeta del gobierno habría sido utilizada para pagar 53.174 coronas (unos 8.000 dólares) en gastos como alquiler de autos y objetos personales.

Al día siguiente de la revelación del escándalo, el diario *Göteborgs-Posten* publicó una encuesta de opinión indicando que, para el 66% de los encuestados, Mona Sahlin era una persona poco adecuada para conducir Suecia.

En la euforia de denuncias que tomaba la prensa, hubo revelaciones de que Mona contrató una niñera sin declarar a las autoridades fiscales, y que no pagaba la licencia de TV, obligatoria para todos los que tienen televisores en Suecia. El descubrimiento de una colección de boletos de estacionamiento prohibido también mostró, para los detractores de Mona, que ella no era la líder adecuada para ocupar el puesto de primera ministra del país.

Mona siguió el libreto de todo político sueco en súbito apuro: inmediatamente anunció el llamado *time-out*, un alejamiento temporal de sus funciones. Pero la líder dio aún más argumentos a los críticos cuando se descubrió que había ido a relajarse a un idilio tropical, las Islas Mauricio, acompañada de guardaespaldas pagados por el gobierno.

El Fiscal General decidió iniciar una investigación contra Sahlin. Un mes más tarde, la vice primera ministra anunció su renuncia. Se bajaba, al mismo tiempo, de su candidatura a la dirigencia del partido y al puesto de *premier*. En abril de 1996, también dejó su banca en el Parlamento.

Al final de la crisis interna causada por el Toblerone, el caso fue archivado por el fiscal por falta de pruebas del delito, y bajo la justificativa de que las reglas para el uso de tarjetas gubernamentales no eran suficientemente claras.

Como se requiere a cualquier político sueco que es encontrado con las manos en el dinero ajeno, ya sea por descuido o mala fe, Mona Sahlin había pagado, por supuesto, toda la suma debida a las arcas públicas.

Pero, como su propia sombra, el escándalo continuaría persiguiendo a Mona. Cuando la invitaron nuevamente al ministerio, en 1998, muchos pensaron que su gran fuerza política había tropezado en el camino. En 2007, ante la vacilación de varios colegas propuestos para ocupar la dirección del partido, el nombre de Mona volvió a ser escuchado. Con cincuenta años, y más de una década después del Caso Toblerone, finalmente se convirtió en la primera mujer en dirigir el partido Socialdemócrata sueco.

Al subir a la tribuna para hacer su discurso en el Día de los Trabajadores, en mayo de 2009, le lanzaron desde el público una barra de Toblerone.

—No fue la primera vez —Mona Sahlin dijo más tarde en una entrevista para la TV4 sueca.

Habló de la importancia de recuperar la confianza de la gente. De cambiar su forma de ser, y de demostrar que merecía la confianza de todos.

—¿La gente realmente está escuchándome, o apenas ven un gran Toblerone frente a ellos? Antes, veían definitivamente solo un Toblerone. Pero ahora me escuchan más —dijo Mona a TV4.

En el epicentro del escándalo en 1995, Mona Sahlin había dicho que la sensación es la de estar dentro de una secadora de ropa. Todo giraba. En una entrevista a TV4, catorce años después del caso, admitió que todavía sufría las consecuencias de haber comprado el Toblerone con la tarjeta del gobierno.

—Algunas personas nunca se olvidan. Para ellos, uno siempre es culpable, en parte. Aprendí mucho, cambié mi forma de ser.

Me encontré con Mona Sahlin en una de las últimas manifestaciones de la campaña electoral de 2010, durante la cobertura para el informe del *Jornal da Band*. Era un domingo soleado de agosto en el parque de Tantelunden en Estocolmo, y la multitud se ubicó en las sillas instaladas en el césped. Algunos tenían la cara de la líder estampada en la camiseta. En el escenario, Mona Sahlin advirtió con su firmeza característica, una vez más, sobre el riesgo del aumento de la desigualdad económica en el país entre los más ricos y los más pobres.

—No es este tipo de sociedad la que queremos construir en Suecia —enfatizó la líder.

El discurso, de acuerdo con el diario *Expressen*, ya no tenía, sin embargo, el mismo efecto. En medio de la crisis económica que atacaba Europa, los suecos fueron a las urnas ese año apostando por la seguridad ofrecida por el gobierno de centroderecha y su control efectivo de la economía sueca, a pesar de los recortes sociales y la desocupación. Bajo la dirección de Mona, en las elecciones generales de 2010, el Partido Socialdemócrata obtuvo el 30,7% de los votos, el peor resultado del partido desde la introducción del sufragio universal en el país en 1921. En marzo de 2011, Mona Sahlin fue reemplazada por Håkan Juholt en el comando de los socialdemócratas. También entró a la historia de la socialdemocracia sueca como la persona que lideró el partido por menos tiempo: cuatro años.

UNA CONVERSACIÓN CON EL DIRECTOR DE LA AGENCIA NACIONAL ANTICORRUPCIÓN

"Si una persona tiene que luchar a diario por su supervivencia, para tener acceso a la comida, escuelas y hospitales, el tema del combate contra la corrupción en la sociedad sin duda no está entre sus principales intereses. Pero cuando una persona se siente parte de la sociedad a la cual pertenece, no aceptará el abuso de poder" —Gunnar Stetler

Gunnar Stetler frunce el ceño, parpadea dos veces y contrae los músculos de la cara, como quien hace un cálculo extraordinario. Recorre los laberintos de la memoria durante una larga pausa, y encuentra por fin la respuesta: en los últimos treinta años fueron registrados solo dos casos de corrupción entre los parlamentarios y miembros del Gobierno en Suecia.

—Solo tengo un vago recuerdo —dice Stetler—. Es muy raro ver a parlamentarios o miembros del Gobierno involucrados en corrupción aquí.

Estamos en una oficina tomada por los archivos y papeles del fiscal en jefe de la Agencia Nacional Anticorrupción (*Riksenheten mot Korruption*), en el barrio de Kungsholmen. A pocos pasos de distancia, en la misma calle Hantverkargartan, está la sede de la temida *Ekobrottsmyndigheten*, la Autoridad Sueca para Delitos Financieros. Con el sol de abril que por fin derritió el hielo de otro invierno, del otro lado de la calle algunas madres caminan con sus cochecitos de bebé entre las tumbas del jardín de la iglesia Kungsholms Kyrka, un hábito común que se extiende a varios cementerios-parques de la ciudad.

De su pequeña oficina, Gunnar Stetler dirige el trabajo de los fiscales especializados que investigan los principales casos de sospecha de corrupción en el país. Casos de menor importancia se procesan a nivel regional en las varias fiscalías de distrito que componen el cerco sueco contra las trampas, artimañas y fraudes en general.

Con 1,93 metro de altura, expresión grave e incorruptible, los medios suecos describen a Gunnar Stetler como el más importante cazador de corruptos del país. Entre los casos bajo su mirada en 2013 estaba la denuncia de que la operadora de telefonía sueca TeliaSonera había pagado sobornos por 337 millones de dólares para establecer operaciones en Uzbekistán.

—Históricamente, el 75% de los cargos formales contra los delitos de soborno en Suecia terminan en condenas —dice Stetler.

Nacido en 1949, Stetler ganó fama después de dirigir casos como el de un exdirector de la empresa sueca ABB, condenado a tres años de prisión en 2005 por desviar 1,8 millones de coronas para una compañía registrada en el paraíso fiscal de las Islas Vírgenes Británicas.

—Llega un momento en que a una persona no le parece bien tener solo un Volvo V70, y quiere cambiarlo por un Porsche. La codicia es parte del dilema humano —reflexiona Stetler.

Para el fiscal en jefe, hay tres factores que mantienen a Suecia al margen de la lista de países muy corruptos: la transparencia de los actos de poder, el alto grado de educación de la población y la igualdad social.

¿Qué hace de Suecia uno de los países menos corruptos del mundo?

Gunnar Stetler: En primer lugar, la ley de acceso público a los documentos oficiales. Esa ley, creada en Suecia hace más de 200 años, evita los abusos del poder. Si los ciudadanos o los medios de comunicación quieren, pueden comprobar mi sueldo, mis gastos y los dispendios de mis viajes de trabajo. Mis archivos están abiertos al público. Y creemos que, al poner los documentos y registros oficiales de las autoridades disponibles al público, evitamos que las personas que ejercen posiciones de poder practiquen actos indebidos. Esta es la razón principal. En segundo lugar, es necesario citar la ley aprobada en Suecia hace unos 200 años [en 1842, nota de la autora], que introdujo la educación obligatoria en el país y aumentó el nivel general de educación de la población.

¿Cuál es el impacto de una población con niveles más altos de educación en la prevención de la corrupción?

Gunnar Stetler: Si una persona no tiene acceso a la educación, no está en condiciones de comprender, y

© DIARIO SVENSKA DAGBLADET

Stetler, el cazador de corruptos: un 75% de los procesos terminan en condenas.

mucho menos fiscalizar el sistema. En Suecia, creemos que una sociedad no se construye desde arriba, sino en la base de la población. Por lo tanto, es necesario ofrecer una buena educación a todos los sectores de la sociedad. China tiene un alto grado de corrupción, pero ha invertido en mejorar el nivel educativo de la población. Creo que eso va, de alguna manera, a reducir la corrupción en el país.

¿Con qué frecuencia suena su teléfono con acusaciones de corrupción?

Gunnar Stetler: Recibo alrededor de cuatro llamadas del público todos los días. Pero de cada quince quejas, por lo general solo una tiene base para iniciar un caso. La mayor parte de los casos está relacionada a cuestiones de menor importancia, como cuando un empleado público acepta viajar a un resort por invitación de un contratista para facilitar un contrato. Si uno es empleado público en Suecia, no está autorizado a aceptar tal invitación. También nos ocupamos de los casos de mayor envergadura. Justo acabo de acusar formalmente a uno de los jefes del *Kriminalvården* (sistema de prisiones sueco), quien recibió sobornos de millones de coronas de una empresa contratada para construir cárceles. Trabajamos con quejas del público, de los medios de comunicación y también de sistemas nacionales de auditoría, como el *Riksrevisionen*

(organismo independiente que controla las finanzas de las autoridades públicas en Suecia).

¿Cuál es el nivel de incidencia de casos de corrupción política a nivel nacional en Suecia, entre parlamentarios y miembros del Gobierno?

Gunnar Stetler: Es muy raro ver a parlamentarios o miembros del Gobierno involucrados en corrupción aquí.

¿Cuándo fue la última vez que esto sucedió en Suecia?

Gunnar Stetler: Si mal no recuerdo (pausa)... pueden haber ocurrido un par de casos (pausa)... en los últimos (pausa)... treinta años.

¿Me está diciendo que desde la década de 1970 solo hubo dos casos de corrupción política a nivel nacional?

Gunnar Stetler: Sí.

¿Qué casos fueron?

Gunnar Stetler: Si no me equivoco (pausa)... hace unos diez años (pausa)... un diputado del Parlamento que representa la Costa Oeste cometió un error (pausa)... tengo un vago recuerdo.

¿Si usted solo tiene un vago recuerdo de lo que serían los dos únicos casos de corrupción política a nivel nacional en los últimos treinta años, se puede suponer que no fueron grandes escándalos?

Gunnar Stetler: Sí. En términos de corrupción política, los casos más graves ocurren principalmente en los municipios.

Pero la última vez que un político sueco fue condenado a prisión por corrupción fue, aparentemente, en 1995. ¿Eso significa que el grado de corrupción política en Suecia no es lo suficientemente grave como para exigir pena de prisión, o es una señal de que el sistema es indulgente con los políticos corruptos?

Gunnar Stetler: En Suecia, en general, todo castigo es indulgente.

¿Cómo es eso?

Gunnar Stetler: En el sistema penal sueco, el principio básico no es el castigo, sino la reintegración del individuo a la sociedad. Esa es nuestra tradición. El código penal no contempla castigos especialmente duros para los casos de corrupción política.

¿Los castigos más severos no son la respuesta para combatir la corrupción política?

Gunnar Stetler: Quien castiga a los políticos corruptos es la opinión pública. Si un diputado o un empleado de la administración del Estado comete un acto de corrupción, será severamente castigado por la sociedad, sobre todo por haber cometido un error mientras ocupaba una posición de poder. Un diputado, por ejemplo, puede verse obligado a renunciar por la presión pública y los medios de comunicación, incluso cuando no sea acusado formalmente.

¿Hay alguna regla especial para investigar y procesar a los políticos por delitos de corrupción,

tales como la necesidad de obtener la aprobación del Parlamento o de algún comité?

Gunnar Stetler: No.

¿Cabe principalmente a los medios de comunicación y a los ciudadanos fiscalizar el poder, o a instituciones como la que usted conduce?

Gunnar Stetler: Cabe, en primer lugar, a la prensa libre. Si los medios de comunicación tienen acceso a documentos oficiales, pueden actuar con los ciudadanos para garantizar una sociedad más limpia. Por supuesto que los agentes oficiales, como la Agencia Anticorrupción, también juegan un papel importante. Asumo que, tal vez, en Brasil, los ciudadanos no confíen en los servidores públicos como yo. Sin embargo, en Suecia la mayoría de la gente confía en las agencias del poder público, y una de las razones es el hecho de que los ciudadanos pueden controlar lo que hacen las agencias.

¿Cómo es el trabajo de la Agencia Nacional Anticorrupción?

Gunnar Stetler: Nuestro enfoque principal es el soborno. Se puede decir que el soborno, tanto en la esfera pública como en el sector privado, es un cáncer para cualquier sistema. Incluso cuando el valor del soborno sea muy bajo, puede influir en una licitación de mil millones de coronas. En el sector público, es importante que se hagan correctamente las compras de bienes y servicios. La construcción de un nuevo hospital, por ejemplo, puede costar alrededor de 1.700 millones de coronas (cerca de 260 millones de dólares). Cuando una agencia del sector público trabaja con un contrato de este tamaño, es importante que haya una distancia entre la empresa que va a construir el hospital y los empleados públicos que aprobarán el contrato. En mi opinión, y creo que la mayoría de las personas en Suecia está de acuerdo; es esencial que los empleados públicos no acepten ofertas o regalos de ningún tipo, incluso los de bajo valor.

Los suecos en general parecen tener realmente miedo de la regla que prohíbe aceptar cualquier regalo con un valor por encima de aproximadamente 400 coronas.

Gunnar Stetler: En general, ningún empleado público o privado en Suecia está autorizado a aceptar regalos u obsequios arriba de 300 o, como máximo, 400 coronas (entre 46 y 60 dólares). En mi posición, no puedo aceptar nada.

¿Nada?

Gunnar Stetler: No. Ni siquiera un café con *wienerbröd* (un tipo de pan dulce sueco). Y no creo que los políticos o empleados públicos en Suecia acepten, en general, lo que se considera como soborno real, es decir, grandes sobornos.

¿Esto no sucede?

Gunnar Stetler: Puede suceder, pero no es común. La cuestión es definir qué se considera como soborno. Para algunos, aceptar una invitación a cenar o pasar el fin de semana en un resort no configura un soborno. Pero en Suecia las invitaciones de este tipo se consideran de hecho como soborno. Especialmente para aquellos que trabajan en el sector público.

¿Aceptar una invitación para cenar, entonces, se puede considerar un crimen?

Gunnar Stetler: En mi opinión, una persona o empresa privada no puede invitar a un empleado público a cenar, si hay un negocio entre las dos partes.

¿Cuál es su mejor consejo para que otros países se conviertam en una sociedad más limpia?

Gunnar Stetler: Debemos entender que esta es

una tarea que no puede ser realizada en veinticuatro horas. Para luchar contra la corrupción, es necesario implementar un sistema de amplia transparencia de los poderes estatales, aumentar el nivel de educación de la población en general, y promover la igualdad social. La educación es el principio básico de lo que en Suecia llamamos *jämlikheten* (igualdad social). Y esto es también un factor importante en la prevención de la corrupción. Me parece que Brasil es un país con enormes desigualdades sociales.

¿Cuál es la importancia de la igualdad social en este proceso?

Gunnar Stetler: Si una persona tiene que luchar a diario por su supervivencia, para tener acceso a comida, escuelas y hospitales, el tema del combate contra la corrupción en la sociedad sin duda no está entre sus principales intereses. Pero cuando una persona se siente parte de la sociedad a cuál pertenece, no aceptará el abuso de poder.

Notas: 1. Las inversiones en educación representan el 42% de los gastos en los presupuestos municipales de Suecia, según la Asociación Sueca de Autoridades Locales y Regionales (*Sveriges Kommuner och Landsting*).
2. Suecia invierte un 8,62% de su Producto Interno Bruto (PIB) en educación en todos los niveles, incluyendo cursos de reciclaje profesional, de acuerdo con el Ministerio sueco de Educación e Investigación (*Utbildningsdepartementet*).

LA LEY DE REGALOS

El soborno es un asunto serio para la policía en Suecia. La ley tiene los ojos puestos en los corruptos y en los amigos de los corruptos, y todo cuidado es poco: cualquier regalo dado o recibido en el lugar de trabajo puede ser calificado como soborno. Tanto en el sector público como en el privado.

Se puede recibir una multa de hasta 180 días de salario del donante, o una pena de hasta dos años de prisión. Quien recibe un regalo calificado como soborno también está sujeto a una multa equivalente a hasta un 50% de su salario anual, y una pena de prisión más dura: hasta seis años de cárcel.

Para evitar el toma y daca, Suecia creó un conjunto de reglas solo para regular el intercambio de gentilezas sospechosas en las oficinas públicas, oficinas de políticos, tribunales y empresas. El llamado Código de Normas sobre regalos, premios y beneficios (*Kod om gåvor, belöningar och andra förmåner*), que reúne las reglas de conducta que deben observarse en las instituciones públicas y privadas. Se trata de un complemento a la ley antisoborno, regulada en el Código Penal de Suecia.

Pregunte especialmente a cualquier empleado público sueco, y él sabe que el afecto de un proveedor, contratista o quien sea, tiene límites. Por regla, el principio general es que recibir un regalo en el lugar de trabajo con valor de más de 440 coronas (unos 67 dólares) puede ser considerado un crimen. Con alrededor de 400 coronas, en Suecia se puede comprar una docena de rosas, una botella de champán o una porción del inolvidable *Kalix löjrom,* el caviar sueco producido en Kalix, cerca del Círculo Polar Ártico.

Pero la situación es más grave que eso. Dependiendo del grado de influencia de quien recibe el regalo, o las circunstancias del caso, cualquier tipo de regalo puede ser considerado soborno, sin importar su valor.

—En caso de duda, es mejor rechazar el regalo y evitar una denuncia policial —dice Claes Sandgren, presidente del Instituto Antisoborno de Suecia (*Institutet Mot Mutor*).

El dilema entre aceptar o rechazar un regalo en el trabajo —u ofrecerlo o no— alimenta una paranoia generalizada. Para guiar a los angustiados en el terreno pantanoso de las reglas antisoborno, cada institución, empresa u organismo público mantiene pautas específicas para sus empleados.

Las preguntas que un funcionario público tiene que hacer frente a la oferta de un regalo, por ejemplo, se enumeran como sigue en la página oficial del municipio de Örebro en el norte de Suecia:

—¿Este regalo representa algún tipo de ventaja? ¿Por qué me lo ofrecen? ¿Hay alguna relación entre este regalo y el trabajo que hago? Si la respuesta es sí, esto es un soborno, y recibirlo lo hace culpable ante la ley —advierten las autoridades, y agregan—: Los funcionarios a veces son invitados a eventos o actividades de ocio. Puede ser un viaje, o una casa de verano prestada, o un paseo en barco. Es mejor siempre rechazar ofertas como estas.

En el Instituto Real de Tecnología (*Kungliga Tekniska Högskolan,* KTH), la dirección advierte a los funcionarios: aceptar regalos de una persona o empresa vinculada con la institución, bajo la justificativa de tener relaciones amistosas con el donante, no es un argumento válido.

—Hay casos en los que quien da el regalo y quien lo recibe dicen, ante el juez, que son amigos personales. Pero los tribunales rara vez aceptan este argumento — dice la institución en su página oficial.

La referencia general para todos, en casos de duda aguda, es el Instituto Antisoborno. El sitio web oficial de la institución en Internet junta una rica colección de consejos para interpretar el Código de Normas de regalos con el fin de "combatir la corrupción en la sociedad" y "mantener un alto estándar ético". Los presentes en dinero o préstamos están claramente prohibidos, y hay que tener cautela ante las ofertas de premios, descuentos, comidas, viajes de conferencias, suministros y ofertas de compra a precio de coste.

Las ocasiones festivas también están en la lista:

— Si no se puede rechazar un regalo de Navidad, una persona prudente debe tener el cuidado para considerar si el valor se encuentra dentro del límite del 1% del índice oficial de precios (actualmente el equivalente a 440 coronas), principalmente en el sector público — observa el Instituto.

— Cuando se trata de cumpleaños de cincuenta o sesenta años, el valor máximo permitido en el sector público, a depender de las circunstancias involucradas, es del 3% del índice de precios —añade otra regla.

Ofrecer ventajas y beneficios sin valor económico también se considera inadecuado, de acuerdo con el libro de reglas. —Puede ser, por ejemplo, una oferta para recibir el título de un club social —especifica el Instituto Antisoborno.

La violación de las normas se considera acto particularmente perverso en el sector público. —Los tribunales tienen criterios especialmente estrictos para desviaciones cometidas por funcionarios del poder público —dice el Instituto Antisoborno. Pero el temor de recibir regalos en la oficina es general.

Durante una cena en la casa de amigos que tenemos en común, el director editorial del diario *Aftonbladet,* Martin Wahlstedt, me dijo que había sido obligado a rechazar una caja de un vino de excelente calidad que le había sido enviada como regalo.

—El valor era muy alto y, por lo tanto, aceptarla estaba fuera de la cuestión. Y en cualquier oficina, un empleado que recibe un regalo con un valor por encima de la norma de 300 o 400 coronas necesita pedir la aprobación del jefe para aceptarlo —me dijo Wahlstedt. Junto a él, su esposa, periodista de la televisión sueca *SVT* me contó que los periodistas suecos generalmente tienen prohibido aceptar invitaciones a viajes pagados por empresas o embajadas.

En la misma mesa estaba la médica e investigadora Clara Gumper, del Instituto Karolinska, la organización que cada año elige el vencedor del Premio Nobel de Medicina. Clara dijo que bajo ningún concepto los científicos pueden aceptar invitaciones para viajes, cenas o eventos pagados por empresas del sector médico. Tal vez con síntomas de paranoia más avanzados, Clara también dijo que tiene miedo de aceptar hasta muestras y *souvenirs* ofrecidos por compañías farmacéuticas.

—Siempre pagamos nuestros gastos de hotel y pasaje cuando participamos de seminarios y conferencias —dijo Clara—. Evito aceptar, incluso, los bolígrafos que se ofrecen como *souvenir* en estos eventos.

En los archivos en línea del Instituto Antisoborno, una selección de procesos judiciales confirma que el miedo general tiene fundamento. Entre ellos se encuentra el caso del jefe de una clínica y un médico, condenados por el tribunal de Jönköping, respectivamente, a pagar una multa equivalente a treinta y sesenta días de sus salarios: habían aceptado la invitación de una compañía farmacéutica que había pagado, en parte, los costes de una visita a un hospital en la República Checa.

En la ciudad de Falu, poco antes de Navidad, un vendedor de autos les dio alcohol como regalo a siete empleados del *Svenska Bilprovning,* organismo encargado de la inspección anual de vehículos. Cuando el caso terminó en los tribunales, el juez se mostró inflexible: destacó que el *Svenska Bilprovning* tiene el deber de ser imparcial en el trato con sus clientes, y que aceptar un regalo de Navidad de aquel valor conllevaba el riesgo de que los empleados ofrecieran un tratamiento especial al cliente que les había dado la atención. El veredicto: cada empleado tuvo que pagar treinta días de su salario como multa. El vendedor de autos fue condenado a cuarenta días de multa.

En Örebro, dos funcionarios municipales aceptaron la invitación de un empresario para un corto crucero por las Islas Åland en el Mar Báltico. El tribunal condenó a ambos a pagar una multa equivalente a treinta días de sus salarios. El empresario recibió una multa más grande: cincuenta días de salario. También en Örebro, en el norte de Suecia, un prisionero condenado a cadena perpetua le pagó las comidas y el café al guardia que lo había acompañado en unos días de licencia supervisada. El guardia fue condenado a pagar una multa de ochenta días de salario.

En la ciudad de Norrköping, una mujer le envió una botella de coñac, una caja de chocolates y un CD de regalo a un empleado de la autoridad de inmigración sueca (*Migrationsverket*), con una solicitud de revisión de la decisión que había negado una visa para sus padres. El empleado rechazó los regalos. La mujer fue condenada a pagar multa de treinta días de salario.

— Tenga cuidado. Rechazar un regalo es algo de lo que nunca se lamentará —advierte el Ministerio de Finanzas en el documento que señala recomendaciones específicas a los empleados del sector público en el país (*Om Mutor och Jäv — en vägledning för offentliga anställda*).

En política, ni las supuestas fallas suelen pasar desapercibidas.

LA ELECCIÓN DE SOFIA: VIAJES Y BMW

Sofia Arkelsten en la línea de tiro de la prensa después de aceptar un viaje de Shell.

Las decisiones que Sofia Arkelsten tomó la harían oscilar en el cargo como una hoja de pino nórdico al viento. Sofía había decidido aceptar la invitación de la gigante petrolera Shell para viajar gratis al sur de Francia con el fin de asistir a un seminario sobre el medio ambiente.

El viaje patrocinado por Shell había sucedido en 2008, cuando la diputada era la vocera del Partido Moderado para cuestiones ambientales. En 2010, cuando la revelación salió a la luz, Sofía acababa de ser elegida para el cargo de secretaria general del partido. Era un buen blanco para los ataques públicos que siguieron.

Sintiendo olor a sangre, los medios suecos investigaron más y descubrieron que Sofía había hecho otros dos viajes patrocinados.

Peor aún, en la misma época, la diputada también se

había sentado al volante de un BMW de lujo por varios días, sin pagar. La fábrica de automóviles alemana había entrado en contacto con celebridades y políticos, ofreciéndoles que probaran su nuevo modelo "verde", impulsado a hidrógeno, el *Hydrogen 7*. Sofía decidió aceptar.

"Arkelsten manejó un BMW gratis", fue el titular del diario *Svenska Dagbladet*.

Las revelaciones terminaron en el escritorio del director de la Agencia Nacional Anticorrupción, Gunnar Stetler.

—Por supuesto, los miembros del Parlamento están sujetos a las leyes del Estado de Derecho —dijo Stetler a la prensa sueca, en referencia a la legislación sueca contra la corrupción y el soborno.

En la página oficial del Partido Moderado en internet, Sofía Arkelsten defendió su decisión de aceptar los viajes patrocinados, incluyendo una visita a un seminario celebrado en la ciudad de Pau, en el sur de Francia:

—Mi juicio fue, y sigue siendo, que el viaje, el seminario y la oportunidad de conocer a estudiantes, científicos y políticos de todo el mundo eran relevantes para mi misión como parlamentaria —escribió Sofía.

—Me disculpo si mi participación en ese viaje abrió espacio a la interpretación de que me dejé influenciar de manera inapropiada. Es esencial que nosotros, que somos elegidos por el pueblo, actuemos de manera tal que nuestra integridad no pueda ser cuestionada —añadió.

Los medios de comunicación suecos presionaron al jefe de información de Shell para que les dijera exactamente qué había disfrutado Sofía con el dinero de la petrolera.

—Pagamos por el billete de avión de ida y vuelta, dos noches de hotel, almuerzo y cena —dijo el sorprendido vocero de Shell, indicando que al seminario asistieron diversas organizaciones e investigadores, además de otros políticos involucrados en cuestiones ambientales.

Se abrió un debate nacional para discutir si la secretaria general del partido debía abandonar el puesto. Sofía siguió siendo presionada por haber aceptado usar el BMW.

—Manejé el auto durante unos días para probar una nueva técnica. Creo que eso era relevante para la función que desempeñaba en el sector del medio ambiente, y que no había nada extraño. Probé el auto y, entre otras cosas, lo usé para buscar a mi abuela —dijo Sofía.

Pero para sus críticos, la diputada no debería haber aceptado, de un fabricante de automóviles, la concesión de un privilegio de esta naturaleza:

—La fábrica de automóviles está realizando esfuerzos para reducir el nivel de consumo de combustible de sus autos. Pero no hay necesidad de tomar prestado un BMW para comprobar esto—criticó el diputado socialdemócrata Anders Ygeman.

Después de examinar el caso, el fiscal general concluyó que las decisiones de Sofia no contenían elementos para establecer una sospecha de soborno. Para Gunnar Stetler, había justificativas para el contexto de los viajes hechos por la entonces diputada.

—Se les permite a los parlamentarios recibir invitaciones a ciertos eventos, siempre y cuando los viajes se justifiquen —dijo Stetler, indicando que los viajes de ocio y entretenimiento no se encajaban en la lista.

El fiscal general recomendó al Parlamento introducir normas más claras para regular los viajes parlamentarios.

—Es un sistema simple de ser introducido, y en mi opinión esto se debe hacer —dijo Stetler.

Sobre el auto de lujo, Stetler dijo que Sofia había probado el BMW, pero no había utilizado el auto tiempo suficiente para establecer un acto ilegal.

La Oposición, sin embargo, siguió atacando a Sofía.

—Creo que ella (Sofia Arkelsten) demostró tener muy poco discernimiento. Y, por supuesto, más de una vez. Ahora cabe al líder del partido Moderado demostrar si cree que es razonable tener como secretaría general una persona que actuó de esta manera — atacó la entonces líder del Partido Socialdemócrata, Mona Sahlin.

Cuatro días después de lanzarle piedras a Sofía, Mona estaba en las gradas de la Real Arena de Tenis de Estocolmo. Como invitada de los organizadores del torneo internacional, y sin pagar por las entradas. En compañía de un invitado, Mona asistió a los cinco días de duelos en las canchas, incluyendo la emocionante victoria del suizo Roger Federer en la final. El valor total del entretenimiento: 7.500 coronas (alrededor de 1.100 dólares).

Entre otros invitados por los organizadores del torneo también estaba el Comandante Supremo de las Fuerzas Armadas de Suecia, Sverker Göransson. Pero el comandante había adoptado una mejor estrategia: pagó de su bolsillo las entradas.

Mona Sahlin justificó su decisión de aceptar las entradas gratuitas:

—Hay una gran diferencia entre eso y el hecho de que una compañía de petróleo pague los viajes y el hotel a una política responsable por los temas ambientales con el fin de influir en una decisión política —se defendió.

Mona contó con la solidaridad del presidente del Instituto Antisoborno (*Instituto Mot Mutor*), Claes Sandgren, que había sido uno de los críticos más fuertes de la conducta de Sofia Arkelsten.

—El beneficio (otorgado a Mona Sahlin) fue relativamente inofensivo, ya que no se puede presumir una situación sobre la cual se pueda ejercer influencia a partir de eso —opinó Sandgren. Sin embargo, defendió la introducción de reglas más claras por parte del Parlamento sobre el tipo de entradas de cortesía que los políticos pueden aceptar.

El caso de Mona fue sometido inevitablemente a la lupa del fiscal general de la Agencia Nacional Anticorrupción. En general, para que un regalo se clasifique como criminal, solo hace falta existir el riesgo de que ese regalo pueda ser interpretado como algo personal, creando así una relación de dependencia entre el donante y el receptor – dijo Gunnar Stetler.

El fiscal general decidió, sin embargo, no abrir una investigación formal contra Mona Sahlin, basado en el mismo argumento presentado por Sandgren: la posibilidad de ejercer algún tipo de influencia ilegal, basada en la oferta de entradas gratuitas a Mona, era extremadamente pequeña.

—No cabe a la Fiscalía General decidir qué es apropiado o inapropiado, justificable o injustificable que un líder del partido o un diputado acepte —escribió Gunnar Stetler en su declaración.

—Lo que me parece claro es que hay un grado de incertidumbre en el Parlamento con respecto a qué tipo de invitación un parlamentario puede aceptar —concluyó el fiscal general.

Mona y Sofía se libraron así de investigaciones por sospecha de soborno. Pero salieron de los episodios con sus imágenes deterioradas.

Ni siquiera la popular realeza sueca escapa a la vigilancia eterna. Entre algunos súbditos del reino, hasta el regalo de luna de miel recibido por la heredera de la Corona sueca fue considerado sospechoso.

EL SOSPECHOSO REGALO DE LA HEREDERA DE LA CORONA

La espera por el gran día de la princesa Victoria fue larga como la cola de un vestido de novia real. Diez años antes, ella se había enamorado de su *personal trainer,* Daniel Westling. Era el año 2002. Plagiando los cuentos de hadas, la princesa lucha por conseguir la aprobación de su padre, el rey, para casarse con el plebeyo, a quien parte de la prensa se refiere en esa época, con cierta complacencia, como "Daniel de Ockelbo" —una referencia al pueblo del interior de Suecia donde había crecido el elegido por la heredera al trono—.

La bendición real finalmente fue concedida después

de años de especulación exasperante en las revistas del corazón. El día y el lugar de la boda serían los mismos en que, exactamente treinta y cuatro años antes, la madre de la princesa, y entonces plebeya Silvia —hija de madre brasileña y criada en San Pablo hasta la adolescencia— se había casado con el rey Carl Gustaf XVI. Y después de tanta espera, no se podía arruinar la fiesta por pequeños contratiempos, como la adhesión de unos pocos miles de suecos al movimiento *Vägra betala Victoria bröllop* (Niéguese a pagar por la boda de Victoria), creado en Facebook para protestar contra el uso de dinero de los contribuyentes para pagar parte de la cuenta de la boda real.

"El viaje de luna de miel no fue soborno: La Agencia Nacional Anticorrupción anunció su decisión hoy"

Como fue pagada por un multimillonario, la luna de miel de la princesa Victoria fue considerada por algunos ciudadanos como un soborno.

El 19 de junio de 2010, una radiante Victoria subió al altar de la Catedral de Estocolmo junto a Daniel, ahora elevado a noble con el título de Duque de Västergötland. En júbilo, la multitud de súbditos salieron a las calles para saludar a la reina y a su príncipe consorte, y se siguieron tres días de celebraciones merecidas.

Pero cuando aparecieron los detalles de la luna de miel, dejaron un sabor amargo en ciertos habitantes del Reino: el viaje había sido pagado por el magnate sueco Bertil Hult, propietario de la mega agencia de cursos de idiomas EF. Victoria y Daniel volaron a Tahití en el avión privado del empresario, navegaron por mares del Sur a bordo de su yate de lujo, *Erica XII*, y se hospedaron en la mansión del multimillonario en el estado de Colorado en los EE.UU.

—Es extraño que la heredera al trono de Suecia permita que un multimillonario sueco proporcione el transporte y el alojamiento para su luna de miel, cuando la misma persona, a través de su compañía EF, puede llegar a tener interés en ver el favor retribuido. Todos en el mundo empresarial saben que el *glamour* real favorece a los negocios —criticó Peter Wolodarski, comentarista político del diario *Dagens Nyheter*.

En total, ocho quejas de ciudadanos suecos contra la pareja real y el multimillonario sueco fueron remitidas a la Agencia Nacional Anticorrupción (*Riksenheten mot korruption*).

—Un ciudadano común no puede aceptar siquiera una botella de champán de regalo sin correr el riesgo de acabar en los tribunales —señaló uno de los denunciantes, de acuerdo con el diario *Expressen*.

El viaje de luna de miel habría costado más de un millón de coronas (unos 153.000 dólares). Sin embargo, después de examinar las denuncias, el fiscal general de la Agencia Nacional Anticorrupción sueca declaró que no podía llevar a cabo la investigación contra Victoria y Daniel.

—La princesa hereda su función y, por lo tanto, no entra en la categoría de personas definidas en los términos de las leyes contra la corrupción —dijo el fiscal general, Gunnar Stetler.

Stetler señaló que la legislación actual permite "extrañas consecuencias":

—Si yo trato de dar algún regalo inadecuado a la Familia Real, no puedo ser penalizado, ya que la Familia Real no pertenece a la categoría de personas cubiertas por la ley anticorrupción —dijo Stetler.

Es decir, la Familia Real es la única que está fuera de las garras de la ley contra la corrupción. Para Stetler, esto es una cuestión para examinar por el Parlamento.

—Espero que, en una futura ley, tratar de sobornar a un miembro de la Familia Real se defina como un crimen —dijo el jefe de la Agencia Nacional Anticorrupción al diario *Svenska Dagbladet*.

La Corte emitió una nota indicando que el viaje de luna de miel había sido un regalo de la boda de un amigo de la pareja. La jefa de información de la Corte en ese momento, Nina Eldh, se negó a hacer comentarios sobre la decisión del fiscal.

—Si la misma denuncia hubiera sido dirigida a un político o a un juez, la investigación hubiera avanzado —dijo Claes Sandgren, el presidente del Instituto Anticorrupción sueco (*Institutet Mot Mutor*).

Menos suerte tuvo la princesa Madeleine, hermana de la heredera de la Corona, al ser detenida en su auto por la policía sueca en junio de 2013.

EL DÍA EN QUE LA POLICÍA DETUVO A LA PRINCESA

Faltaban cuatro días para la boda de Madeleine con su plebeyo americano, y la princesa tenía prisa. Al volante de un Volvo XC 60 de la flota real, la hermana de la heredera a la Corona sueca manejaba en el carril reservado a autobuses en el centro de Estocolmo. La policía le ordenó que parara, y tuvo que obedecer. Frente a la posibilidad de recibir una multa, la princesa Madeleine argumentó, en su conversación con el policía, que tenía derecho a manejar en el carril, pero sin recurrir al argumento de "usted-sabe-con-quién-está-hablando". Sin embargo, no funcionó.

En un primer momento, Madeleine escapó de la multa mostrando un papel al policía e indicando, de acuerdo con el diario *Aftonbladet,* que como miembro de la Familia Real tendría inmunidad en este caso.

—El oficial no estaba seguro de si las leyes de inmunidad se aplicaban a todos los miembros de la Familia Real, o si había algún tipo de excepción para los autos de la Corte Real —dijo Lars Lindholm, quien dirigía la operación de tránsito.

Lindholm dijo categóricamente, sin embargo, que solo el rey tenía inmunidad en casos como este. Se decidió entonces que la princesa Madeleine, la cuarta en la línea de sucesión al trono sueco, no escaparía del castigo de la policía.

—Ya estamos emitiendo una multa de mil coronas (unos 153 dólares) —dijo el jefe de policía.

Pero el vocero de la Corte entró en escena, y le envió a la policía el permiso especial para que los autos de la frota real tuvieran derecho a manejar por el carril reservado a los

Princesa Magdalena: pillada por la policía manejando en el carril exclusivo de autobuses.

autobuses en ocasiones especiales, como los días de visita oficial al país. Y la boda real del Madeleine, con la llegada de muchos aristócratas y autoridades extranjeras a la capital sueca, configuraba una de estas ocasiones especiales.

—La princesa no estaba tratando de reclamar ningún tipo de inmunidad —defendió el vocero, diciendo que Madeleine había mostrado a la policía el documento de concesión de permiso especial.

Madeleine se libró así, en el último minuto, de la multa.

—Debido a las circunstancias especiales de este caso, la multa será retirada —dijo el vocero de la policía Hans Brandt, a través del diario *Aftonbladet* del 17/06/2013.

UNA CONVERSACIÓN CON EL PRESIDENTE DEL INSTITUTO ANTISOBORNO

"Un político debe tener en cuenta el respeto por los ciudadanos que lo eligieron" —Claes Sandgren

Claes Sandgren rescata a las almas afligidas y laceradas por el temor al soborno. Un rebaño de políticos, empresarios y empleados públicos a menudo le piden consejo para evitar el fuego de la condena eterna. Donde hay oscuridad en la ley, él lleva la luz. Cuando existen dudas acerca de si un regalo puede ser ofrecido o aceptado, él lleva la fe de lo que hay que hacer. Pues en Suecia, como se sabe, el "dando es como se recibe" puede llevar a una denuncia policial.

Presidente del Instituto Antisoborno (*Institutet Mot Mutor*) y profesor de la Facultad de Derecho de la Universidad de Estocolmo, Claes Sandgren es omnipresente en los medios suecos cuando el asunto es sospecha de soborno o corrupción. Desde 2008 dirige el instituto, fundado en 1923.

Camino hacia Gamla Stan, el Casco Antiguo de Estocolmo, para reunirme con Claes. Es un viernes, y las infalibles bolsitas de Systembolaget, la empresa estatal que tiene el monopolio de la venta de alcohol en Suecia, surgen como es habitual en las manos de sus muchos clientes en la ciudad. Púrpuras o verdes, las bolsas de plástico tienen el logo del monopolio y denuncian, para incomodidad de muchos, el contenido alcohólico de quien las lleva.

La misión del monopolio es promover la venta responsable de alcohol: quien se presenta ya borracho no puede comprar, así como aquel que tiene menos de veinte años. Para consumidores más propensos a las borracheras, es necesario planificar: las tiendas de los populares *Systemet*, verdaderos supermercados del alcohol, cierran las puertas a lo sumo a las siete de la tarde, funcionan parcialmente los sábados y no abren los domingos. Fuera del Systembolaget ("compañía del sistema", en traducción literal), solo se puede comprar las llamadas *lättöl* (cerveza light), con contenido alcohólico de 1,8% y las *folköl* (cerveza popular), con 2,8%.

En el camino a Gamla Stan, en este día de feriado parcial, veo más gente y más botellas de lo habitual en los muchos parques de la ciudad. Los termómetros marcan dieciocho grados en esta tarde de fines de mayo. Eso es muy bueno, parece pensar el gran número de suecas acostadas sobre el césped en bikini.

Será aún mejor: después de meses de oscuridad y frío, junio traerá la fiesta del *Midsommar* (solsticio de verano), el día más largo del año y el feriado más esperado por todos. Es cuando los suecos bailan imitando a las ranas

alrededor de un gigante mástil florido que simboliza la fertilidad y la cosecha. Es comprensible que no se puede estar sobrio en este día de alegría pagana, que se celebra desde la época de los vikingos.

Encuentro una Gamla Stan ya en medio de la fiesta, llena de turistas y locales que se apiñan a los cafés y bares de sus antiguos callejones. En Stora Nygatan, una de las principales arterias peatonales del Casco Antiguo, el edificio donde vive Claes Sandgren tiene más de 200 años y una vista privilegiada del bullicio.

Entre una pila de libros e informes, el abogado dice que la principal función del Instituto Antisoborno es orientar a las empresas y municipios sobre cómo preservar la ética y mantenerse lejos de problemas con la ley. Y dice que, en sus sesenta y ocho años de vida, nunca supo que un juez hubiera aceptado sobornos en Suecia.

¿Por qué crear un código para regular el intercambio de regalos en las empresas públicas y privadas?

Claes Sandgren: El propósito de este código es establecer una norma ética para prevenir el soborno y la corrupción en la sociedad. Normalmente, se puede aceptar un regalo hasta un valor aproximado de 440 coronas (unos 67 dólares). Esto representa el 1% del índice general de precios en Suecia. La gente siempre pregunta acerca del valor. Sin embargo, un fiscal, por ejemplo, no puede aceptar ni un regalo de 50 coronas (7,6 dólares), y creo que un fiscal sueco en realidad no aceptaría ni un café.

Y si el fiscal acepta el regalo, ¿qué sucede?

Claes Sandgren: En principio, estará cometiendo un delito. Un fiscal trabaja en el sector público, donde las reglas para poder aceptar un regalo son mucho más rígidas. Tanto en el sector público como en el privado, en general, otro punto importante es la evaluación del jefe de una empresa. Si el empleador determina que un empleado no debe recibir ningún regalo, entonces el empleado no puede aceptar nada.

¿Cuál es, en su opinión, el mejor código de conducta que los políticos deben adoptar?

Claes Sandgren: En principio, nunca aceptar regalos o invitaciones a cenar. Un político debe tener en cuenta el respeto por los ciudadanos que lo eligieron. Si el vendedor de una empresa privada hace algo mal, eso tiene menos importancia para los asuntos públicos. Pero si un político comete un acto que afecta la confianza de los ciudadanos comunes en los políticos en general, eso es perjudicial para la democracia. Y si se arruina la confianza de los ciudadanos, ellos pueden empezar a preguntarse: "¿Para qué votar? ¿Para qué pagar impuestos?". Y eso estremece la democracia.

¿Si un político acepta una cena pagada por un empresario, eso puede ser considerado un crimen?

Claes Sandgren: Depende de las circunstancias y del área de responsabilidad del político. Si, por ejemplo, un político trabaja en la preparación de una propuesta parlamentaria relacionada con algún sector empresarial, no debe aceptar nada de un empresario que pueda tener intereses en la decisión que el Parlamento va a tomar. Y el empresario no debe ofrecer nada. La situación de los políticos, por lo tanto, es similar a la de los fiscales. Pero no hay una regla específica determinando que no se puede hacer algo. Por ejemplo, el ministro de Industria nunca debe aceptar cenas pagadas por empresas. Pero si una empresa sueca cumple cien años de existencia y organiza una gran cena de celebración para cientos de personas, puede no ser un problema invitar a algunos políticos. Todo político debe ejercer el sentido común: ¿qué pensarían los votantes si acepto esta invitación?

Su teléfono está siempre ocupado. ¿Se trata de gente con miedo a recibir regalos?

Claes Sandgren: Con miedo a recibir así como a ofrecer regalos. Recibo llamadas diarias de gente para pedir consejos. En algunos casos, se trata de empresas que están promoviendo un producto, y quieren saber qué pueden o no ofrecer al empleado de un departamento de compras. En los municipios, las preguntas son similares: qué permite o no la ley. Claro que las empresas quieren ofrecer cosas a los políticos. No dinero, pero algún tipo de ventaja. Las preguntas más comunes son: "puedo aceptar una invitación a cenar? ¿Puedo jugar al golf con esta persona?"

Y ¿cuál es su respuesta?

Claes Sandgren: No siempre es fácil responder a esas preguntas. Si una cena ofrecida a un político está programada dentro de algún tipo de evento mayor, como un taller para discutir un tema específico, puede ser una invitación aceptable.

Usted fue, sin embargo, uno de los más fuertes críticos de la diputada Sofia Arkelsten, cuando ella aceptó una invitación para asistir a un seminario en el sur de Francia pagado por una empresa.

Claes Sandgren: No dije que ella cometiera un delito. Pero lo que cometió, en mi opinión, es un acto impropio. Porque los parlamentarios tienen presupuesto para participar en este tipo de eventos. Por lo tanto, Sofia Arkelsten tenía dinero para pagar sus gastos de viaje y su propia comida, y no debería haber aceptado que una empresa privada pagara sus expensas. La heredera de la Corona sueca aceptó que un empresario pagara los costes de su luna de miel, y también creo que eso fue un acto inadecuado, puesto que los negocios del empresario podrían verse beneficiados por ello.

¿Los jueces suecos pueden aceptar regalos e invitaciones, como viajes de cruceros y a resorts?

Claes Sandgren: Nunca escuché hablar de un juez corrupto en Suecia. Creo que algo que nunca ocurrió aquí es que un juez aceptara sobornos. Por lo menos no en la historia reciente. Tengo sesenta y ocho años, y nunca oí hablar de tal cosa. La ley no prohíbe formalmente que un juez acepte este tipo de cosas, pero en teoría él sabe que está prohibido hacerlo. Los jueces simplemente no aceptan cosas como viajes y regalos.

¿Qué hace del sistema judicial sueco una institución limpia?

Claes Sandgren: Sobre todo, es una tradición. Además, los jueces reciben buenos salarios. En la Suprema Corte, el más alto tribunal, un juez gana el equivalente a 10.000 euros (unos 13.200 dólares).

¿El Poder Judicial también es transparente?

Claes Sandgren: Sí. Todos los documentos relacionados con un caso están abiertos al público. Puedes ir a cualquier corte y verificar.

¿Puedo verificar la documentación sobre el caso de Julian Assange, el fundador de Wikileaks, que está acusado de delitos sexuales en Suecia?

Claes Sandgren: El caso de Assange no está en los tribunales, ya que aún no fue acusado formalmente. Durante una investigación, por principio, todo es secreto. Esta norma está destinada a proteger a un sospechoso: como Assange por ahora es solo sospechoso de haber cometido un crimen, la investigación sobre su caso se mantiene confidencial. Pero si un fiscal decide acusarlo formalmente, todos los documentos se convertirán en abiertos al acceso público. La ley establece solo unas pocas excepciones en el acceso a los documentos de los tribunales, por ejemplo, para proteger la identidad de los niños o de personas con trastornos mentales.

¿Qué tipo de trabajo desarrolla el Instituto Antisoborno desde su fundación en 1923?

Claes Sandgren: El Instituto fue fundado por organizaciones empresariales. En ese momento, muchos empresarios habían llegado a la conclusión de que era importante luchar contra la corrupción, para evitar la competencia desleal por medios deshonestos. Hoy la actividad principal de la institución es asesorar a empresas y municipios, además de promover seminarios, conferencias y cursos. Entre las cinco organizaciones que actualmente financian al Instituto

El jurista Sandgren: "Nunca escuché hablar de un juez corrupto en Suecia".

Antisoborno, está la Asociación Sueca de Autoridades Municipales y Regionales.

¿Cuáles son los casos más comunes de corrupción que figuran en los archivos del Instituto Antisoborno?

Claes Sandgren: Sobornos pagados a empleados de los municipios.

¿Qué tipo de sobornos?

Claes Sandgren: Bueno, todo tipo de favores y beneficios. Puede ser una botella de whisky ofrecida para tratar de obtener un permiso más rápido. Algunos casos son insignificantes, como el del policía que pidió un plato de ensalada a un conductor a cambio de cancelar una multa de tráfico. Pero también hay casos más relevantes.

¿Pueden ser castigados con prisión?
Claes Sandgren: No, que yo sepa nadie nunca terminó en la prisión por soborno.

¿Porque los delitos no son graves o debido a la indulgencia del sistema sueco?
Claes Sandgren: Las dos cosas. Nuestro principal problema en Suecia, en mi opinión, es el soborno pagado por grandes empresas para establecer operaciones en ciertos mercados. Y es difícil investigar estos casos. Uno sabe que el dinero está volando en muchas direcciones, pero no es fácil reunir pruebas y hacer acusaciones formales. Para prevenir la corrupción en el sector privado en general, otro aspecto importante es la competitividad. Tuvimos un caso de pago de sobornos a empleados de la compañía Systembolaget, y creo que el hecho de que esta empresa estatal tenga el monopolio de la venta de bebidas alcohólicas en el país contribuyó a la ocurrencia del evento. Porque la única manera de vender alcohol es a través de Systembolaget. Si alguien pudiera abrir una tienda y vender alcohol, no habría ninguna razón para pagar sobornos. Por supuesto, hay otras buenas razones para justificar la existencia del monopolio, como el control del consumo de alcohol. Pero desde el punto de vista de la lucha contra la corrupción, todo tipo de monopolio es malo, porque los monopolios son un incentivo al pago de sobornos.

¿Alguna vez usted ha dudado ante la oferta de un regalo?
Claes Sandgren: Creo que nadie nunca me ofreció nada. Tal vez la gente se dé cuenta de que no soy un hombre influyente.

Son muchos los códigos de ética del país. Pero Suecia también tiene sus megalómanos:

EL ALCALDE Y LEGIONARIO ROMANO

El controvertido mural decorado con personajes reales en la Alcaldía de Hörby.

Con el pecho tomado por el orgullo incontenible y la felicidad incontrolable, el alcalde de la ciudad de Hörby, al sur de Suecia, llamó a toda la prensa local en mayo de 2013. La ocasión era la solemne inauguración del nuevo mural artístico de la Alcaldía. En la pintura, de proporciones gigantescas, un detalle llamaba la atención: el propio alcalde, Lars Ahlkvist, aparecía en la pared retratado como un soldado romano, un legionario armado, con casco y armadura.

La obra delirante exhibe, en uno de los extremos, al alcalde-legionario acompañando a la procesión de la crucifixión de Jesús. En el rincón opuesto, se ve una escena de la Segunda Guerra Mundial, que representa a los pilotos británicos muertos en los alrededores de Hörby. Entre los dos extremos se puede identificar otra cara familiar en la pantalla: uno de los principales empresarios de la ciudad aparece en el mural vestido como el rey sueco Karl XI, junto a su esposa, representada con trajes de dama aristocrática.

Con la atención centrada en la fiesta estética que involucraba al alcalde y al empresario, el mérito artístico de la obra fue poco discutido y mucho menos tratado. Los cañones de la prensa apuntaban principalmente al hecho de que el alcalde, al decidir instalar una nueva obra artística en la Alcaldía, no había abierto una licitación para la elección del artista. El pedido se hizo directamente al artista Johan Falkman, conocido del alcalde y amigo del empresario, que a su vez era el vecino del alcalde. El costo para las arcas públicas: 600.000 coronas (alrededor de 92.000 dólares).

El diario *Skånska Dagbladet* publicó el siguiente diálogo con el alcalde-soldado:

Reportero: **La ley establece claramente que la compra de una obra de arte debe ser realizada por un comité especializado en arte.**

Alcalde: Vengo de una familia de artistas y siempre le dediqué mucho tiempo al arte.

Reportero: **¿Pero tienes algún tipo de educación artística formal?**[2]

Alcalde: Para mí, lo importante siempre fue la aspiración

---

2 En Suecia, alcaldes y políticos en general son tratados con el pronombre "tú"

por el conocimiento de las artes, y no una educación formal en este campo. Y en términos de conocimiento, no tengo ninguna duda acerca de mi capacidad.

Al darse cuenta de que el mural dio fama a la ciudad menos por su valor artístico que por lo ridículo alrededor de los personajes vivos retratados, varios políticos locales se apresuraron a distanciarse de la obra. Algunos incluso trataron de articular la dimisión del alcalde. Fue en vano.

La administración municipal argumentó que la obra había sido ordenada directamente a Falkman por el hecho de requerir una cualificación artística específica: la especialización en "arte monumental".

De acuerdo con la página web de la televisión pública sueca SVT, el alcalde-legionario cerró la discusión y las controversias enfatizando que el arte siempre debe estimular el debate, y que la obra solo había aportado beneficios a la ciudad:

"El mural está atrayendo la atención sobre Hörby y eso es muy bueno".

LA FIESTA SECRETA DE LA POLICÍA SECRETA

Las agencias gubernamentales también ultrapasan los límites de lo que es tolerado por el contribuyente sueco. Uno de los más raros ejemplos fue la gran fiesta organizada en 2011 por la policía secreta sueca (Säpo), con un tema escogido a mano: Bond, James Bond.

La fiesta secreta, organizada para los mil empleados de la policía secreta Säpo, costó la bagatela de 5,3 millones de coronas (alrededor de 811.000 dólares). Cada centavo fue gastado para crear el ambiente inspirado en el mundo de los espías: la sala reproducía un casino en el cual los empleados de la Säpo circulaban entre *croupiers* y jugaban *black jack,* apostando con dinero falso.

"Säpo hizo aquí su fiesta secreta con el tema de James Bond". Gastos en fiesta temática de la policía secreta generó escándalo.

En el escenario, se turnaban artistas famosos, bailarines y comediantes. La orquesta Ambassadour, conocida por entretener a los invitados de la fiesta anual del Premio Nobel, tocaba éxitos de las películas de James Bond.

Entre los invitados, según algunos informes, estaba Jonathan Evans, jefe del MI5, el servicio secreto británico. El programa oficial del evento exaltó la fuente de inspiración para la fiesta y la cena de gala: el genio de Albert Broccoli, el legendario productor estadounidense de las películas de James Bond.

La fiesta fue revelada en 2012 por el diario *Dagens Nyheter*, con una dura crítica.

—Al contrario de lo que exige la ley, no se llevó a cabo ninguna licitación para el evento, y el contrato de varios millones fue entregado directamente a una agencia —denunció el diario.

El costo total de la fiesta se registró como representación interna. Sin embargo, el diario reveló que hubo errores en la declaración de impuestos sobre el valor agregado, algo que fue admitido por la dirección de la Säpo.

El entonces jefe de la Säpo, Anders Thornberg, dijo a *Dagens Nyheter* que la fiesta fue una especie de inyección de ánimo para los empleados, después de un año particularmente estresante en el que hubo amenazas terroristas, un atentado suicida y una reorganización estructural de la agencia.

Sin embargo, para el diario, fue otro ejemplo de una secuencia de abusos del sistema.

—A pesar de que hubo una serie de revelaciones sobre los caros viajes de conferencia y fiestas de confraternización para los empleados, el primer ministro Fredrik Reinfeldt dice que son casos aislados y no problemas del sistema —acusó el *Dagens Nyheter*.

También en 2012, el mismo *Dagens Nyheter* reveló las fiestas de otro organismo público. La Agencia para el

Desarrollo Económico y Regional (*Tillväxtverket*), según la denuncia, gastó 25.000 coronas por empleado (unos 3.800 dólares), desde enero de 2010, en eventos sociales de confraternización, como cenas, viajes de esquí y visitas a spas.

En total, en dos años de orgías oficiales, la agencia gastó el equivalente a más de un millón de dólares. El informe del diario contó los detalles sobre alojamiento en castillos y degustaciones de vinos y chocolates, extravagancias que los contribuyentes suecos en general no desean conceder a los empleados públicos.

Solo en la cena anual de confraternización de los empleados, la agencia gastó 1.476 coronas por cabeza (unos 225 dólares) —más del doble de la cantidad estipulada por las directrices de la propia agencia—. El lugar elegido para la fiesta fue el lujoso Gran Hotel de Estocolmo.

—El Gran Hotel era, en realidad, la opción más barata —intentó defenderse la directora-general de la agencia, Christina Calm.

—Basta —dijo la ministra de Industria sueca, Annie Lööf. En la misma semana en que dimitió Christina Calm, la ministra sueca convocó a los jefes de todas las agencias gubernamentales bajo su control para establecer límites a lo que se podría considerar como "ejemplar" en términos de gastos en eventos para los empleados.

— La Agencia para el Desarrollo Económico y Regional necesita de un director general que tenga la plena confianza de los ciudadanos y del gobierno sueco —dijo Annie Lööf en comunicado oficial.

El año anterior, la agencia recibió un presupuesto adicional de 6 millones de coronas para cubrir sus costos de operación. En 2012, el gobierno negó una nueva solicitud de recursos adicionales. Con la decisión, el *Tillväxtverket* se vio obligado a ahorrar 10 millones de coronas (1,5 millones de dólares).

En 2010, el periodista sueco Peter Wolodarski, del diario *Dagens Nyheter*, ya había advertido que "Suecia no sabe cómo tratar los casos de corrupción".

"La corrupción es un mal que afecta a gran parte del mundo, pero la imagen que tenemos en Suecia es que este es un problema de los otros países", escribió Peter en un editorial.

—Es cierto que, según las estadísticas internacionales, tenemos un grado relativamente bajo de corrupción. Pero nos estamos engañando a nosotros mismos si creemos que este es un problema inexistente en nuestro país. Solo este año, hubo denuncias de soborno en el sistema penitenciario, en el municipio de Gotemburgo y en los planes para el nuevo estadio nacional de fútbol —añadió Wolodarski en referencia a las irregularidades en la construcción del estadio que sustituyó el histórico Råsunda, escenario de la primera gran victoria de la selección brasileña en el Mundial de 1958.

El editorial también recordó las sospechas —negadas por la compañía sueca de sistemas de defensa y seguridad Saab —de pagos de soborno para la venta de cazas Gripen a Sudáfrica, Austria, República Checa y

Hungría. Sin embargo, no se realizó ninguna acusación formal contra Saab al respecto.

El flujo de malas noticias, sobre todo en el ámbito político de los municipios, empezaba a molestar a los suecos. Era el momento de empezar a enfrentar el tema de la corrupción a través del ejercicio favorito de los suecos: el debate.

UN REINO ATORMENTADO

Son las 9 de la mañana y el auditorio del centro de convenciones de Rosenbad, la sede del Gobierno de Suecia, está lleno. En la larga mesa instalada en el podio, los autores del último estudio sobre corrupción en Suecia observan, con cierto asombro, el tamaño de la audiencia que se instala en las sillas del anfiteatro en la primavera de 2013. En otras ocasiones, un seminario sobre un tema tan innoble en la civilizada Suecia no sería capaz, tal vez, de reunir a suficientes personas para llenar un Scania.

Pero hoy, entre las filas del auditorio se aprietan periodistas, politólogos, académicos y representantes de la policía, la industria, los municipios, de todos los ministerios del Gobierno. Hay alrededor de 200 personas reunidas para debatir la pregunta que ahora atormenta a los suecos en los últimos años: ¿hay, después de todo, más corrupción entre el cielo y la tierra de este reino de lo que imaginan sus dignos habitantes?

—Mis colegas extranjeros se sorprenden cuando digo que estudio la corrupción en Suecia —dijo el politólogo Andreas Bergh, uno de los autores del estudio, al inicio del seminario—. ¿Por qué estudiar la corrupción en Suecia? En realidad, el hecho de que nuestro país aparezca en el primer lugar de la lista de países menos corruptos del mundo no significa que la corrupción no exista en Suecia.

El discurso de Anders abrió las entrañas de un animal que hace mucho parecía adormecido en el país. Hacía tiempo que no se hablaba tanto sobre corrupción, y el debate era relativamente reciente: todas las alarmas de la nación sonaron en 2010, cuando un escándalo imprevisto fue revelado. En Gotemburgo, la segunda ciudad más grande de Suecia, las autoridades locales habrían recibido sobornos de un contratista y desviado dinero público para pagar viajes personales y renovar sus casas.

Otros escándalos saldrían a la luz después. En uno de ellos, un político del municipio de Solna, vecino a Estocolmo, se vio obligado a renunciar tras el descubrimiento de que aparecía en la nómina de una empresa constructora que había ganado varios contratos lucrativos en la región. Una nación aturdida empezó a preguntarse si Suecia era, de hecho, tan limpia como indicaban los índices globales.

Era lo que intentaba responder el seminario en Rosenbad. En las más de dos horas de debate tras la presentación del informe sobre corrupción, un hecho vale la pena mencionar: no se planteó ninguna duda sobre el comportamiento ético de los parlamentarios, los jueces y los miembros del poder central. Todos los dedos acusadores apuntaban a una única dirección: las inquietantes ocurrencias registradas en los últimos años en el ámbito de los municipios.

La principal explicación para el fenómeno, según

los panelistas, estaría en el cambio organizacional implementado en los municipios desde fines de la década de 1980: con la privatización de parte de los servicios municipales, estos servicios empezaron a ser fornecidos por empresas privadas, pagadas con fondos públicos.

Los vínculos peligrosos entre el poder público y los empresarios locales dieron lugar a prácticas de corrupción en algunos círculos, alimentando en los municipios lo que el director de la Agencia Nacional Anticorrupción de Suecia, Gunnar Stetler, clasificó en el debate como una sobredosis de *you scratch my back*, una referencia a la expresión en inglés *you scratch my back and I'll scratch yours.* o el popular "hoy por ti, mañana por mí".

—Antes, los ciudadanos pagaban sus impuestos, el municipio usaba el dinero para proporcionar educación, cuidado a ancianos y otros servicios sociales, y el pueblo tenía la oportunidad de inspeccionar qué hacían las autoridades. Sin embargo, en los últimos veinte años, muchos servicios públicos empezaron a ser prestados por el sector privado —dijo Stetler, uno de los conferencistas del seminario en Rosenbad.

—Las empresas privadas ahora administran escuelas y construyen hospitales. Y el punto es que el público no tiene la misma oportunidad de fiscalizar estas empresas privadas. Por lo tanto, crecieron las oportunidades para actuar de manera corrupta. Fue lo que ocurrió en Gotemburgo. Allí, varias actividades antes llevadas a cabo por el sector público fueron entregadas al sector privado, y la gente comenzó a hacer cosas malas. Esto ocurre en todos los países nórdicos —dijo el fiscal.

La zona de riesgo en las actividades de *procurement* a nivel local es también considerable, como apuntala el informe presentado en el seminario:

—El valor de los contratos públicos en Suecia es de 500 mil millones de coronas por año (alrededor de 76.500 millones de dólares), de los cuales 100 mil millones (15.300 millones de dólares) son las compras realizadas directamente —sin licitación y sin transparencia— señalan los autores.

Suecia debe ser extra vigilante para contener problemas potenciales de corrupción en los municipios, dicen. Las tareas bajo responsabilidad de los municipios —como la planificación urbana, la emisión de diferentes tipos de licencias, *procurement* y servicios sociales— son particularmente vulnerables a influencias indebidas. Aunque hay excepciones: de acuerdo con los autores, la fiscalización de los municipios suecos es deficiente —por ejemplo, por los medios de comunicación y los auditores— en comparación con la manera en la que se examina al Estado.

Pero "no hay evidencias", según el informe, que el tamaño del sector público sueco sea un factor causal de la corrupción.

—Descartamos la hipótesis de que la corrupción en los municipios suecos se debe a la política relativamente ambiciosa del *welfare state* (Estado de bienestar social), y el hecho de que el sector público en Suecia sea muy grande para los estándares internacionales —afirman los cuatro politólogos que firman el documento.

El estudio dice que una suposición común, especialmente entre economistas, es que el tamaño del sector público está directamente relacionado con el grado de corrupción de un sistema. De acuerdo con esta teoría, "la corrupción es una consecuencia casi inevitable de la existencia del gobierno y los principales agentes involucrados en ello". Para los autores suecos, esto sería, sin embargo, una "visión simplista".

Una hipótesis alternativa es que, cuanto mayor es el tamaño del sector público, más proclives van a ser los votantes a supervisar si los recursos están bien utilizados. Desde este punto de vista, un sector público pequeño podría ser bastante corrupto precisamente porque es pequeño, ya que los votantes no tienen la percepción de que la mayor parte de su dinero podría ser mal utilizado; las sumas involucradas serían demasiado pequeñas para despertar la participación de los votantes en la supervisión de las acciones del poder público, o provocar su indignación y revuelta.

Ya un sector público más grande, según esa teoría, dejaría a los votantes más críticos y participativos en el sentido de promover el buen desempeño del poder público, reduciendo así el problema de la corrupción.

El estudio sueco señala que los países que lograron construir y mantener grandes Estados de bienestar social también son los que tienen históricamente niveles bajos de corrupción. Muestra el informe, por ejemplo, que con base en diagramas elaborados por la organización Transparencia Internacional sobre la relación entre la percepción de la corrupción y el tamaño del Estado, hay indicios de que los países con menores índices de corrupción tienen en general grandes sectores públicos.

La cuestión es controvertida y no todos están de acuerdo con la teoría expuesta en el seminario. Pero para los politólogos que firmaron el informe presentado en Rosenbad, el remedio para los casos episódicos de corrupción en Suecia no es recortar el gasto público.

—Cuando, en base a nuestra investigación, creamos un índice para analizar cuantitativamente los casos de corrupción en los municipios suecos, descubrimos que este índice tenía una correlación negativa con el tamaño del gasto municipal, incluso cuando se consideraron una serie de otros factores. Así, no hemos identificado ninguna evidencia para apoyar la hipótesis de que Suecia podría luchar contra la corrupción mediante la reducción del tamaño del sector público —dicen los investigadores.

¿Cuál sería entonces la solución para erradicar la corrupción que aparece sobre todo a nivel municipal? Por unanimidad, los participantes del seminario acordaron que es necesario ampliar en los municipios el uso de la misma herramienta que resultó decisiva para barrer los excesos del poder del estado: la ley de transparencia.

—Los ciudadanos y los medios de comunicación deben tener mayores posibilidades de supervisar el poder municipal. Debemos asegurar que los mecanismos de control funcionen, y es necesario ampliar el uso de internet para difundir los gastos municipales —dijo Johan Mörck, investigador de la Agencia Sueca de Administración Pública (*Statskontoret*).

Otro antídoto anticorrupción sugerido por los autores del estudio fue el fortalecimiento de las acciones de auditoría de las cuentas municipales. En el razonamiento del fiscal Gunnar Stetler, las auditorías deben llevarse a cabo en tiempo real:

—Las auditorías anuales no funcionan —dijo Stetler a la audiencia—. Si trato de realizar investigaciones dos años después de que un acto ilegal fue realizado, tendré suerte si consigo reunir suficientes evidencias.

Entre las últimas de las 151 páginas del estudio presentado en Rosenbad, los científicos suecos llegan a mencionar, como un paso positivo, la iniciativa brasileña de promover auditorías en los municipios por sorteo.

Al final del debate, los autores del informe no pudieron enunciar la respuesta que todos buscaban: —No podemos decir con certeza si la corrupción aumentó o no en Suecia —reconocieron. La corrupción es, después de todo, un fenómeno social extremadamente difícil de medir, según el informe. Pero debemos estar alerta. Porque "incluso un bajo grado de corrupción puede causar importantes problemas sociales".

"La corrupción provoca una cadena de efectos negativos sobre el sistema político y económico. Distorsiona la competencia, disminuye la voluntad de las empresas para invertir, debilita el empreendedorismo. Además, la corrupción amenaza la legitimidad del Estado de Derecho y debilita la confianza en las principales instituciones sociales. En consecuencia, la corrupción puede socavar a la vez las condiciones para el desarrollo económico y las bases para el funcionamiento de una forma democrática de gobierno", dice el informe.

El rol de los votantes en la vigilancia del poder es,

para los científicos suecos, esencial en una democracia representativa:

"Votantes con mayor nivel de educación son más propensos a notar un problema, seguir los diarios, identificar el político responsable y castigar a este político al ejercer su poder de voto en las elecciones. Los estudios comparativos también muestran que países con las poblaciones de más alto nivel de educación se asocian con niveles más bajos de corrupción", dice el informe sueco.

—Los votantes deben seguir las irregularidades, asociarlas a las personas y al partido que las cometió y castigarlos en las urnas. De esta manera, los políticos van a saber qué prácticas objetables van a ser punidas —destacan los científicos en el seminario.

A la salida del centro de convenciones, le pregunto a Anders Bergh si Suecia necesita leyes más duras para castigar a los políticos corruptos:

—Creo que no. Cuando un político es expuesto en Suecia por la práctica de un acto ilegal, es prácticamente imposible que sea reelegido. No importa lo que diga la ley.

LA CREACIÓN DE UN CÍRCULO VIRTUOSO

En el piso de Drottningsgatan ("calle de la Reina"), la larga calle peatonal en el centro de Estocolmo, aparecen grabadas en acero algunas frases memorables de August Strindberg, el gran escritor y dramaturgo sueco que vivió en esa calle. Una se destaca por entrar en choque con la realidad política de la actual Suecia: "Hay criatura más dócil e inocente que un exministro?", se preguntaba Strindberg en el siglo XIX.[3]

En la Suecia del siglo XVIII y principios del siglo XIX, no eran pocos los ciudadanos que caminaban a contramano de la moralidad. Sin embargo, desde 1840, se había puesto en marcha un proceso que sentaría las bases de una cultura sólida y duradera de honestidad en el país.

El plan se llevaría a cabo a una velocidad vertiginosa. La estrategia fue una drástica reforma de las instituciones, destinada a establecer el "buen gobierno" en el reino. Fue una especie de *Big Bang* institucional, en la definición del politólogo sueco Bo Rothstein: cambios radicales se introducirían no solo en algunas, pero en casi todas las instancias políticas, sociales y económicas de la nación.

La idea era crear un nuevo círculo virtuoso. Todos los cambios apuntaban al mismo objetivo: la creación de un aparato estatal eficiente, imparcial y universal, volcado a garantizar los derechos de todos los ciudadanos, no de una minoría privilegiada.

La tarea era gigantesca: en el Reino de Suecia, en aquel momento, los sobornos eran abundantes, las relaciones y contactos privilegiados con la corte del rey eran más importantes que las leyes, la nobleza tenía prioridad en la asignación de cargos en los tribunales y en el sector público, funcionarios públicos y oficiales militares compraban y vendían posiciones.

---

3 De acuerdo con el Museo Strindberg de Estocolmo, la frase fue escrita por el autor en un artículo sobre la modernidad destinado al público francés, publicado por el diario *L'Echo de Paris* en 1894: Strindberg, *Qu'est -ce que le modern L'Echo de Paris*, 20/12/1894.

Pregunta de Strindberg grabada en acero en la calle: "Hay criatura más dócil e inocente que un exministro?".

Ni la abierta incapacidad para ejercer una posición era argumento válido para alejar a una autoridad. También era común que los servidores públicos recibieran ingresos de la tierra y propiedades asociadas con la posición que ocupaban. Además, el acceso a las universidades se basaba en gran medida en los contactos personales privilegiados. Los historiadores describen la situación en las escuelas de Derecho en este periodo como "un verdadero atolladero intelectual y organizativo" que duró hasta las primeras décadas del siglo XIX.

El primer paso fue reformar el sector público para la creación de una estructura weberiana (*defendida por el economista alemán Max Weber, creador de la teoría de la burocracia*), en la que los empleados públicos comenzaron a ser reclutados en base a criterios de mérito y de competencia técnica, en concursos abiertos y regulados por un conjunto de reglas universales. Esta reforma se llevó a cabo entre 1860 y 1875, y fue dramática.

La nueva moral requería de los empleados públicos en el trato con los ciudadanos, el criterio de equidad. Actuar de forma imparcial, tratar a todos por igual, sin distinción, y con respeto y atención. Sin privilegiar, como en el viejo orden, las relaciones y los intereses personales.

Toda la concepción de lo que significaba ser un empleado público se ha transformado. La idea de ver un cargo público como un feudo en el cual el "dueño" podía sacar beneficios también sería abandonada. Algunas prácticas corruptas continuaron ocurriendo en cierto grado, pero ya no eran vistas como el "procedimiento estándar".

"La vieja idea de que el cargo público era un tipo de propiedad comenzó a desaparecer", escribió en 1896 el historiador Emil Hildebrand, jefe del Archivo Nacional sueco en ese entonces. Las prácticas corruptas todavía ocurrían en cierta medida, pero la corrupción dejaba de ser la regla estándar.

El orden decrépito fue demolido simultáneamente en otros frentes. En 1842, la reforma del sistema escolar creó la enseñanza obligatoria y gratuita para todos. En 1845, el derecho del gobierno de confiscar periódicos fue abolido, dando lugar a un intenso debate en los medios sobre los actos de poder. En el mismo año, se abolió la supremacía de la aristocracia en la ocupación de los altos puestos de la burocracia estatal. En 1862, un código penal revitalizado estableció una nueva ley para castigar la mala conducta en el ejercicio de la función pública. En 1863, se aprobó la reforma de la educación universitaria. En 1866 se inició una amplia reforma parlamentaria. En 1876, se llevó a cabo una reorganización completa de la burocracia nacional. La lista de reformas era extensa.

Fue una metamorfosis de valores. Suecia construía así una sociedad que se caracterizaba por la calidad del gobierno y la confianza en las instituciones democráticas. Todos pudieron ver que el viejo y corrupto sistema anterior empezaba a morir: tenía sus días contados. Cambiaron las expectativas. El ciudadano ahora estaba seguro de que iba a recibir un trato justo, digno y correcto cuando necesitara de una agencia estatal.

Al darse cuenta del cambio, los ciudadanos también

empezaron a cambiar: cada vez más amoldaban su propio comportamiento al nuevo orden moral. Se convirtió en regla actuar de forma honesta y honorable en la esfera pública, tanto en las relaciones verticales, entre el ciudadano y el Estado, como en las horizontales, de ciudadano a ciudadano.

A fines del siglo XIX, según los estudiosos suecos y extranjeros, la corrupción política había sido prácticamente erradicada en Suecia en el ámbito nacional.

En los municipios, sin embargo, se siguieron detectando irregularidades hasta alrededor de 1950: gran parte del poder local de la época estaba en manos del presidente del consejo de la ciudad, que también manejaba las finanzas del municipio. La solución fue una amplia reforma administrativa en los municipios, que también comenzaron a emplear servidores entrenados y sin sospechas de corrupción en el currículo. Auditores especializados tomaron el control de las finanzas.

Poco a poco, la corrupción se convirtió en algo raro en el ámbito municipal y, por eso, los suecos ven hoy en shock las recientes noticias de irregularidades en los municipios.

La peculiaridad de la estrategia que limpió el país a nivel federal es que solo algunas de las reformas tuvieron como objetivo atacar las prácticas corruptas directamente: la táctica principal fue aplicar un golpe indirecto contra la corrupción, a través de una maniobra incisiva en el centro neurálgico de las instituciones políticas del país. El objetivo principal fue producir una metamorfosis en la cultura política.

—En lugar de simplemente atacar las prácticas de corrupción de forma directa, esta táctica indirecta convirtió una cultura política particularista en una cultura política universalista —dice el profesor Bo Rothstein, del Departamento de Ciencias Políticas de la Universidad de Gotemburgo, en su análisis de la evolución de la corrupción en Suecia.

En la cultura política particularista, el tipo de tratamiento dispensado por las agencias gubernamentales a los ciudadanos depende de la condición y la posición social de cada individuo. Para recibir un buen trato, por lo general es mejor estar bien conectado, tener un buen estatus social y, eventualmente, la voluntad de sobornar. En este tipo de cultura está, según varios estudiosos del tema, la raíz de la corrupción sistémica.

Como afirma Rothstein, es sabido que ser el único honesto en el "juego podrido" de un sistema corrupto no resuelve el problema de la corrupción. En un sistema profundamente corrupto, cita el estudio, la necesidad de ofrecer y exigir soborno se convierte en algo tan impregnado en el "mapa mental" de las personas que termina convirtiéndose en una institución informal en la sociedad. Cuando uno es detenido por la policía, cuando solicita una licencia para abrir un restaurante o cuando se busca un empleo en el sector público, pagar sobornos o actuar de forma ilegal es el procedimiento estándar en un sistema corrupto.

—Incluso aquellos que consideran la corrupción como algo moralmente condenable son proclives a participar en el esquema, ya que "todos los demás" participan del juego —dice el politólogo.

La solución, para él, es el establecimiento de instituciones imparciales, capaces de garantizar a las personas que la mayoría de los "otros" va a honrar sus obligaciones: si la mayoría de los ciudadanos piensa que la mayoría de la sociedad se comporta con honestidad, la cooperación entre individuos que no tienen relaciones especiales se convertirá en algo común en una sociedad con un mayor grado de confianza social.

Rothstein dice que se debe destacar un factor importante: a pesar de que la corrupción tiene características culturales, no está determinada culturalmente. A modo de ejemplo, cita los casos de Hong Kong y Singapur. Un estudio realizado por el científico Hilton Root demuestra, según él, que el extraordinario crecimiento económico logrado por estas sociedades tuvo como requisito previo una exitosa lucha contra la corrupción iniciada en la década de 1970. En una de las últimas listas de Transparencia Internacional, Singapur llegó a compartir el quinto lugar con Suecia en el *ranking* de países menos corruptos, mientras que Hong Kong alcanzó el puesto 14.

Ya otros países de la misma esfera cultural y regional de Singapur y la ex colonia británica de Hong Kong (devuelta a China en 1997), son considerablemente más corruptos: en el mismo *ranking* de la corrupción, China se quedó con la 59.ª posición, e Indonesia con la 96.ª.

"Podemos concluir, por tanto, que el grado de corrupción no está determinado por la cultura", cita el estudio. El texto también menciona varios estudiosos para añadir que los ciudadanos comunes, en sistemas muy corruptos, por lo general no internalizan las prácticas corruptas como actos moralmente legítimos: si la gente estuviera convencida de que la mayoría no participaría en prácticas corruptas, su preferencia sería no recibir u ofrecer soborno.

Lo importante, así, según la investigación, es cambiar la creencia de las personas en el grado de honestidad de los "otros". Y la reforma institucional necesaria para este propósito debe ser amplia. —Los tribunales no son más o menos importantes que el servicio público, la integridad de los líderes políticos elegidos, la sociedad civil o los medios de comunicación —señala el científico sueco.

Si las políticas anticorrupción se limitan a la introducción de pequeñas iniciativas, de acuerdo con el diagnóstico sueco, muy probablemente no tendrán efecto en el cambio de la cultura política y el orden social.

—Es necesario lograr un nuevo tipo de equilibrio —dice Rothstein. Y concluye su análisis con una cita de Larry Diamond, profesor de Sociología y Ciencias Políticas de la universidad estadounidense de Stanford:

"La corrupción endémica no es un defecto que puede ser corregido con un ajuste técnico o un impulso político. Es cómo funciona un sistema, y está profundamente arraigado en las reglas y expectativas de la vida social y política. Para reducir la corrupción a niveles menos destructivos —y mantenerla en ese nivel— se requiere una reforma revolucionaria de las instituciones".

CAPÍTULO IV

¿QUE PAÍS ES ESTE?

EL PRINCIPIO DE LOS TIEMPOS

EN EL PRINCIPIO era el hielo. Se decía que el fin del mundo estaba por aquí. Once mil años antes de Cristo, Suecia estaba cubierta por una enorme masa de hielo, que en la última era glacial llegó a 3.000 metros de profundidad. Cuando los glaciares se derritieron, los primeros visitantes empezaron a descubrir que se trataba de una tierra extraña. En sus viajes por Escandinavia en el año 350 antes de Cristo, el explorador griego Pythaes contó, horrorizado, sobre un lugar frío donde el mar se había convertido en sólido, y donde el sol brillaba más de la mitad del año, pero en la otra mitad solo había noche.

La historia de Pythaes parecía loca. Pero la visión era sobria en esencia: en el extremo norte de Suecia, el sol casi nunca se pone en verano, y durante todo el invierno el cielo se ve dominado por la oscuridad. Cualquier ser humano expuesto a tales extremos puede volverse loco, como es de imaginar. Ni en las latitudes más favorables de la capital, Estocolmo, es posible afirmar que este pueblo viva en condiciones normales: en los diez veranos que pasé acá, el sol solo desaparece a altas horas de la noche, pero nunca por completo, y los pájaros comienzan a cantar a las 3 de la madrugada, anunciando un nuevo día. Durante los inviernos, la noche empieza alrededor de las tres de la tarde.

Más rara que los fenómenos naturales, sin embargo, parecía ser la extraña costumbre de las autoridades de esta tierra de consultar al pueblo sobre temas que preocupan al propio pueblo, ya en los primeros días de su larga historia. Uno de los primeros en darse cuenta de esta aparente anomalía en ese momento fue un monje benedictino francés llamado Ansgar. Alrededor del año 850, Ansgar decidió pedir una audiencia al rey vikingo Olof con el fin de obtener el permiso real para llevar la palabra de Dios a sus súbditos paganos. La respuesta del rey: la decisión tendría que ser tomada por el voto del pueblo, que se reuniría en el *ting*, la rudimentaria asamblea de la era vikinga.

Sorprendido por tal revelación terrena, Ansgar anotó en sus crónicas que era la costumbre en estas tierras "decidir sobre cualquier asunto de carácter público más por la voluntad unánime del pueblo que por las órdenes del rey". (Herman Lindqvist, *Sveriges Historia*, 2002).

En la Edad Media, este siguió siendo un pueblo peculiar. Cuando el rey sueco Magnus Eriksson fue elegido en la asamblea reunida en los alrededores de Uppsala en

1319, cuatro campesinos de cada distrito estaban presentes. En esos días, se elegía a los reyes. El rey tenía que respetar las voces de los hombres comunes de Suecia en materia tributaria. Fueron los primordios de una larga tradición de participación popular en las decisiones del país.

Junto al rey siempre hubo un Parlamento. Y cuando la primera forma de *Riksdag* (Parlamento) fue creada en el siglo XV, los campesinos también tenían voz: eran uno de los cuatro "Estados" o clases de la asamblea, formada por representantes de la nobleza, el clero, la burguesía y el campesinado. Eso no ocurrió en ningún otro lugar de Europa.

—El carácter popular, "democrático", estuvo representado por el estado campesino. A lo largo de su historia, Suecia nunca pasó por períodos de clara servidumbre feudal, ni por períodos en los cuáles la clase campesina propietaria de tierras hubiera sido totalmente marginada, excluida por la nobleza terrateniente —observa el politólogo sueco Olof Ruin.

Al contrario de lo sucedido en otros países europeos, el rey de Suecia nunca ejerció un poder puramente absoluto. El período más autocrático que atravesó el país fueron los años del auge del Imperio Sueco (1561-1721), cuando Suecia, tomada por una euforia bélica, ocupó partes de Alemania, Rusia, Dinamarca, Finlandia y los países bálticos.

Fue entonces que uno de los filósofos más famosos de Europa, el francés René Descartes, sucumbió al frío sueco: invitado a visitar el país por la reina Cristina, no resistió a las temperaturas del frío castillo de Estocolmo, y se dice que murió de neumonía unos meses después de su llegada al país en 1650.

Los tiempos de superpotencia sueca también terminaron sin victorias. El equilibrio del poder entre el rey y el Parlamento sería establecido ya en la Constitución de 1809.

Pero la mayoría del pueblo, incluidas las mujeres y los trabajadores de bajos ingresos, seguían marginados de la política. Y había hambre en Suecia.

HAMBRE, POBREZA Y CERDOS EN LAS CALLES

En la primera mitad del siglo XIX, había vacas pastando y cerdos gruñendo en el paisaje urbano de la capital de Suecia, Estocolmo. El país era pobre, estaba tomado por el hambre. Alrededor de 1860, llegaban desde Londres donaciones voluntarias para la hambrienta Suecia. La economía del país era agraria y atrasada, y casi el 90% de la población vivía y trabajaba en el campo. En la capital, los barrios obreros eran tremendamente pobres, donde los trabajadores alquilaban camas en habitaciones muy pobres y superpobladas. Hasta principios del siglo XX, Estocolmo, fundada alrededor de 1251, todavía era una ciudad insalubre: la expectativa de vida promedio de los habitantes de Estocolmo era de treinta y nueve años para los hombres, y cuarenta y siete para las mujeres.

Para muchos, la salida de la desesperación fueron los puertos. Entre 1851 y 1930, alrededor de 1,3 millones de suecos emigraron en busca de un futuro mejor, especialmente hacia Estados Unidos: un número que correspondía aproximadamente, en ese tiempo, a un 25% de la población sueca. Cerca de diez mil inmigrantes suecos fueron a Brasil, y aproximadamente 16.000 a Australia. Miles de jóvenes suecas también dejaron la escasez del campo para trabajar como empleadas domésticas en los hogares estadounidenses.

Pero Suecia empezaba a cambiar su historia.

Tenía recursos naturales de gran valor, como reservas minerales y bosques. Ahora la industria florecía basada en los descubrimientos científicos y fuertes inversiones en educación, tecnología e infraestructura. El país estaba camino a la modernización.

En 1842, se introdujo la educación primaria gratuita y obligatoria para todos. La idea produjo la oposición tanto del sector agrario, que no quería pagar los costes de la aventura, como de grupos conservadores, que no veían sentido en educar a los más pobres y provocar sentimientos revolucionarios entre las masas que migraron a las ciudades. Pero la decisión se llevó a cabo, como una manera incluso de convertir a los niños en ciudadanos obedientes y socialmente ajustados. La tasa de alfabetización llegó a niveles cada vez más altos. Y cada vez más los hijos de los trabajadores y la clase media baja comenzaron a llegar a la universidad.

A la vez, la confianza en las instituciones fue construida gradualmente a través de reformas estructurales que reducirían la corrupción y darían lugar a una administración pública imparcial y transparente.

También iban a surgir, al final del siglo XIX, una serie de movimientos populares de organización democrática: los sindicatos y los movimientos laboristas, que luchaban por mejores condiciones de trabajo; el movimiento de abstemios, que defendía el fin del alcoholismo; los grupos religiosos independientes que predicaban el derecho a prácticas religiosas al margen de la Iglesia Luterana, y cooperativas que organizaban la distribución de bienes de consumo más baratos.

—En Suecia, esos movimientos populares constituyeron verdaderas escuelas de formación democrática, en una época en que no estaban completamente desarrollados el sistema parlamentario, el sufragio universal e igualitario —subraya el politólogo Olof Ruina. El sufragio universal para hombres y mujeres recién se introduciría en 1921.

Hasta el siglo XIX, Suecia fue uno de los países más pobres de Europa. En el siglo XX, con una población bastante educada y calificada, el país se convertiría en una de las naciones industriales más prósperas y sofisticadas del mundo. Y muchos de los inmigrantes que habían dejado el país en tiempos de incertidumbre empezaron a volver a casa.

LA LLEGADA DE LOS FERROCARRILES Y LA RIQUEZA

Fue con terror incontenido que los suecos asistieron a la llegada de las primeras locomotoras al país. Se hablaba de la increíble velocidad de los trenes que viajaban a unos cuarenta kilómetros por hora. Muchos temían que, con tal ritmo rápido, la gente no podría respirar correctamente, y caerían, inconscientes en el suelo de la locomotora. Para agravar el terror en general, un médico alemán advirtió con toda su autoridad científica, durante un debate en el Parlamento sueco, que un pasajero que se atreviera a mirar por la ventana en esa velocidad infernal correría el riesgo de sufrir una lesión cerebral.

Más frenético era el ritmo de crecimiento económico. Una serie de reformas económicas y liberales impulsó la expansión sueca, con la aprobación de la ley de libre comercio de 1864 y la adhesión de Suecia a las reglas del libre comercio internacional al año siguiente.

Para entonces, la antes subdesarrollada Suecia experimentaba una explosión tecnológica brillante, con la aparición de un conjunto de inventos e innovaciones patentadas en el país.

Mucho antes, el astrónomo sueco Anders Celsius ya había desarrollado la escala utilizada en los termómetros. Ahora, los inventos suecos se multiplicaban: la dinamita de Alfred Nobel, la primera centrífuga y separadora de leche y crema, los fósforos seguros, los teléfonos modernos de Ericsson. En 1900, Estocolmo era la ciudad con más números de teléfono del mundo. Con los años, el avance de la tecnología sueca llevaría a innovaciones como la cremallera, los rodamientos de esferas (que solucionaron uno de los más importantes problemas industriales de principios del siglo XX), el envase de larga vida Tetra Pak, el marcapasos del Dr. Rune Elmqvist, y el cinturón de seguridad de tres puntos del ingeniero Nils Bohlin, de Volvo.

El espíritu innovador y emprendedor todavía sobrevive, con inventos suecos como Skype, que permite a las personas comunicarse de forma gratuita a través de internet; la pantalla a color para ordenadores, de Håkan Lans, y el servicio de música *online* Spotify.

Al mismo ritmo de las primeras innovaciones, las empresas suecas se multiplicaron y se expandieron por el mundo, como las transnacionales Ericsson, SKF, Electrolux, AGA, Bofors, Saab, Scania y Volvo.

La Suecia de los campesinos y agricultores se convertía, en las pocas décadas de 1900 a 1930, en un país industrializado. La Suecia moderna emergió en la década de 1930, y con ella nació un nuevo concepto radical de diseño y arquitectura urbana —eran los tiempos del *funkis*, el funcionalismo.

La política sueca de neutralidad en las dos guerras mundiales sería una gran aliada en el proceso de "milagro económico" que tuvo lugar: la capacidad industrial de Suecia quedó intacta.[4]

Especialmente en los años posteriores a la Segunda Guerra Mundial, el país estaba listo para suministrar los productos necesarios para la reconstrucción de Europa y su poder económico crecería aún más. Suecia se enriqueció.[5]

4 Durante la Segunda Guerra Mundial, Alemania fue el principal socio comercial de Suecia (Lars Magnusson, *Sveriges Economiska Historia*, Norstedts, 2010.)

5 La neutral y pacífica Suecia también se convirtió en uno de los más grandes fabricantes de armas del mundo. Desde el invento de la dinamita de Alfred Nobel en 1865, las innovaciones suecas contribuyeron al arte de la guerra. Durante la Segunda Guerra Mundial, la misma neutralidad sueca solo fue posible debido a circunstancias geopolíticas especiales: Suecia era una importante fuente de hierro para los alemanes, y estos tenían interés en dejar al país en paz. Dinamarca y Noruega no tuvieron la misma suerte: sus invasiones sucedieron precisamente para mantener a salvo la ruta del hierro sueco. Suecia se convirtió, por otro lado, en un refugio para daneses y noruegos que huían de los alemanes.

En política, estaba en marcha una transformación radical de la vida de la nación.

NACE EL MODELO SUECO

La progresista Suecia ahora era señalada por muchos como el camino hacia el futuro: en el mundo polarizado del siglo XX, los experimentos radicales en el país parecían ofrecer un camino intermedio entre los excesos del capitalismo y el socialismo. El camino sueco era en realidad lo que terminaría caracterizado como el "capitalismo nórdico", una fórmula que combina básicamente una economía de mercado vigorosa con un sustancial *welfare state,* un Estado providencia universal y basado en la igualdad de oportunidades, la solidaridad social, la salud, la educación y la cultura para todos.

En el origen del *welfare state* sueco estaban los movimientos populares, laboristas y asistencialistas que surgieron a fines del siglo XIX. En la primavera de 1889, entre esos movimientos populares, se creó el Partido Laborista Socialdemócrata de Suecia. Las propuestas de cambio social también nacen de políticos liberales, y en 1913 Suecia se convirtió en el primer país en crear un sistema de jubilación pública para todos los ciudadanos. Era el comienzo del moderno Estado de bienestar social sueco.

En marzo de 1920, Hjalmar Branting formó el primer gobierno socialdemócrata de Suecia, que también sería el primero en Europa.

—La socialdemocracia se presentaba como socialista, a la vez que en la política cotidiana renunciaba a toda ambición concreta en este sentido, al menos como se entiende comúnmente por otros partidos similares, es decir, con la nacionalización de los recursos naturales, la industria, los bancos. La propiedad social no era definida como un objetivo en sí mismo, y la industria permanecía principalmente en manos privadas —señaló el politólogo Olof Ruin, en un artículo sobre el desarrollo del modelo sueco.

—Sin embargo, había una disposición para, a través de diversos mecanismos, disciplinar el capital, combatir los excesos y deformaciones capitalistas y limitar las ganancias —añade.

La palabra del momento era la inclusión social. El objetivo de los programas del Estado providencia, que se implementaría a partir de la década de 1930, fue la articulación de una verdadera red de protección alrededor de los ciudadanos. La expresión *Folkhemmet* (Hogar del Pueblo), creada por el líder socialdemócrata Per Albin Hansson, simboliza el objetivo de la lucha: la gente podría sentirse tan segura en la sociedad cómo se sentían en sus casas.

No habría privilegios ni privilegiados. Hansson, que solía tomar el tranvía para ir a trabajar cuando se convirtió en primer ministro en 1932, explicó así la visión de una sociedad nueva y más humana:

—Un buen hogar no tiene miembros privilegiados o rechazados; no tiene favoritos o hijos postizos. Allí, una persona no mira a otra con desdén; allí, nadie intenta

El primer ministro Hansson y su lección: en un buen hogar, el fuerte no oprime ni roba al débil.

obtener ventajas a expensas de la otra; allí, el fuerte no oprime ni roba a los débiles. En un buen hogar hay igualdad —dijo Hansson en un discurso en el Parlamento.

Per Albin también fue el primer líder político sueco a quien la gente se refería y llamaba únicamente por su primer nombre de pila, sin usar el apellido.

La construcción de la nueva sociedad implicaría una asociación histórica entre el capital y el trabajo. Como parte del conjunto adicional de medidas que formarían el llamado modelo sueco, el movimiento obrero altamente organizado y la industria sueca firmaron un pacto. El flujo de la producción industrial se vería amenazado por un mínimo de huelgas, y los trabajadores tendrían mejores condiciones, con una política salarial marcada por la negociación colectiva y la solidaridad. Estaban garantizadas así las condiciones de estabilidad para el crecimiento económico, que a su vez respaldaría a un amplio programa de protección social. El acuerdo, firmado en 1938, llegó a ser conocido como Pacto de Saltjöbaden, la localidad de la región de Estocolmo donde se realizaron las negociaciones.

—Aquí se mostró el reconocimiento mutuo del rol de los dos actores principales en el proceso económico, motivados por la sensación de bienestar de un país dependiente de las exportaciones para sobrevivir —dijo el periodista estadounidense Marquis Childs—. Mientras que la competitividad internacional de la industria, casi el 90% o el 95% en manos privadas, continuó creciendo, y así manteniendo su prosperidad, la creciente dimensión del Estado de bienestar podía ser financiada a través de impuestos que tendían a seguir el ritmo de los beneficios del sistema de bienestar social.

Suecia se convirtió en un ejemplo de pragmatismo y progreso, con un modelo único que combinaba un pacto entre los trabajadores y la industria, los altos impuestos, las políticas sociales generosas y una economía mixta. Bajo el liderazgo socialdemócrata, el país ya estaba listo para construir un fuerte Estado providencia.

PROTECCIÓN SOCIAL "DE LA CUNA A LA TUMBA"

Con la economía en buena forma, en la década de 1930 comenzó la construcción gradual de un amplio y generoso Estado de bienestar social, cuidadosamente planeado para proteger a los ciudadanos "de la cuna a la tumba". Las reformas, financiadas por uno de los impuestos más altos del mundo, serían drásticas.

El primer paso fue la implementación de treinta y dos paquetes de amplias reformas, que incluyeron la introducción de un extenso sistema de salud pública, así como hospitales-maternidad gratuitos; educación gratuita y de calidad hasta la universidad, incluso con útiles escolares; suministro de vitaminas y tratamiento dental gratuito para niños y adolescentes; generosos beneficios sociales, licencia maternidad y seguro por desempleo, y el aumento de las pensiones públicas garantizadas por el Estado.

Suecia no era, por supuesto, la única nación que disciplinaba el capital y desarrollaba una nueva política social en el siglo XX: era una tendencia mundial, impulsada por el "New Deal" de Franklin Roosevelt después de la Gran Depresión y, en parte, por el debate que se produjo en Gran Bretaña alrededor del Estado de bienestar social inspirado en particular por William Beveridges.

Sin embargo, el modelo social sueco (y escandinavo) contenía un elemento diferencial con respecto a otros modelos de bienestar: la universalidad (Lars Magnusson, *Sveriges Economiska Historia*, Norstedts, 2010). No era una política dirigida principalmente a los pobres, sino más bien era un conjunto de políticas y beneficios dirigidos al bienestar de todos —ricos, pobres, clase media— independientemente de los ingresos de cada uno. Los ricos pagarían impuestos más altos, pero también recibirían generosos beneficios y servicios sociales. La redistribución de la renta reduciría la pobreza y promovería la igualdad en una sociedad solidaria donde todos tendrían las mismas oportunidades.

La inversión en educación pública, como ocurrió en las otras sociedades nórdicas, fue un pilar central del sistema sueco construido.

—Esto se convirtió en un período histórico de inversión en las personas, y facilitó el acceso a recursos que permitieron maximizar su valor en el mercado. Marcados históricamente como los países con las tasas más altas de alfabetización, los países nórdicos fueron, durante mucho tiempo, clasificados en los primeros puestos en términos de educación básica e inversión en investigación —señalan los historiadores suecos Henrik Berggren, editor político del diario liberal *Dagens Nyheter*, y Lars Trägårdh, profesor de la Universidad de Ersta Sköndal, en un artículo.

La extensa lista de beneficios y servicios sociales se ampliará gradualmente a lo largo de las décadas de 1940 y 1950. Y a mediados de la década de 1950, Suecia había alcanzado el más alto nivel de vida, en términos de igualdad, del mundo.

El futuro reservaría crisis graves —especialmente la profunda crisis de la década de 1990, que obligaría al país a tragar el remedio inevitable de los recortes en los gastos del Estado. Pero aquellos tiempos, en los que se consolidaba el modelo social sueco, todavía eran tiempos de euforia.

En la década de 1970, Suecia era el cuarto país más rico del mundo, y los suecos parecían haber creado la utopía de una sociedad justa y perfecta.

UN PAÍS EXTREMO

La extrema Suecia también llamaba la atención por su particular forma de usar las propias neuronas, de donde sacaban ideas inusuales. Se llegó a la conclusión, ¿y por qué no?, de que las amas de casa deberían tener vacaciones pagadas por el gobierno. Fue así hasta mediados de los años 1970, cuando las reinas suecas del hogar viajaban alegres hacia merecidos descansos en los hoteles y posadas del país. Eran tiempos en que la economía aún parecía permitir exorbitancias y tiempos en que las amas de casa todavía habitaban este país en un grado mayor: la entrada de las mujeres en el mercado laboral sería crucial para la expansión de la economía sueca. Hoy en día, alrededor del 76% de las mujeres suecas pertenece a la fuerza de trabajo, de acuerdo con datos de la *Arbetsmiljöverket*, la agencia sueca para temas relacionados con el trabajo.

El concepto de moralidad en Suecia también era peculiar: en una famosa entrevista transmitida por la BBC

Hasta la década de 1970, las amas de casa suecas tenían derecho a vacaciones pagadas por el Estado.

británica en 1969, se produjo un curioso diálogo entre el entonces Ministro de Educación de Suecia, Olof Palme, y el periodista David Frost. El periodista se refirió al tema de la supuesta libertad sexual de los suecos, una imagen alimentada en parte por una serie de películas suecas cargadas de erotismo que llegaban a las pantallas internacionales.

—¿Suecia es realmente, como se suele decir, libre de censura en este sentido? —preguntó Frost.

—Todavía tenemos algún tipo de censura —respondió Palme.

—¿Qué tipo de cosas fueron censuradas en el país últimamente? —preguntó el periodista.

—Algo que censuramos es la violencia, especialmente cuando contiene elementos de sadismo. Por ejemplo,

Palme (derecha) con David Frost: inmorales son los bajos salarios y la desocupación.

algunas películas de Walt Disney fueron prohibidas en Suecia. Es malo asustar a los niños con violencia y sadismo —contestó Palme, ante el asombro del entrevistador.

—La moral no se limita a cuestiones sexuales. (Inmorales) son los bajos salarios y la desocupación —dijo Palme, que poco después se convertiría en primer ministro de Suecia.

En 1809, los suecos habían inventado la figura del *ombudsman* (defensor del pueblo), para que el individuo enfrentara los excesos del poder. Contraria a ese progresismo fue la idea de realizar, en 1941, una política de esterilización de discapacitados y personas con trastornos mentales, que se mantuvo en vigor hasta la década de 1970.

Surgirían ideas más edificantes. En 1979, Suecia fue el primer país en crear una ley que prohibía el castigo corporal en niños. También se prohibió por completo todo tipo de publicidad para niños en la televisión, lo que continúa vigente hoy en día: los niños y las niñas menores de doce años, razonaron los suecos, no tienen edad suficiente para ser expuestos a presiones comerciales. Y no deben ser inducidos a querer juguetes ni ropa que, en muchos casos, no pueden comprar.

Hoy en día, la industria de la publicidad sueca también refleja la conocida repulsa nacional contra la publicidad que refuerza los estereotipos de género, como el concepto de la mujer-objeto: los carteles publicitarios con mujeres (u hombres) semidesnudos por lo general no forman parte del paisaje urbano de Suecia.

"Cualquier persona que intentara vender un auto con la ayuda (de publicidad) de mujeres casi desnudas no volvería a ser contratada", escribió la periodista Barbro Hedvall.

Se escucharon protestas generales cuando una compañía aérea irlandesa publicó en Suecia, en 2008, una campaña publicitaria considerada sexista. En el comercial, una mujer en minifalda y mini blusa posaba como estudiante al lado de una pizarra donde se podía leer: "Las ofertas más calientes para volver a las clases".

—Se utilizó la imagen de la mujer para atraer la atención de la gente de una manera sexual, algo que es ofensivo para las mujeres en general —condenó el Consejo Sueco de Ética Comercial contra el Sexismo en la Publicidad.

La igualdad entre los sexos es un aspecto importante de este país, en el que el propio ministro de Finanzas, Anders Borg, se define como feminista. En la década de 1970, llegaron a realizarse algunos experimentos radicales en las escuelas. Las niñas recibieron coches para jugar, y los niños, muñecas. Hasta hoy, desde la etapa preescolar los niños suecos se liberan de las expectativas relacionadas con los roles tradicionalmente impuestos a chicos y chicas. La idea es asegurarse de que los niños tengan igualdad de oportunidades y libertad para tomar sus decisiones. No importa su sexo.

En una noche de 2013 los noticieros de la televisión empezaron con un hecho que sin duda produjo úlcera en los estómagos suecos. La maestra de una escuela había enviado los chicos a la cancha de baloncesto, mientras que las chicas habían quedado con la tarea de decorar la clase para un evento festivo. Una discriminación por sexo inaceptable, acusaron los medios de comunicación. Al informar sobre el caso, se dedicaron largos minutos a explicaciones y pedidos de disculpas de la maestra, así como a entrevistas en las cuales las alumnas dijeron que hubieran preferido jugar al baloncesto en lugar de recortar flores de papel.

En círculos por ahora reducidos, incluso los pronombres de tratamiento "él" (*"han"* en sueco) y "ella" (*"hon"*) fueron abolidos y reemplazados por un pronombre neutro, bautizado *"hen"*. Este es el caso de la guardería Egalia en Estocolmo, que adoptó el neologismo como forma de neutralizar las barreras entre géneros. En los estantes de la biblioteca de la escuela, además de los cuentos de hadas clásicos, también hay libros sobre padres solteros y parejas homosexuales.

El compromiso con el objetivo de lograr una mayor igualdad entre los sexos generó, gradualmente, una nueva realidad: las tareas del hogar, básicamente, se dividen entre hombres y mujeres, aunque la carga de las mujeres todavía es mayor. Los suecos llegaron a cronometrar este progreso: las tareas del hogar diarias realizadas por las mujeres se redujeron en catorce minutos entre 2000 y 2010, mientras que las de los hombres aumentaron once minutos.

Por las estadísticas de la OCDE (Organización para la Cooperación y el Desarrollo Económico), los hombres suecos pasan 177 minutos por día cocinando, limpiando o realizando algún otro tipo de tarea doméstica, más que el promedio europeo de 131 minutos, pero mucho menos que las mujeres suecas, que dedican un promedio de 249 minutos diarios a las tareas del hogar.

En la arena política, las mujeres están bien representadas. En el actual Parlamento, por ejemplo, las mujeres son el 45% del total de 349 diputados.

Las reglas para la sucesión al trono de Suecia también cambiaron para permitir que la corona fuera transmitida al hijo mayor independientemente de su sexo. La reforma constitucional, aprobada en 1980, convirtió a la princesa Victoria en la heredera al trono, en lugar de su hermano menor, el príncipe Carl Philip.

Pero la subrepresentación de las mujeres en cargos ejecutivos persiste en Suecia, así como las diferencias de salarios: en promedio, los hombres suecos ganan entre el 10% y el 15% más que las mujeres en el país.

LA TEORÍA SUECA DEL AMOR

Esta es una de las características centrales del modelo sueco, y de los nórdicos en general: cada uno de los ciudadanos, hombres y mujeres, es responsable por su propio sustento y subsistencia.

"La legislación nórdica refleja esta percepción desde la década de 1970", escribe Kristina Persson, ex vice directora del Banco Central de Suecia y actual directora del instituto sueco Global Utmaning, en artículo presentado en el Foro Económico Mundial de Davos en 2011. "La tributación es individual, es decir que ni la familia ni el agregado familiar son una unidad fiscal. Tanto las pensiones por jubilación como los subsidios por enfermedad están relacionados con el individuo. Cada miembro de la pareja está obligado a cuidar de sus hijos, pero no tienen la obligación de cuidar uno del otro, ya sea hombre o mujer".

Es lo que los historiadores suecos Henrik Berggren y Lars Trägårdh llaman "teoría sueca del amor": las verdaderas relaciones de amor y amistad en Suecia solo pueden ocurrir entre personas que no dependen unas de las otras.

En 2010, el matrimonio de la heredera al trono con su antiguo profesor de gimnasia animó a los súbditos del reino. Entre los plebeyos, la historia no suele terminar bien: la tasa de divorcio en Suecia es una de las más altas del mundo. Pero cuando el amor se termina, muchos hombres todavía pueden ser felices para siempre con sus hijos. Y el divorcio duele menos en el bolsillo.

Bajo la ley sueca, desde la década de 1990 un hombre no está obligado a pagar pensión ni a su exmujer, ni a sus hijos. La única condición para no tener que pagar la pensión es también un deseo de muchos hombres: compartir la custodia de los niños con la expareja.

Cada vez más, la custodia compartida es norma en el país. Hoy en día, más del 30% de los hijos de parejas separadas viven parte del tiempo con la madre y otra parte con el padre. Entre los niños de seis a diez años, esta proporción es aún mayor: el 50%.

Un informe filmado para la *TV Bandeirantes* en 2012, mostró cómo vive el sueco Anders Herlitz después de divorciarse de su primera esposa. Anders me dijo que tiene a sus dos hijos del matrimonio anterior por el sistema de custodia compartida. Los niños viven una semana con él, y otra semana en la casa de la madre. Casado hoy con la brasileña Daniela Gradim, con quien tuvo una hija, Maria Isabela, Anders dice que en Suecia es común compartir la custodia de los niños. Y también las cuentas.

En la semana en que los niños están con él, es Anders quien cuida de ellos y paga los costos. Cuando los niños van a la casa de la madre, es ella quien paga los gastos de comida, ropa y cuentas en general. Los gastos adicionales, como las clases de deportes, se comparten entre Anders y su exesposa.

—Todo se divide. Cincuenta por ciento para el padre, el otro cincuenta para la madre —cuenta Daniela.

La ley sueca es clara: el hombre solo está obligado a pagar la pensión a los niños si ellos viven con la madre a tiempo completo. Si los niños viven solo con el padre, es la madre quien paga la pensión. En la custodia compartida, ni el padre ni la madre tienen que pagar pensión.

En opinión de la abogada Lotta Insulander-Lindh, una de las más grandes expertas en divorcio en el país, en muchos casos, el sistema puede ser injusto: el niño puede terminar comiendo filete en la casa de su padre, y salchicha en la casa de su madre.

No todos están de acuerdo. Al igual que muchas suecas divorciadas, a Anna James, madre de dos hijos, le resulta extraño pedirle dinero a su exmarido.

—No quiero que nadie me mantenga. Gano mi propio dinero y decido sobre mi propia vida —me dijo Anna. Ella piensa que, si la mujer gana poco, "es responsabilidad de la mujer esforzarse por conseguir un trabajo mejor."

—Es diferente la forma de pensar de las suecas. Es algo típico de esa independencia. Para mí, sería muy difícil —admite la brasileña Daniela.

Esas familias suecas modernas también pasan los cumpleaños e incluso la Navidad juntas. Las fiestas reúnen alrededor de la mesa a exmaridos, exmujeres, padrastros, madrastras y hermanastros. Todo por el bien de los niños.

La custodia compartida de los hijos se aprobó en Suecia en la década de 1990. En ese momento, muchos tuvieron miedo de esa nueva forma de criar a los hijos. Pero una investigación del Instituto Karolinska de Suecia, publicada en 2012, indica que, para los niños, vivir en ambas casas es más beneficioso que vivir solo con uno de los padres.

La investigación contó con la participación de más de 170.000 niños de parejas separadas, y llegó a la conclusión de que los niños que viven con su padre y su madre a intervalos regulares son más felices. La investigación demostró que son psicológicamente más saludables y se adaptan mejor a la escuela que los niños que viven con solo uno de los padres.

—Cambiar de casa cada semana no es un problema. El problema, para mí, sería tener que elegir vivir solo con uno de mis padres —dijo Hamilton Lublin, de diecisiete años, en el informe grabado para la *TV Bandeirantes*.

Al igual que en otros países nórdicos, el papel de los hombres suecos en el cuidado de los niños es bien conocido. En la década de 1970, Suecia fue el primer país en transformar la licencia maternidad en una licencia parental, para la madre y el padre del niño. Hoy en día, los padres piden alrededor del 20% de todas las licencias parentales, pero este número va en aumento. Según las estadísticas, los hombres suecos se ausentan en promedio noventa y tres días del trabajo para quedarse en casa con el bebé.

Hace treinta años, el gobierno hizo una campaña con un campeón de levantamiento de pesas con un bebé en sus brazos, para convencer a los padres de que cuidar del bebé también era cosa de hombres. Hoy, las señales de la modernidad están por todas partes.

La escena es común en la capital sueca: todos los días, se ve a ejecutivos de traje empujando sus cochecitos de bebé, mientras hablan por celular sobre sus negocios. O padres corriendo con los coches de sus bebés, que guían y maniobran por los callejones de los parques de la ciudad.

Ocuparse de las tareas del hogar y ser independientes es algo que se aprende desde temprano, en la escuela. En las escuelas de Suecia, aprender a cocinar, coser, lavar la ropa y coser un botón son materias obligatorias en el currículo escolar, tanto para las chicas como para los chicos.

Cartel de la campaña del gobierno para alentar a los padres a cuidar también de los hijos.

En las cocinas de las escuelas, los estudiantes preparan una nueva receta cada semana. Descubren la diferencia entre los pepinos y los calabacines, aprenden el valor nutricional de los alimentos y tienen clases de economía doméstica. En la clase de lavado de ropa, son entrenados para seleccionar el ciclo correcto de la máquina para el lavado de diferentes tejidos como el algodón y la lana. A la hora de limpiar, los estudiantes aprenden qué productos utilizar para lavar los platos, el suelo o el refrigerador. Chicas y chicos también tienen clases de mecánica y carpintería.

En el taller de costura, los docentes enseñan a hacer dobladillos en los pantalones y coser la ropa. Los estudiantes suecos tienen hasta clases de tejido. Y la tarea de los chicos puede ser tejer una bufanda.

EL SISTEMA DE BIENESTAR SOCIAL

Los años dorados del Estado providencia sueco duraron hasta mediados de los años setenta, cuando Suecia tenía fama de haber creado la sociedad más justa e igualitaria del mundo. Pero las turbulencias y las crisis comenzarían a desequilibrar el vuelo estable de la economía sueca, y se produjeron recortes en una política social radicalmente generosa. La crisis del petróleo había afectado profundamente a Suecia, que en la década de 1990 todavía enfrentaría a una grave recesión causada por la explosión de una burbuja inmobiliaria impulsada por el sector bancario. Con el dilema de buscar un Estado de bienestar social más viable, ya durante el gobierno socialdemócrata se adoptaron ajustes y cambios de rumbo, como la reducción de los subsidios y la privatización parcial de los servicios públicos. Desde 2006, las nuevas reformas en el sistema son promovidas por el gobierno de coalición de partidos de centro derecha.

Pero hasta ahora, a pesar de las imperfecciones, el modelo social sueco sigue siendo un sistema robusto, en un país rico que sigue manteniendo una economía fuerte y una industria competitiva.

Cuando nace un niño en Suecia, los padres tienen derecho a una licencia de paternidad remunerada de 480 días. De este total, sesenta días deben ser utilizados exclusivamente por el padre, y otros sesenta días exclusivamente por la madre, lo que significa que no se puede transferir esos días al otro progenitor. El valor de la licencia en los primeros 390 días corresponde al 80% de los ingresos de la persona, según cuánto gane. El límite máximo del subsidio parental es de 874 coronas (unos 140 dólares) por día. Para el resto de los noventa días de la licencia, el valor del subsidio es de 180 coronas suecas (unos 27 dólares) al día. Los 480 días de licencia parental pueden ser solicitados en diferentes momentos hasta que el niño complete ocho años. El padre de un bebé recién nacido puede tomar una licencia adicional de diez días desde el nacimiento del niño. Si son gemelos, se duplica el periodo de licencia: veinte días. Los padres adoptivos tienen los mismos derechos a la licencia parental.

Las guarderías preescolares reciben muchos subsidios del gobierno, y los padres pagan solo el 8% del costo mensual. También hay un límite máximo a pagar por cada niño que asiste a la guardería: para el primer hijo de una pareja, este límite es de 1.260 coronas (unos 190 dólares). El valor de la cuota se reduce gradualmente hasta el cuarto hijo de una pareja, que puede asistir a la guardería gratis. El salario promedio de un sueco es de 35.800 coronas, de acuerdo con las estadísticas de 2012. También es común que los padres se unan en cooperativas para crear y gestionar sus propias guarderías, que son financiadas por el gobierno dentro del mismo sistema.

Desde el momento de su nacimiento, cada niño recibe una asignación mensual del gobierno de 1.050 coronas (unos 160 dólares) hasta completar dieciséis años. Cuantos más hijos tiene la pareja, mayor será el valor del beneficio: el subsidio aumenta progresivamente desde el nacimiento del segundo hijo, hasta un máximo de 10.014 coronas mensuales (unos 1.500 dólares) para una familia con seis hijos.

Después de cumplir los dieciséis años, cada niño empieza a recibir una asignación mensual del gobierno de 160 dólares al mes, como ayuda financiera mientras completa su período de estudio. La contribución se paga durante diez meses al año, es decir, no cubre el período de vacaciones escolares.

El cuidado dental es gratuito para niños y adolescentes hasta la edad de dieciocho años. El gobierno regional también puede financiar la ortodoncia: si los expertos consideran necesario la corrección de los dientes, el paciente recibe un "cheque salud de los dientes" para financiar el gasto con el ortodoncista de su elección.

Cuando los niños tienen problemas serios de visión,

es también el gobierno regional el que paga por las gafas. Para familias con una situación económica difícil, los padres de los niños con problemas de visión más comunes pueden ponerse en contacto con los servicios sociales, que entonces financian las gafas.

El sistema educativo es financiado principalmente por la recaudación de impuestos, y Suecia es uno de los países que más gasta en ese sector. No hay cuotas escolares. Desde la edad de seis años, todos los niños tienen acceso gratuito a la educación, que es obligatoria hasta el último año de la escuela secundaria. Las escuelas también ofrecen todos los útiles escolares, incluyendo libros, cuadernillos y cuadernos. La comida en la escuela también es gratuita y, por lo general, consiste en un buffet que incluye dos platos calientes y una opción vegetariana, así como ensaladas, verduras, panes y frutas. Después de la escuela, se ofrecen guardería y actividades supervisadas en las escuelas por las tardes para niños entre seis y doce años. Después de las cuatro de la tarde, empiezan a llegar los padres, que salen de sus empleos directamente para buscar a sus hijos.[6]

Si deciden ir a la universidad —que también es gratuita—, los estudiantes suecos tienen derecho a una ayuda económica mensual hasta completar sus estudios. Esta ayuda consiste en un subsidio de 3.066 coronas (unos 463 dólares) por mes, además de un préstamo de 6.710 coronas (alrededor de mil dólares) mensuales. Si

---

6 En Suecia, el 87% de los adultos tienen un diploma de escuela secundaria, un porcentaje superior al promedio de 74% de los otros países de la OCDE (Organización para la Cooperación y el Desarrollo Económico). Fuente: OCDE.

es necesario, el estudiante puede solicitar un suplemento de ayuda financiera. El plazo para el pago del préstamo es el día que el exestudiante completa sesenta años. En mis días de estudiante en la Universidad de Estocolmo, recibía automáticamente un cheque mensual con el valor del subsidio.

El sistema de salud también está ampliamente subsidiado, y la tasa de internación en un hospital es de 80 coronas (unos 12 dólares) por día. Las tarifas para atención básica varían entre 100 y 200 coronas, dependiendo del municipio. Para consultas con especialistas, la tarifa máxima es de 300 coronas (45 dólares). El sistema también aplica un límite máximo de los gastos de una persona en salud: desde el momento en que un paciente paga 900 coronas en el periodo de un año, todos los turnos médicos son gratuitos por un período de doce meses. También hay un techo similar para el coste de medicamentos, lo que significa que nadie gasta más de 1.800 coronas (unos 270 dólares) en salud durante el período de un año .

En 2005, los ayuntamientos y el gobierno central decidieron introducir una garantía en la atención sanitaria. Esto significa que ningún paciente debe esperar más de noventa días, una vez determinado el tipo de atención que necesita. Si el plazo expira, los pacientes tienen la opción de recibir la atención necesaria en otro lugar. El costo, que incluye el transporte, es pagado por el gobierno municipal.

El sistema de seguridad social sueco también incluye subsidios para asistencia por enfermedad. Durante los primeros catorce días de ausencia del empleado, les corresponde a los empleadores pagar el beneficio. En casos de enfermedades con un tratamiento más prolongado, el sistema paga la asistencia durante un período máximo de 364 días, con un valor del 80% de los ingresos del empleado. Después de ese límite, el paciente tiene derecho a recibir la asistencia por enfermedad durante un período adicional de 550 días, con un valor correspondiente al 75% de sus ingresos. El cálculo se basa en los ingresos anuales con un máximo de 333.700 coronas (unos 50 mil dólares). El beneficio puede extenderse en caso de enfermedad grave, y hay reglas específicas que rigen la concesión de asistencia por enfermedad también a estudiantes y desocupados. Los padres de los niños enfermos también tienen derecho a recibir subsidios para quedarse en casa y cuidar a los hijos.

Las personas con discapacidad tienen derecho a asistencia personal y gratuita, incluyendo traslados en taxis o vehículos especialmente adaptados. Para las personas mayores también se ofrece asistencia social en casa, con tasas acordes a la posibilidad que cada uno tiene de pagar. Para personas mayores con recursos limitados, el servicio puede ser gratuito. Todos tienen la alternativa de elegir entre conseguir la atención domiciliaria hasta el final de la vejez, o en hogares de ancianos administrados por los gobiernos municipales.

El sistema de jubilación sueco se compone de tres partes: una pensión mínima garantizada (*garantipension*), una pensión relacionada con el ingreso del trabajador (*inkonstpension*), y una pension Premium (*premiepension*).

Un total del 18,5% del salario y otros beneficios tributables de los trabajadores se destinan a la jubilación pública. La pensión asociada a ingresos (*inkonstpension*) corresponde a un sistema de cuentas nocionales de ahorro individuales a los que el trabajador aporta un 6% de su renta bruta mediante contribuciones definidas y al que se suma un 10% de cotizaciones que aportan las empresas. La cotización total (16%) se destina a la cuenta nocional. El 2,5% restantes se destina a la llamada pensión Premium, que sufre variaciones según el desempeño de los fondos en que el trabajador elija invertir. Hay alrededor de 500 fondos diferentes con diferentes rendimientos. Si la persona no elige un Fondo Premium, el dinero se destinará al Fondo Premium de Ahorro dentro del Fondo Nacional Sueco AP7.

Para quienes tuvieron poco o ningún ingreso durante su vida, hay una parte más pequeña de la jubilación nacional, llamada jubilación garantizada (*garantipension*). El propósito es asegurar a esas personas un valor mínimo mensual. El apoyo para ayudar a los ancianos proporciona una última red de seguridad, garantizando un nivel de vida digno.

Actualmente el seguro desempleo es voluntario, es decir que el trabajador debe inscribirse en instituciones específicas para tener derecho al beneficio, y pagar una cuota mensual. Esas instituciones son conocidas como *A-Kassa* (*Arbetslöshetskassor*), y muchas son administradas por sindicatos. En el paquete básico, la cuota mensual es de 90 coronas al mes (unos 13 dólares). Para poder recibir un seguro de desempleo más alto que el básico, el trabajador debe tener un seguro adicional, con contribuciones mensuales proporcionales a su sueldo.

Cuando pierde su empleo, un trabajador puede recibir el seguro de desempleo por hasta 300 días. En los primeros 200 días, el beneficio equivale al 80% de los salarios anteriores, pero con un límite máximo de alrededor de 100 dólares al día. En los otros 100 días, este porcentaje se reduce al 70%. Los trabajadores que pierden sus empleos y no están afiliados a la *A-Kassa* también pueden obtener beneficios, pero solo en un nivel básico, y no más de unos 48 dólares por día laboral.

Para las familias más pobres o con problemas económicos temporales, los gobiernos municipales proporcionan asistencia en forma de apoyo financiero basada en las evaluaciones individuales. Este apoyo incluye recursos para gastos básicos, a fin de garantizar un nivel de vida razonable.

Todavía es un sistema en gran medida generoso que, no obstante, ha sido mejor. Con los años, el Estado de bienestar social sueco sufrió una serie de reformas para adaptarse a las nuevas condiciones económicas. Los subsidios al desempleo se contrajeron, así como el nivel de recursos para la salud y la vivienda. El sistema escolar sufre actualmente críticas por la caída en el rendimiento académico de los estudiantes, y el aumento del número de niños en cada clase. El modelo también enfrenta deficiencias en la cantidad de profesionales capacitados para atender a ancianos, y la prensa sueca señala el débil control de las autoridades públicas sobre la calidad de los servicios prestados por algunas empresas privadas que, financiadas con dinero de los impuestos, operan en el sector. En la actualidad, varias escuelas también se gestionan de forma independiente, y la gestión privada del sistema de salud es una tendencia creciente.

Desde 2006, el gobierno de centro derecha busca implementar su visión de un modelo sueco renovado: para los ciudadanos suecos debería ser más atractivo trabajar, dice el mensaje, que vivir de los beneficios sociales. La receta básica para animar a la gente a trabajar, en la fórmula actual, es la combinación de la reducción de impuestos para los trabajadores y menos beneficios sociales para quien está fuera del mercado laboral. Los subsidios como asistencia por enfermedad y pensiones por discapacidad se han vuelto menos generosos, mientras que los impuestos sobre los ingresos se redujeron.

Para el gobierno de centro derecha, se trata de modernizar el Estado providencia y estimular la economía sueca, sin alejarse de los valores tradicionales del modelo social sueco. Para la oposición de izquierda, se trata de una receta para la muerte de los ideales de igualdad y solidaridad del país.

LOS NUEVOS TIEMPOS

Los índices son envidiables: Suecia aparece entre los primeros en la lista de los *rankings* globales como el Índice de Desarrollo Humano de las Naciones Unidas (IDH), el Índice de Prosperidad del británico *Legatum Institute*, el Índice de Democracia preparado por *The Economist Intelligence Unit*, el Índice de Calidad de Vida y el Índice Global de Innovación, además de encabezar el nuevo Índice de Progreso Social y el *Web Index,* que mide el nivel de conectividad y uso de internet.

Pero los desafíos del país ocupan las noticias y preocupan a la población, en una nación que se pregunta si su modelo de igualdad y bienestar social, que se convirtió en referencia para el mundo, será sostenible en el futuro. La desigualdad económica crece, el continuo y prolongado envejecimiento de la población afecta el equilibrio del sistema de seguridad social, y los problemas en la política de integración de inmigrantes dan fuerza a un nuevo movimiento político extremista.

Suecia, uno de los países más igualitarios del mundo, se está convirtiendo en un lugar un poco más desigual. Es el país donde la brecha de ingresos entre los más ricos y los más pobres está creciendo más rápidamente dentro de los treinta y cuatro países de la OCDE (Organización para la Cooperación y el Desarrollo Económico), de acuerdo con un informe de 2013.

Los "Safaris de clase" para espiar a los más ricos se convirtieron en una novedad incómoda: autobuses llenos de turistas sociales circularon en 2012 por los rincones nobles de Saltsjöbaden, barrio de clase media alta de Estocolmo, en viajes organizados por la organización de izquierda *Allt åt Alla* ("Todo para todos"). Los paseos terminaban, inevitablemente, con las marcas de los huevos arrojados contra el autobús por los residentes descontentos.

Más que las palpitaciones nerviosas de los más ricos, sin embargo, fue la explosión de revuelta en las comunidades de inmigrantes, que provocaron incendios en nueve suburbios de Estocolmo, hecho que conmocionó a la tranquila Suecia en mayo de 2013. El detonante de los disturbios fue la muerte de un inmigrante de sesenta y nueve años, que recibió un disparo en su propia casa por parte de policías que afirmaron haber actuado en defensa propia cuando el hombre empuñaba un machete. Pero las escenas de batallas campales que se siguieron pusieron de manifiesto los sentimientos de segregación y exclusión experimentados por una parte considerable de los inmigrantes, que representan el 15% de la población sueca. El epicentro de la revuelta fue el barrio de Husby, donde la desocupación alcanza el 8% de sus 12.000 habitantes.

Los más pesimistas proclamaron el fracaso del multiculturalismo y la política de integración. Suecia es uno de los países más solidarios del mundo con los refugiados que huyen de zonas de conflicto y persecución política, y tiene un enorme contingente de inmigrantes chilenos, iraníes y de Yugoslavia, además de ser la nación que recibió el mayor número de inmigrantes iraquíes después de la guerra de Irak. En agosto de 2013, las autoridades suecas anunciaron la concesión inmediata de visas de residencia permanente para refugiados del conflicto en Siria, que llegan a Suecia en olas cada vez más grandes. Gran parte de la población de inmigrantes vive en comunidades aisladas del contacto con la sociedad sueca. Y a pesar de tener acceso a la educación gratuita y a otros servicios públicos, tienen dificultades para conseguir empleo, y no se sienten representados por los políticos. La tensión aumenta.

En 2010, la solidaria Suecia observó con sorpresa y preocupación la entrada de la extrema derecha en el Parlamento. La elección del partido nacionalista Demócratas de Suecia (*Sverigedemokraterna*), con un 5,7% de los votos, confirmó el avance de la extrema derecha en Europa, que exige una drástica reducción en los niveles de inmigración.

—En ese momento, los suecos se chocaron con la elección de la extrema derecha. Ahora parece que están aquí para quedarse. Uno de los desafíos más grandes de Suecia hoy es la integración de los inmigrantes —dice la politóloga Jenny Madestam, de la Universidad de Estocolmo.

Suecia parece necesitar más y más de sus inmigrantes, en un momento en que el reto del envejecimiento de la población también se impone: el país tiene hoy el mayor porcentaje de personas de más de ochenta años, en relación con otros países de la Unión Europea. De los 9,5 millones de habitantes de Suecia, alrededor del 18% ya pasaron la edad jubilatoria, y se calcula que en 2030 el número de jubilados se elevará al 23% de la población. Es casi una bomba de tiempo: una población económicamente activa más pequeña trabaja para sostener un sistema que tiene un contingente creciente de jubilados.

El primer ministro Fredrik Reinfeldt advierte: los suecos deben estar preparados para trabajar más. En 2012, Reinfeldt produjo chispas en el debate al sugerir la ampliación de la edad de jubilación a setenta y cinco años. En el flexible sistema jubilatorio actual, los ciudadanos pueden jubilarse a partir de los sesenta y un años de edad, o trabajar hasta los sesenta y siete.

—El sistema jubilatorio no se basa en la magia, sino en el trabajo de los ciudadanos y la redistribución de los recursos a gran escala. Si las personas creen que pueden vivir más tiempo y reducir su tiempo de servicio, entonces tendrán que aceptar que las pensiones serán más bajas. ¿Y la gente está preparada para esto? Creo que no —dijo Reinfeldt en una entrevista al diario *Dagens Nyheter.*

Fueron muchas las críticas de los adversarios a la idea.

—Para aquellos que viven en el entorno político, como el primer ministro, trabajar más allá de los sesenta y cinco años significa ocupar altos puestos en consejos de administración de empresas, o trabajos muy bien pagos en consultoría. Pero para un obrero o empleado de hospital, que siente que las rodillas y la espalda ya no funcionan tan bien con la edad, la historia es otra —criticó el diario *Aftonbladet.*

El elixir prescrito desde la antigüedad para curar diversos males de la humanidad también está en demanda en Suecia: la creación de más puestos de trabajo. En julio de 2013, la desocupación registrada fue del 7,2%. Entre los jóvenes de edades comprendidas entre quince y veinticuatro años, la tasa fue mayor: 17,3%. El aumento del número de puestos de trabajo será uno de los temas centrales en la campaña para las próximas elecciones generales en septiembre de 2014.

En 2006, la coalición de partidos de centro derecha rompió la hegemonía del poder socialdemócrata que, salvo por breves intervalos, gobernó Suecia durante siete décadas. A poco menos de un año de las nuevas elecciones, el gobierno anunció un quinto recorte de impuestos para los trabajadores. La reacción no fue de celebración, como se podría suponer si Suecia no fuera un país singular: la nueva caída de los impuestos es un acto que desagrada a una porción significativa de la población, y genera un intenso debate en el país.

Los impuestos en Suecia son bastante altos en comparación con otros países. Las tasas municipales varían entre el 29% y el 36% de los ingresos de un individuo, según dónde vive la persona. Además, aquellos que ganan más de 35.500 coronas mensuales —que es el salario promedio de un profesor de la universidad, por ejemplo —pagan impuestos estatales de entre el 20% y el 25% a partir de ciertos niveles de rendimiento. La carga tributaria se incrementa aún más por el impuesto sobre el valor agregado, una tasa del 25% sobre la compra de alimentos y la mayoría de los productos y servicios en general.

Pero alrededor de 75% de los suecos estarían dispuestos a pagar impuestos aún más elevados para financiar los servicios de salud, educación y asistencia a ancianos, según una encuesta realizada en 2010 por el sociólogo sueco Stefan Svallfors. Muchos suecos aún desconfían de los políticos que prometen bajar los impuestos: no quieren mayores amenazas a la generosidad del Estado de bienestar social y la calidad de los servicios públicos, como el sistema escolar y la salud.

—Históricamente, la mayoría de los suecos siempre pagó altos impuestos de buena gana, porque sabe que el dinero será transferido en forma de beneficios sociales y servicios públicos de calidad —dice la periodista Sophia Polhammer, de la agencia sueca *Direkt*, la principal agencia de noticias financieras de Suecia.

—La gente tiene confianza de que no se desvía el dinero de impuestos a los bolsillos de los políticos, sino que es empleado en políticas bien definidas que benefician a todos. Esta "moral de los impuestos" sobrevive en gran medida. La gente paga los impuestos que se recaudan sin quejarse demasiado —añade.

Sophia Polhammer señala que, desde 2006, el gobierno actual promovió una rebaja de impuestos significativa para aquellos que trabajan con el propósito de hacer que muchos de los que hoy en día viven de beneficios sociales vuelvan al mercado de trabajo.

—Pero una de las consecuencias de esta política fue un deterioro en las condiciones de vida de grupos vulnerables, como los desocupados y los que no pueden trabajar por enfermedades. Eso generó, a su vez, un intenso debate político sobre la actual política de reducción de impuestos —dice la periodista.

Este es uno de los dilemas actuales en Suecia: cómo minimizar la caída del alto nivel del Estado de bienestar social del país, que muestra grietas en su estructura. De un lado del debate se posicionan los que están de acuerdo con la oposición de izquierda, para quienes los recortes de impuestos sistemáticos y otras medidas tomadas por el gobierno darán lugar al deterioro de los servicios y al abandono del modelo sueco de justicia social. Del otro lado están los defensores de la política de centro derecha, quienes definen los cambios recientes como una adaptación necesaria a los nuevos tiempos.

—En las próximas elecciones, una pregunta va a dividir a los votantes: ¿es de hecho posible mantener el modelo de bienestar social sueco, a la vez que se siguen bajando los impuestos? Por ahora, la economía sueca está en buena forma. Consiguió, en gran medida, mantenerse fuera de la recesión mundial, y sigue siendo una de las economías más competitivas del mundo. Pero eso podría cambiar en el futuro —dice la politóloga Jenny Madestam.

No se puede desear que todos los suecos tengan fe en Dios para superar los retos del futuro: se trata fundamentalmente de una nación secular, donde solo una de cada diez personas atribuye a la religión un papel importante en su vida. La Iglesia Luterana sueca sigue siendo testigo de la decadencia de su rebaño.

Más dominantes parecen ser los mandamientos de la llamada *Jantelagen*, o Ley de Jante. Es una "ley" creada en la década de 1930 por el autor danés-noruego Aksel Sandemose, y con el tiempo se diseminó entre los países nórdicos. Son diez mandamientos en total, que giran en torno a un mensaje central: "no creas que eres especial, y no creas que eres mejor que los demás".

Es una ley que todavía parece dar forma a la mentalidad de muchos suecos, incluso a los políticos del país.

UN PAÍS Y SUS POLÍTICOS

Es más probable que caiga nieve en el infierno antes que ver a los políticos suecos enriqueciéndose en el poder o paseando con autos de lujo, limusinas y jets privados. ¿Por qué ocurre esto en Suecia?

Lo que cuenta la larga historia de Suecia es que está marcada por la tradición de la democracia y la igualdad entre los individuos en una sociedad, caracterizada por principios morales rígidos que evolucionaron a través de los siglos.

—Esta es una sociedad con una fuerte tradición de igualdad. Y esta tradición igualitaria se refleja en la representación política del país —dice el politólogo sueco Rune Premförs de la Universidad de Estocolmo.

—Hay aquí una sensación profunda de que los políticos deben ser individuos capaces de entender, basándose en su propio estilo de vida, la situación en la que viven los ciudadanos a los que representan —señala.

Esta cultura de igualdad es también un aspecto común a los otros países nórdicos, como Noruega y Dinamarca. En la sociedad sueca, dominada en los primeros tiempos de su desarrollo por una población agraria y homogénea, con un marcado grado de participación democrática, la legitimidad de los políticos siempre se asoció con los valores de frugalidad y moderación. En otras palabras, la simplicidad de la forma de vida de los que son elegidos para representar al pueblo.

—Es parte de nuestra historia —insiste el periodista y comentarista político Mats Knutson—. Desde la Edad

Media, los campesinos y la gente común participaron en el Parlamento y en el poder, aunque en ciertos periodos este poder haya sido manipulado por el rey. Esto, creo, tiene vínculos con el aspecto que caracteriza el ejercicio de la actividad política en Suecia: los políticos viven una vida sencilla. Y eso es lo que los votantes esperan de ellos.

La clase política sueca también parece reflejar, en general, los valores de la honestidad, la moderación y la ética que caracterizan a la misma sociedad sueca en su conjunto. Valores que el autor Nima Sanandaji define como un fuerte "capital moral" de Suecia, duramente conquistado a través de los siglos, y que también sostiene el éxito económico del país. [Nima Sanandaji, *The Swedish Model Reassessed: Affluence Despite the Welfare State*, Libera Institute, 2011]

—Los políticos en general reflejan lo que es la sociedad —opina el periodista francés Jean-Paul Pouron, que vive en Suecia desde 1975—. Suecia tiene una ética particular. Es una sociedad de origen campesina, con sólidas reglas de honestidad. Los suecos no son las mejores personas del mundo, pero tienen moral. Un político de aquí tiene que ser limpio. Los políticos suecos tienen consciencia de su papel en la sociedad. Y los periodistas siempre están fiscalizando lo que hacen.

—En mi país tenemos varias divas —continúa Pouron—. En Francia, los políticos tienen innumerables privilegios: forman una élite. Aquí (en Suecia), no.

El índice de confianza de los suecos en sus representantes políticos es positivo: en la última encuesta, el 56%

de las personas dijo que tenía un alto grado de confianza en los políticos. (Fuente: *Statistiska Centralbyrån*, Agencia Central de Estadísticas de Suecia).

—Este es un elemento clave —dice la politóloga Jenny Madestam de la Universidad de Estocolmo—. Los ciudadanos suecos no consideran que sus políticos sean corruptos, y la actitud de las personas en relación con las instituciones públicas también es de confianza. El alto grado de confianza social existente en Suecia es una consecuencia del proceso de construcción de instituciones fuertes en el país, que comenzó en el siglo XIX. Y este es un aspecto central del sistema —señala.

Cada país tiene su propia cultura política, que refleja la cultura de la sociedad en su conjunto —dice Madestam.

—En la sociedad sueca, la idea de igualdad entre las personas es un valor fundamental. Nadie debe ser mejor que nadie, todos deben ayudarse mutuamente, y eso se extiende a los políticos. Las reformas políticas, como la construcción del Estado de bienestar social sueco reflejan este valor básico de la empresa —añade.

—Por lo tanto, los suecos no quieren ver a los políticos llevar una vida de lujo. Queremos que sean personas normales, sin autos lujosos ni mansiones, sin ropa cara y sin malgastar los fondos públicos. Pues se trata de nuestro dinero y nuestro dinero debe ser usado para el bienestar de la sociedad en su conjunto —señala la politóloga.

Ella está de acuerdo en que los valores de la cultura política sueca no pueden transferirse mecánicamente a otras sociedades. Pero dice que la experiencia sueca puede sonar "como una alarma de despertador" para algunos países:

—No conozco las circunstancias de la realidad de países como Brasil, por ejemplo. Sin embargo, en muchas sociedades, la percepción de la población en relación con los privilegios de los políticos está cambiando. En Italia, las personas ya cuestionan el estilo de vida excesivo de sus representantes, y se preguntan si un político debe tener realmente ventajas y andar en autos de lujo y comprar lo que quiera. En Grecia, en parte también debido a la crisis en la economía, ocurre lo mismo. Cada vez más, la gente ve los privilegios y los beneficios de sus políticos con una mirada crítica, y se dicen a sí mismos: "No tiene por qué ser así".

También Suecia, a su vez, parece haber sufrido la influencia de otras culturas.

—El salario de los parlamentarios, por ejemplo, sufrió una serie de aumentos en los últimos tiempos, aunque todavía es comparativamente menor que en otros países —señala Jenny Madestam.

Ahora, al final de esta tarde de agosto que el sol insiste en iluminar, el ministro de Finanzas sueco va a regresar a su estudio, y el presidente del Parlamento deberá estar en un vagón del metro camino a su casa. En la TV, los noticieros de esta singular tierra muestran imágenes de otro oso muerto a los tiros. También se informó que cinco alces borrachos invadieron una casa en la isla de Varmdö, después de emborracharse por el consumo de manzanas fermentadas en el patio trasero de la propiedad.

En los pasillos del poder, se produce otra víctima.

En el principal titular de los noticieros de la noche, la ministra de Trabajo anunció la dimisión inmediata de la Directora General de la Autoridad sueca de Empleo Público (*Arbetsförmedlingen*), Angeles Bermudez-Svankvist. Pierde su cargo después de dos revelaciones de los medios de comunicación. La primera: Angeles tomó un taxi a su casa con un costo de 575 coronas (unos 88 dólares), después de su fiesta de cincuenta años, "y la factura se pagó con dinero de los contribuyentes", informó el diario *Aftonbladet*. La segunda revelación: la factura del celular de Angeles llegaba a unas 15.000 coronas al mes (unos 2.300 dólares), pues la directora no había bloqueado los servicios de *roaming* en sus viajes de trabajo al exterior.

"La situación es insostenible", declaró la ministra de Trabajo frente a las cámaras de televisión.

Siguen las historias.

En este país disciplinado y organizado al punto de la desesperación, donde el pueblo cuenta las semanas por números, hago una última llamada para tratar de escuchar las impresiones de otro politólogo.

—¿Puede ser en la semana 36? —dice la voz al otro lado de la línea.

CLAUDIA WALLIN es una periodista brasilera radicada en Suecia desde el año 2003. Graduada de la carrera de Periodismo de la Universidad Federal de Rio de Janeiro (UFRJ), posee una Maestría en Estudios sobre Rusia y el Este Europeo de la Universidad de Birmingham en Inglaterra, con formación también en sueco por la Universidad de Estocolmo. Fue reportera y redactora de la Editorial Internacional del diario O Globo (Brasil) hasta su traslado para Inglaterra, en donde trabajó durante diez años en Londres como directora de International Herald Tribune TV, jefe de la oficina de periodismo de TV Globo y periodista de BBC World Service, para quien todavia contribuye como corresponsal.

www.claudia-wallin.com